北岳·中国文学年选

《名作欣赏》杂志鼎力推荐
权威遴选
深度点评
中国最好年选

金浪 ◎ 主编

2018年
文化观察选粹

Cases in Cultural Observation

山西出版传媒集团　北岳文艺出版社
·太原·

图书在版编目(CIP)数据

2018年文化观察选粹/金浪主编. —太原：北岳文艺出版社，2019.1
（2018·北岳·中国文学年选/续小强主编）
ISBN 978-7-5378-5799-4

Ⅰ.①2… Ⅱ.①金… Ⅲ.①文化研究–中国–文集 Ⅳ.①G12-53

中国版本图书馆CIP数据核字(2018)第290739号

书　名： 2018年文化观察选粹	主　编：金　浪 策　划：王朝军 项目统筹：庞咏平	责任编辑：薄阳青 书籍设计：张永文 印装监制：巩　璠

出版发行　山西出版传媒集团·北岳文艺出版社
地　　址　山西省太原市并州南路57号
邮　　编　030012
电　　话　0351-5628696（发行部）
　　　　　0351-5628688（总编室）
传　　真　0351-5628680
网　　址　http://www.bywy.com
E - mail　bywycbs@163.com
经 销 商　新华书店
印刷装订　山西人民印刷有限责任公司

开　　本　787mm×1092mm　1/16
字　　数　263千字
印　　张　17.25
版　　次　2019年1月第1版
印　　次　2019年1月山西第1次印刷
书　　号　ISBN 978-7-5378-5799-4
定　　价　58.00元

本书版权为本社独家所有，未经本社同意不得转载、摘编或复制

2018：第三个年头上的文化观察

/ 金浪

  时光飞逝，转眼已是编选文化观察选粹的第三个年头了。前两年的文化观察选粹出版后，也曾陆续得到不少朋友的肯定，甚至有朋友还将之运用到文化研究的课程教学中，这些都足以激励我继续前行。尽管文化研究并非我的学术专业，但对当代中国文化状况的观察，却是我多年来的兴趣。细想起来，这一兴趣的形成与我在北京求学期间的一段经历有关。2010年，尚在北京师范大学攻读博士学位的我，偶然结识了中国社科院文学研究所的杨早老师，并被他拉入到《话题》团队。彼时以杨早与萨支山两位老师主编的《话题》为中心，集合了北京各大高校的一帮关注现实问题的朋友，大家每个月聚会一次，对正在进行中的文化热点展开研讨。正是参与《话题》例会讨论，帮助我养成了对当下中国的文化现象进行观察的兴趣。可惜博士毕业后我便离开北京，无法再继续参与例会，再后来，听说《话题》出版也被迫中断，至此这段经历便成为我心中一段难以割舍的回忆。因此，当2016年8月北岳文艺出版社的王朝军先生因为想要编选一本年度文化观察文选找到我时，我几乎没有多想便接受了这份差事。

  虽然事先并未刻意设定，但自2016年以来，以八个专题来对当年的文化热点事件进行观察便俨然成为了惯例，今年也不例外。在本书八个专题中，时间上最早的热点事件便是由年初上映的电影《无问西东》引发的热议。这部由导演李芳芳执导、前后拍摄两年、杀青五年多后才得以上映的电影，原本是为清华大学建校一百周年（2011年）制作的献礼片。通过讲述四代清华人在五四时期、抗战时期、1960年代的四段故事，电影诠释了对"清华精神"的理解。浓郁的文艺气质加上明星阵容的加持，使得这部电影上映一个月便斩获七亿多票房，然而，观众在对电影所传达的"清华精神"的评价上却并不一致：有评论者激赏电影中清华人的青春激情与勇往直前的精神，甚至将之与普世价值相联系，也有评论者部分肯定电影对知识分子操守及其家国情怀的正面宣传，却批评形式上的缺陷导致了不够真实，更有评论者直接将批判矛头指向电影中的"民国范儿"，认为其刻意抹除了清华人的红色革命传统，在历史观上陷入了虚无主义。这些围绕《无问西东》的争论，正是对当下中国人历史认知上的断裂与分歧的折射。

2018年4月21日，一款由腾讯集团投资制作的选秀类节目《创造101》开始在腾讯视频独家播出。作为中国首款女团明星养成类节目，《创造101》虽然模仿了日本与韩国的同类节目的制作模式，却在不经意间创造了奇迹。节目播出后的社会关注度之高甚至足以比肩2005年开启了娱乐新时代的"超级女声"。《创造101》的火爆，一方面得益于成熟的商业制作模式和对市场心理的精准把握，另一方面也与之善于制造话题有关，尤其是杨超越与王菊，更是一度成为了舆论焦点。长相清纯的杨超越虽然缺乏实力，但其底层出身的背景却引发了粉丝的共感，而王菊尽管实力超群却因长相普通而被讥讽为"地狱空荡荡，王菊在土创"，而双方也都形成了各自的粉丝阵营。最终，王菊惨遭淘汰，而实力平平的杨超越却以第三名成功出线，一度在网络上引发了转发杨超越考试必过的风潮。虽然有评论者将《创造101》批评为吸金游戏，但杨超越的出线却足以说明了这一节目并非只受资本控制，而是多种力量共同促成下的结果。也正因为观众参与度的增强，《创造101》才成为了观察当下大众心理的绝佳案例。

就在《创造101》顺利收官后不久，7月初上映的电影《我不是药神》迅速接力造就了新的热点。这部电影以2015年的陆勇事件为原型，讲述了卖保健品的小老板程勇从印度走私廉价药卖给白血病患者最后却面临法律制裁的故事。电影对白血病患者救人与自救所引发的情、理、法困境的成功表现，不仅打动了观众，带动了观影热潮，更因对现实中"看病难""吃药贵"等问题的共感而引发了社会热议。有评论者便振臂高呼，肯定《我不是药神》代表了中国电影现实主义的复归，呼吁电影应关注现实问题，但也有评论者认为电影陷入情感漩涡而削弱了对现实问题的反思力度，而更大的分歧则围绕医疗体制的认识展开，有评论者将电影中的悲剧归结为现有医疗体制的问题，提出应该放开药物市场的管制，但也有论者反过来认为电影恰恰说明了悲剧的罪魁祸首乃不加限制的资本，并且由此呼吁应该打破由资本主导的制药体制与医疗体制，更有评论者指出真正的药神其实是中国低调的医保政策。可以说，正因为对现实问题的深度介入与成功表现，《我不是药神》才成为近年来少有的现实主义力作。

同样是在7月，有"鬼才"之称的导演姜文携其新作《邪不压正》登上了暑期档。作为姜文继《让子弹飞》（2010年）、《一步之遥》（2014年）之后的第三部民国题材的电影，《邪不压正》在早期时就让姜粉们充满了期待，但电影在票房上却表现平平。与姜文不少作品一样，这部由张北海小说《侠隐》改编的以复仇为主线的电影在延续了其惯有叙事风格的同时，也照例让不少观众陷入了看不懂的窘境。与《我不是药神》获得的普遍肯定不同，《邪不压正》的评价呈现出了两极分化的状况。一方面，由于看不懂电影所要表达的意图，不少观众便只能不明就里地乐道于电影中许晴的臀部和彭于晏的裸奔，另一方面，也有不少评论者试图对这部电影以复仇为核心的主题中的革命隐喻及其与当代中国社会的张力进行解读：有评论者便认为姜文的电影构筑了一套复杂的隐语系统，并且致力于通过对电影与历史的对读来挖掘姜文借助隐语系统试图传达的"野望"，也有评论者对之持批评态度，认为正是姜文骨子里的虚无导致了其电影从现实主义蜕变为越来越看不懂的境地，更有评论者从政治寓言角度，把电影中李天然的"三个爸爸"的设置与其复仇行动解读为当代中国人自我认识的隐喻。

就在电影《我不是药神》热映的同时，一档名为《中国新说唱》的音乐类选秀节目也于7月中旬回归。虽然由爱奇艺自制的《中国有嘻哈》在2017年便点燃了综艺节目类的收视热潮，而吴亦凡的一句"你有freestyle吗？"更是荣登年度网络口头禅，但由于彼时评论未能及时跟进，《2017年文化观察选粹》便遗憾地未能将之列为专题。事实上，去年《中国有嘻哈》在爆红之后，"PG One与李小璐"事件以及选手吸毒等负面报道，已然使这一节目在价值观导向上遭到诟病，为此第二季不仅改名为《中国新说唱》，还刻意标举用年轻人的语态承载主流价值观，传播具有青年文化特色的"正能量"，从而试图在收视率与政策之间取得平衡。虽然也制造了不少网络流行词汇，如"skr""diss"等，但观众对节目所标举的"正能量""中国风"并不买账。自7月14日开播以来，《中国新说唱》的表现可谓平平，相较于《中国有嘻哈》高达29.9亿的点击量和高达7.2分的豆瓣评分，《中国新说唱》不仅点击率持续低迷，豆瓣评分也较低。有评论者更是毫不客气地批评《中国新说唱》违背了Hip-Hop精神，从中不难见出当下中国青年文化与主流文化的协调与冲突。

虽然本年度的不少文化热点事件都集中在7月爆发，但其中真正带来全民狂欢的现象却非宫斗剧《延禧攻略》莫属。自7月19日在爱奇艺首播以来，《延禧攻略》的收视率可谓步步攀升，收官时全网总播放量竟已突破了150亿次。尽管宫斗剧这一类型并不新鲜，2011年《宫锁心玉》《步步惊心》《倾世皇妃》《美人天下》《武则天秘史》《甄嬛传》的相继播出，便曾掀起宫斗剧的热潮，其后的《武媚娘传奇》《芈月传》《锦绣未央》，也部部是剧王，然而，《延禧攻略》的大获成功，除了制作精良与剧情紧凑外，更源于将"爽文化"发挥到极致的效果。看着魏璎珞从低级宫女智斗恶人，打怪升级，观众心理也得到了释放与满足。无论是将《延禧攻略》视作"一次对疲惫的中国人的大型心理按摩"，还是称其为"全民的慢性毒药"，其实都旨在揭示这种"爽"之文化心理机制的存在，也正因为如此，《延禧攻略》才轻松战胜了有大牌明星加持的《如懿传》。不过，也有评论者指出《延禧攻略》中的各种"爽"不过是虚假的心理满足，不仅无异于现实中的不平等状况的解决，反而因为过分渲染阴谋论与人性恶，对社会价值观产生负面影响。

9月初，一年一度的开学季，今年却因为一个事件而变得不同寻常，事情起因在于教育部发文各级学校要求家长陪同学生观看中央电视台制作的公益节目《开学第一课》，由此引发了家长的强烈反弹。虽然社会舆论一开始只是指向教育部的荒唐政策，但很快便因对影片中展现的"娘炮"审美观的批判而转移了风向。9月6日，新华社发表评论员文章《"娘炮"之风当休矣！》，对"娘炮"之风提出批评，就在第二天，《人民日报》公微号上则发表了《什么是今天该有的"男性气质"》的评论文章，认为"我们不认同所谓'娘炮''不男不女'等带有贬损性的说法，但也呼唤在青少年中有着广泛影响的明星们，呈现更加积极、向上的形象"，提出"审美多元尊重为先，涵养气质莫缺包容"的倡议。官媒的这两种不同态度很快便被放大为了社会舆论中关于"娘炮"问题的持续论争：一方反感"娘炮"之风，批评中央电视台的节目误导了中小学生的性别审美，甚至抛出了"娘炮误国""少年娘则中国娘"等口号，而另一方则反对在性别气质与国家之间建立联系，倡导当代人在性别气质上的自由权利和宽容态度。借助这一事件，性别气质问题终于从学术话语升级为了大众议题。

  10月30日，著名武侠小说家、报人、社会活动家金庸先生逝世的消息传出，全世界的华人媒体都纷纷发文向这位武侠巨匠表达悼念之情，而如今自媒体的发达更是让每一位普通读者都可以参与到这场纪念活动中来，由此形成的纪念活动影响范围之广，声势之巨，可以说在近年来名人纪念活动中所罕见。尽管按照出版社的出版流程，每年文化观察选粹的编选工作都得在10月中旬完成，但金庸逝世引发的声势浩大的纪念活动却使我深感缺失了这一专题，今年的文化观察工作将是不合格的。正是出于这样的考虑，我于11月5日向出版社正式提出了替换专题的要求。虽然此时本书的审稿流程已接近尾声，但在我的强烈坚持下，负责本书编辑工作的薄阳青编辑答应再给我两天时间，于是便有了这个匆匆呈现在读者面前的金庸纪念专题。为了呈现金庸纪念活动的整体面貌，本专题中不仅从大量悼念文中收录了具有代表性的回顾自己阅读经验的文章，也收录了对金庸武侠热与中国社会关联的解读文章。从这些文章中不难见出金庸武侠小说对几代中国人的影响，而他的去世亦被不少人视作一个时代的结束。作为忠实的读者，本人亦以此专题敬悼金庸先生！

  尽管在审稿终止的最后时刻弥补上了金庸纪念专题，从而使得今年的文化观察工作不至于酿成不可原谅的"错误"，但仍然有些遗憾的是，在2018年的最后一个月尚未到来的时候，本书却不得不最终脱稿了。自从接手编选文化观察选粹的工作以来,每年的年末我几乎都在担心错过什么的忐忑不安中度过。本书的出版照例要感谢北岳文艺出版社,正是贵社的支持使得我的文化观察工作能得以继续。也要感谢具体负责本书编辑的薄阳青女士,对于我一而再、再而三地要求对书稿进行修改补充和在某些问题上的固执己见,她总是保持最大的宽容、理解与配合。另外,也要感谢重庆大学人文社会科学高等研究院的潘家恩先生,他不仅一直关注本书的编选,而且还将之运用于文化研究的课程教学,这对我而言可谓最大的鼓励。最后,最应感谢的是我的三位研究生邹居东、王祺和黄梅,其中前两位曾参与过去年的编选,今年已经是熟练工了。在写作毕业论文与准备考博的忙碌中,两位仍然抽出宝贵时间来参与本书的编选工作。必须由衷地说,没有你们的参与,也就没有本书的顺利出炉。

2018年11月15日于重庆大学文字斋

目 录

《无问西东》：清华精神的两种声音

3 《无问西东》：这部始终在强调真实的电影，未免太不真实
/ 时间之葬

7 作为清华人，我想借《无问西东》说说清华精神　　　/ 宋亮

12 《无问西东》：愿所有迷茫的年轻人，都找到勇往无前的答案
/ 刘晓希

16 《无问西东》里的清华精神离现实有多远？　　　/ 病克疾去

创造101：逆袭神话还是"氪金"游戏？

25 谁能决定我命运：一份《创造101》观察样本　　/ 罗婷

34 少女偶像到底需不需要"实力"？从杨超越谈起　　/ 张之琪

40 捧红了王菊杨超越，《创造101》能"重新定义"中国女团吗
/ 戴桃疆

45　"我为杨超越花了快10万"　　　　　/ 杨梦琦

50　我在《创造101》的那些日子　　　　/ 吴畅畅

医疗问题的文化表征：药神是如何练成的?

65　低调的中国医保才是最大的"药神"　　　/ 杜建国

73　《我不是药神》的爆红是偶然还是必然?　/ 孙佳山、周祚

79　《我不是药神》：为制药公司叫屈的人们，别忘了另一个世界是可能
　　　　　　　　　　　　　　　　　　　　/ 李广益

86　《我不是药神》：疾病表征与社会书写　　/ 孙静

97　《我不是药神》：一部别现代社会生存危机的教科书
　　　　　　　　　　　　　　　　　　　　/ 王建疆、赵诗华

市场与政策夹缝下的"新说唱"

111　中国说唱江湖的文化基因：从社会质性到社会自信　　/ 冯庆

123　专访《中国新说唱》总制片人陈伟：综艺也有价值观，我不能无中生有
　　　　　　　　　　　　　　　　　　　　/ 何润萱

130　《中国新说唱》：diss重要吗　　/ 夏阿怪

134　《中国新说唱》的求生欲　　　　/ 尹子璇

140　最爆裂的世代，他要你跪拜　　　/ 杨宸

延禧宫斗："爽文化"中的全民狂欢

149　《延禧攻略》：跟着魏璎珞打怪升级，为什么我们这么想爽一回?
　　　　　　　　　　　　　　　　　　　　/ 阿莫

154 宫斗剧爆红背后:类型化、现实投射以及进退失据的女性意识

/曾于里

159 "怼天怼地"的《延禧攻略》是一次对疲惫中国人的大型心理按摩

/宗城

162 《延禧攻略》:又一剂全民慢性毒药　　/非非马

168 "爽文"为什么这么"爽"
　　——剖析2018热播大剧的快感机制和审美幻觉　　/高翔

175 《延禧攻略》:一本身体政治学文本　　/徐忠明

"娘炮"当道:性别气质的当代迷思

183 随意辱骂"娘炮",并不能让人显得阳刚　　/贾小凡

189 "娘炮"之风当休矣!　　/辛识平

191 偶像产业中的男性形象:消费细分下"娘炮"的崛起　　/阿莫

198 小鲜肉·耽美·性别困境　　/戴锦华

"邪不压正":隐语时代的能指游戏

207 《邪不压正》:姜文的野望　　/褚汉辰

214 《邪不压正》与当代中国人的"三个爸爸"　　/熊成帅

218 姜文为什么越来越难懂了?　　/梅雪风

223 "真事隐去,假语村言"——《邪不压正》和隐语时代的华语电影

/开寅

229 升降之间的生之魅惑:《邪不压正》的俯仰美学与姜文的深微性灵

/李道新

"世间再无金大侠":与武侠巨匠的集体告别

237　侠客笑傲江湖远　　　/贾周志强

240　一个八十年代中学生的金庸阅读体验　　　/王峰

244　金庸挥手自兹去　　/张月

252　金庸:一代人的立法者,写下20世纪华人文化思想史　　　/冯庆

259　就此别过　　/毛尖

《无问西东》：
清华精神的两种声音

编者按：2018年1月12日上映的电影《无问西东》作为开年第一部现象级影片，凭借明星效应及青春励志情怀，不到一个月便收获七亿多票房；同时，这部献礼清华百年校庆的影片也因对历史的不同理解而引发了关于清华精神的争议。

与刘晓希《〈无问西东〉：愿所有迷茫的年轻人，都找到勇往无前的答案》文将影片追求的"真心、正义、无畏、同情"精神推高到代表全人类普世价值高度的观点有所不同的是，时间之葬的《〈无问西东〉：这部始终在强调真实的电影，未免太不真实》虽然也肯定了影片对家国大义、知识分子操守等强调"真实"精神的正面宣传，但同时批评影片作为命题的局限恰在于空泛与不够真实。而宋亮的《作为清华人，我想借〈无问西东〉说说清华精神》则基本肯定了电影对民国大师精神的赞颂，但也指出历史上的清华精神还存在不同的面向。

杜建国的《〈无问西东〉：对清华传统的片面呈现——兼论民国精英的失败》则作为反精英式解读声音的代表，不仅有力批判了影片赞颂民国精英抗战的观点，揭示了人民抗战的史实，而且佐以翔实史料，明确指出清华精神中的红色革命传统。但限于篇幅，未能录入。作为补充，病克疾去的《〈无问西东〉里的清华精神离现实有多远》以精英与平民之别，揭示了清华精神中的平民面向。

在这种不同的解读路径之外，孙柏的《〈无问西东〉的青春叙事和历史书写》则从现代中国的青春叙事传统出发，揭示出影片关于20世纪中国历史书写背后的意识形态偏颇。

《无问西东》：这部始终在强调真实的电影，未免太不真实

时间之葬

何以尴尬？
"命题作文"，难免在博弈中失去分寸

作为原定的清华百年校庆片，汇集了章子怡、张震、黄晓明等堪称耀眼的"卡司"（有实力的演员），背后还有曹郁的摄影、朴若木和曹久平的美术加持，让人们等了足足五年的《无问西东》，很难不令人期待。至少，也会有那么一丝好奇，五年后它究竟成了一番怎样的模样。但是，期待归期待，按照全世界电影界一个八九不离十的不成文法则——一再拖期的电影最终成品都不甚令人满意，如此豪华的《无问西东》，也未能幸免。当然，这并不是要简单粗暴地给《无问西东》扣上一顶"烂片"的帽子，把这部电影与那些粗制滥造的垃圾放在一个行列里相提并论的话，或许对那些真正的烂片有几分不敬。

事实上，你几乎能从《无问西东》的每一个人物和每一个镜头上，感触到导演李芳芳的努力。她努力去构建了四个时空的世界，而且试图用某种得以传承的精神或曰理念将其连接。她努力去捕捉一些美丽动人的瞬间，比如王力宏饰演的沈光耀在教室静坐听雨的时刻，又比如沈光耀牺牲后由同学交由其母的手绘本上记录下的点点滴滴。她还努力地为这部电影的精神内核加入更多不那么庸俗的东西，以至于在多处用直白的语言，宣

告这一点。

或许是清华的百年积淀过于辉煌与厚重，要想从中提炼出某个能够超越时空又能够引起人们共鸣的概念来作为这部电影的主题，必定不是一件容易的事。在这里，《无问西东》选择的这个一以贯之的主题，是"真实"。

"真实"二字，从陈楚生饰演的吴岭澜开始，成了片中四代主人公一次次响起的内心追问。无论是1923年只懂埋头苦读的吴岭澜，还是1938年壮志凌云的沈光耀，又或是1962年身处集体主义最高潮的陈鹏（黄晓明/饰）、李想（铁政/饰）和王敏佳（章子怡/饰），以及21世纪的外企高管张果果（张震/饰），他们面对的抉择与挣扎，都是是否要依循自己的"真心"。

对于早已习惯于随波逐流，迁就于既有体系与观念的当代都市中人，"真实"和"真心"，不能不说是某种追根溯源式的叩问。这可能正是导演李芳芳试图打动观众的地方，也可能是许多喜欢这部电影的观众被打动的缘由所在。但如果你稍微从影片无时无刻不在努力煽情（这是这部电影又一处努力的地方）的配乐里抽离片刻，便会发现影片想要传递的这种"真实"，在绝大部分时间里都沦为了嘹亮但却空泛的口号。

不是烂片，却也难称佳作
台词生硬、人物脸谱，导致影片空泛

在1923年的时空里，对学业也对人生感到迷茫的吴岭澜，在听到"真实"二字之后突然陷入了哲学家般的沉思，而后便获得了某种灵魂深处的顿悟。这中间发生了什么？我们完全无从知晓。

在1938年的时空里，美军军官招募飞行员采用的口号是"真心""勇气""正义"与"同情"。后来当沈光耀面对军官的质问时，他再次用"真心""勇气""正义""同情"这四个响亮的口号予以了坚决的回应。他的转变虽然简单，但还算合理，因为他目睹了一场空袭带来的可怕灾难，坚定了投笔从戎拯救黎民的信念。

应该说，这是这部电影最饱满的部分，起码主人公的形象算是立了起来。仅是对于西南联大的几笔描写，已经让许多文艺青年看见了自己朝圣的殿堂。沈光耀最后的牺牲，更是催人泪下。但是它依然很有几分矫情，比如雪地上拉小提琴，又比如炮火纷飞中在山谷间授课。这些镜头，就像是一个个寓意过于明显的符号，于整部电影而言，实则已经割裂。

类似的情况，也在1962年的时空里更加明显。陈鹏拉着王敏佳在清华园里一路狂奔的戏份，看上去根本不是要解释原子加速，而只是想带我们领略一番清华园的全貌。在这个承载了更多人物和更复杂主题的故事里，本来最适合去量度所谓的"真实"。但是一切却在黄晓明声嘶力竭地喊出"你怪她没有对你真实？那你给她对你真实的力量了吗！"这句台词时全盘崩坏。这样过于生硬的口号化台词，在《无问西东》里一再出现，它们过于昭彰地宣示着导演的诉求与意图，但却与当时的人物与情境完全割裂了开来。我们不得不带着略微发麻的头皮，消化这些鲜明的口号与意图，然后在煽情的音乐里，等待下一次的头皮发麻。在21世纪的时空里，"真心"似乎又变成了"良心"。张果果遭遇了钩心斗角的职场潜规则，以及更阴暗的社会潜规则。他所要依循的，和自己的"真心"谈不上有多大的关系，他只是守住了为人之底线的基本的善良。

何以流行
它的流行，正印证着"真实"的缺失

到头来，你会发现，《无问西东》里这一系列主要角色，全都活成了某种口号。他们的身份、背景与性格在很多时候都语焉不详，但是他们都在合适的时候，摆正了姿态，喊出了属于他们的口号。就这一点而言，这部想强调"真实"的电影，未免有点太不真实。这种颇具讽刺意味的强烈反差，很有点像片中的王敏佳。这是一个对集体主义近乎疯狂般痴迷的虚荣主义者，但其命运却是被这种疯狂反噬其身。她毕生信奉和甘愿献身的理想，恰恰是毁灭她的东西。

整部电影就像是一部大型的公益广告片，试图用优美的旋律和精致的画面，去向观众灌输某种看似被升华了的心灵鸡汤。这碗鸡汤的佐料，是家国大义，是知识分子的德行与操守，是每个个体的善良与初心。这些都没什么不对，不对的是汤里只有这些佐料，没有什么真正意义上的菜与肉，下咽时不免让人躺得慌。它又像是一次过于刻板的命题作文，老师早早定下了主题与基调，笨拙的学生却只会把自己收集到的所有素材，都强行往这个主题上去靠。

　　考虑到其清华百年校庆纪念片的身份，《无问西东》的确也是一次命题作文，就连导演李芳芳自己，也在接受采访时，多次有意无意地提及这部电影命题作文的本质，以表明自己遵照拍摄本片的初衷，成功地完成了这样一部作品。或许，对于名校清华而言，这的确算是一部成功的校庆纪念片。因为它已经很努力地把百年清华最自豪的精神理念写进了这130分钟的影像里，它也的确能够成功地让每一位观看过它的观众，都能确凿地记住它试图传递的那些口号。这或许也是《无问西东》虽然有着如此多的硬伤时，却依然会招致很多人喜欢的缘由。即便是批评它，也会想鼓励影片所传递的这些主旨。

　　片中呈现的从废墟上建立起来的西南联大，尤其会让大量有文艺情怀的观众，感到某种久违了来自内心深处的感召。作为知识分子的图腾，西南联大的独立、坚守与求知精神，也的确让许多人提笔码字，为它写下长长的赞美篇章。

　　然而我们都清楚，那是历史上的西南联大，与电影《无问西东》所呈现的西南联大，还有很大一段距离。但有一点，我想没有人会否认，那就是《无问西东》全片试着呼喊的那些精神与口号，的确值得被尊重，甚至被珍视。在我们身处的这个时代，大部分人都太过麻木于生活的苟且，就连看一看远方，仿佛都是一种奢侈。就更不用说，《无问西东》想要呼唤的是求知问道，是家国天下，是知识分子的操守，还是一个人的德行与担当这些更加深刻和宏大的命题。

　　在这个连高尚的口号都快要无人呐喊的时代，有人去振臂呼唤这些口号，至少不是件坏事。只不过我们总是会期望，一部承载着如此动人口号的电影，其技法，要是能跟上那些了不起的想法，该有多好。

　　　　　　　　　　选自"新京报书评周刊"微信公众号（2018年1月18日）

作为清华人,我想借《无问西东》说说清华精神

宋亮

就如同一位长辈在岁末给我们讲起——曾经有一位远方的老祖母,她家世显赫,留学美国,曾是北平城最受人关注的女性学者。她客厅里的沙龙聚集着当时最受人膜拜的诗人、最获得推崇的哲学家、最受喜爱的文学家。但是,当国难当头,她也会在简陋没电的山村为国守节,面对学生们"若日本人打来怎么办",只是淡淡地一句"投江便是"。

《无问西东》对于当代人来说,就是这样的一个讲述者,告诉我们的前辈们都是怎样的过去。特别是在结尾长长的彩蛋中,看到了那些大师的身影在此出现时,又一次地戳中了泪点。人,就是这样,往往愿意在功成名就时回忆起创业时筚路蓝缕,在忆苦思甜中获得奋斗后的成就感;或者是在家道中落时回忆起钟鸣鼎食的富足时光,在追古溯今中获得血统上的崇高感。而这部电影,同时满足着人们这两方面的心理需求。

作为一部拍摄于百年校庆之际的电影,它所讲述的故事一定是"世纪级"的,它所表达的情怀也一定是"家国级"的。事实上,《无问西东》也是这么做的。

不管四段故事讲述得怎么样,这种多线叙事、平行剪辑的手法,穿插着四季变换的校园风物和历史场景还原,本身就能给人以历史洪流的感觉。虽然故事是散的,但是主题却非常集中。特别值得注意的是,故事里

几乎所有的清华人，都闪耀着自由、正义、执着、热情的光辉，每个故事的结局都是一次精神的胜利。这样"阳光"的作品，在当下的中国电影市场，习惯上被称作"主旋律""正能量"。

这样的作品，喜欢的总会从中得到力量，相信真善美的光辉会战胜苦难；不喜欢的总会觉得是一碗鸡汤，现实社会中不会有电影里讲述的世界这么纯净美好。这因人而异，本无高低对错之分。

"器识其先，文艺其从。立德立言，无问西东。"从电影片名来看，它所表现的主题似乎必然是清华精神的体现。然而时隔六年后上映，作为一部院线电影，《无问西东》对于主题的处理显然更"大众化"。

但是，至少《无问西东》让人们再次有机会、有兴趣探索清华精神。当然，这也是一个非常复杂的问题。在2001年清华90周年校庆之际，就曾进行了长达一年的讨论。清华精神本身就是众说纷纭的、见仁见智的。"自强不息、厚德载物"的校训、"行胜于言"的校风，以及陈寅恪先生所题的"独立之精神，自由之思想"、朱自清先生所说的"实干"都是清华精神的体现。有清华校史研究学者将清华精神概括成"明耻与自强""独立与会通""科学与实干"三个方面，是一个比较全面的概括。

"明耻与自强"是清华前行的历史动力。清华的历史源头是"庚款办学"，诞生于辛亥烽火中的清华学校，从一开始便和国家民族的命运紧密结合在一起。三批庚款留学生也诞生了中国早期的一批赫赫有名的大师，梅贻琦、胡适、赵元任、竺可桢等等。他们也在多个领域影响着近代中国的发展。"寻道图强"的使命感，一直是清华精神的核心。

"独立与会通"是清华在各个历史时期有着不同的表述。冯友兰先生所言："清华大学的成长，是中国近代学术独立自主的发展过程的标志。"这种独立在早期并不是日后的"独立精神"，而是相对于东西方文化的独立，不崇洋不复古；而是在中外、古今、文理三大关系上加以"会通"。时至今日，清华新百年依旧以"东西融会、文理渗透"作为办学特色。

"科学与实干"是清华精神的"方法论"。"清华精神就是实干"这是早在朱自清先生就提出的论断。清华校友赠送的日晷上镌刻"行胜于言"也是"实干"精神的体现。在某些历史时期，也衍化出"听话、出活"的校风。当年，清华国学研究院一建立，主任吴宓就宣称本院与其他大学不同处在于重视"科学方法",而工科背景的梅贻琦校长主政清华也更注重了科学方法。

在清华百年的历史上,清华精神也是一个不断演变的过程,而这个过程有两个重要的特征,一是清华始终主动和国家命运紧密结合;二是清华精神始终和当时所处时代的精神紧密结合。

"爱国",一直是清华精神的关键词。早在五四运动中,清华国耻纪念会曾立下"清华学生从今以后愿牺牲生命保护中华民国人民土地主权"的誓词。1931年"九一八"事件后,中国面临民族危亡,梅贻琦校长在当年12月就职演讲中要求清华师生"紧紧记住国家这种危急的情势,刻刻不忘救国的重责,各人在自己的地位上,尽自己的力"。电影中"沈光耀"的原型,1932届毕业生沈崇诲在上海吴淞口驾机撞向日本海军旗舰,壮烈殉国。法学院学生张甲洲带领东北籍同学打回东北老家,举起了"东北人民抗日义勇军"的大旗。在中华人民共和国成立后,蒋南翔校长特别提出"爱国"是要"爱新中国"。在同一时期,众多清华人学成归国投入到新中国的各项建设中。如今,在校史馆门口进入展厅看到的第一幅画便是绘有"两弹一星元勋"清华校友形象的《以身许国图》,足见清华对于"爱国"的重视。

在2000年,QS世界大学排名中,全球毕业生就业竞争力排名上清华领跑亚洲,但是少有人知道,当时QS排名要求清华的就业数据删除掉国企的部分,只保留外企和私企,被清华断然拒绝。学校相关负责人讲到,如果没有清华对于国家的贡献,那么建设世界一流大学也就失去了对中华民族的意义,就会沦为发达国家培养人才的世界一流大学。

从另一个方面看,清华始终都与当时所处的时代主流价值紧密契合。在北洋政府时期,中国的知识教育界掀起了空前的思想启蒙,清华前校长梅贻琦曾将"明明德""新民"作为教育之根本。陈寅恪先生提出"独立之精神,自由之思想"也能反映当时的社会思潮。而到了西南联大时期,"刚毅坚卓"的联大精神成了那一代学子的精神内核,他们有人投笔从戎有人学成报国,都不负时代使命。到了新中国时期,1957年3月,蒋南翔校长在清华学生代表会上发言中提到"先专后红",将"红""专"相提并论,较之毛主席1957年10月9日在《做革命的促进派》中关于"又红又专"的提法早了半年多。在2000年以来，清华提出"更创新、更国际、更人文"的发展目标，也可以看出与新时代中国发展的契合。

但遗憾的是，清华精神中这些与时俱进的演变，以及不同时期呈现出的不同特点并没有在电影中得到体现。当然，这也是大众电影对于主题的取舍，毕竟最终选取的立意仍然是更为大众熟悉的"理想""坚守""正义""真实""初心"等等。

在目前的影评中，鲜见对于故事赞不绝口或者对于剪辑拍手称好的，观众们难忘的还是电影所重现的那个大师时代，以及对大师精神、清华精神的感动。对于中国近现代知识分子，影片显然采用了一种群像式的刻画，虽然着墨不多，但是几个场景就足见时代的风骨。纵观中国近现代知识分子，有学者对其世代进行了分划，有"三代说""四代说"。而为了方便与历史年代对应，李泽厚、许纪霖等人提出的"六代说"最为直观。其中在1949年之前包括"辛亥一代""五四一代""大革命一代"。每一代知识分子都有独特的社会来源和时代特征。

"辛亥一代"是中国最后的士大夫，也是最早的新知识先驱者。代表者有晚清一代知识分子的梁启超、严复、章太炎、蔡元培、王国维等人，他们都有深厚的国学基础，曾经力图变法图强，重视西学但思想上仍旧是"中体西用"；"五四一代"是中国思想启蒙运动中旗手的一代，陈独秀、李大钊、鲁迅、胡适、蔡元培、陈寅恪等名声显赫的代表人物，在那个燃情岁月，政治抱负、民族反思、文化自觉使他们成为了最批判也最引导的一代人；"大革命一代"是分流的一代，他们中有的从政，包括入阁的翁文灏、蒋廷黻、陈布雷等人，有的投身革命洪流，比如：'一二·九'知识分子群体""延安知识分子群体"；也有的潜心学术如钱锺书、沈从文等，这代知识分子的影响力进一步下沉，成了分工相当明确的专家，历史学家傅斯年、顾颉刚，政治学家罗隆基，社会学家潘光旦、费孝通，文学家朱自清、闻一多、巴金，建筑学家梁思成等等。而这一代人的学生也就是影片中表现的沈光耀这一代人，他们在山河破碎之时艰难求学，在民族最艰难的岁月里为中华民族文化传承保留下最后的根脉。待到新中国成立后，政府开始在选派青年学生赴苏联留学。这一批青年学生同样怀着一腔热情。据中国工程院金涌院士回忆，当时苏联学生叫他们"面包干"，说他们的学习太枯燥，没有娱乐。而当时只有成绩全是5分（满分）的学生才能得到红色毕业证，中国留学生大部分都是红色的，算是这个大师时代最后的晚霞余晖了。

对于电影中的西南联大，几乎成了中国人对于理想大学的全部想象。但是，我坚信，如果没有西南联大，清华、北大、南开也会培养出同样灿若星河的一代学人。南迁昆明，绝不是中国大学的大发展，而是中国高等教育在民族存亡之际的艰难求生。那一代先贤，用筚路蓝缕的合作为中国的复兴保留下最后的根脉。

而那代知识分子也构成了电影中最令人难忘和怀念的"大师时代"。

最后，再说回到电影。在这个档期，中国电影似乎集体地开始追忆过去时代那些璀璨的记忆。《芳华》再现了文工团的美好青春，《无问西东》再现了大师时代的人文风貌，甚至是《妖猫传》再现了盛世大唐的宏伟气度。在大银幕上，这种重现，更是对我们文化基因中璀璨记忆的系列盛大祭奠——它们虽已远逝，但是永被铭记。

对于这部电影，很多清华的师生校友在各种媒体上纷纷发表评论文章。与其说是对于电影故事本身的喜爱、对于电影技法本身的推崇，倒不如说是对于母校百年历史积淀的认同与挚爱。其实，即便是作为普通的观影者，在这个理想匮乏的年代，这样一部抛开所有人性的灰暗、对于理想主义报以炽热歌颂的电影，也都是当下电影市场上绝对稀缺的作品。《无问西东》对当下的意义，不仅仅在于电影中能看到那个时代，更重要的是我们这样的时代，需要这样的电影——"让一切善良的人们，手挽手地走在一起，让他们举起真善美的旗帜同为这世界谋求幸福吧。如果不道德的人聚集在一起，可以形成一股力量的话，那么正直的人也应该这样去做。"

选自"观察者网"（2018年1月20日）

《无问西东》：愿所有迷茫的年轻人，都找到勇往无前的答案

刘晓希

近期热议的电影是这部《无问西东》，走出影院，有太多人被感动。虽然它也存在很多叙事手法之类的问题，不够完美，却够真心。电影里那些家国情怀、对爱情的坚定、对求学的向往……看似遥远，却深深引发了人们心底的共鸣。特别是四代人的青春感悟——愿你在被打击时，记起你的珍贵，抵抗恶意；在迷茫时，坚信你的珍贵。爱你所爱，行你所行，听从你心，无问西东。这部迟到六年的电影，给了所有历史中和当下现实中那些迷茫的年轻人一个勇往直前的答案，"真心、正义、无畏、同情"。

一、"真心、正义、无畏、同情"

2017年·北京、1962年·北京、1938年·昆明、1923年·北京……之后又是昆明……最后又回到北京，虽然在这横跨近乎一个世纪的时光里，也曾有过青海、广州等地的空间呈现，但电影当中的四段故事和五个人物终归主要集中在中国版图中的这南北两地。

如果将《无问西东》简单地看作一篇"命题作文"，而电影也不过是对世界名校——清华大学"立德立言，无问西东"精神的历史展示，那无疑将辜负导演李芳芳的一颗"宏大"之心，也会令本篇影评的存在逊色许

多。毕竟，其中一个戳中观众泪点的情节竟然是中学教师夫妻之间的感情生活：一个对世界一花一草都心存善意、对邻居学生无比亲和的男人竟然只用自己的水杯、碗筷，不跟妻子说多余的一句话，让自己的妻子觉得自己是世界上最糟糕的女人。这样讽刺无味的夫妻关系无关清华，无关1960年代，它也是当前社会家庭伦理关系的一个侧面。

如果说，这个情节是虚构的，并非真实发生在那个时代的某一个知识分子家庭，那么导演李芳芳还特意在片尾专门介绍了片中各种"跑龙套"的角色：冯友兰、钱穆、林徽因、梁启超、王国维、徐志摩、沈从文、朱自清、闻一多、陈寅恪、邓稼先……此外，导演尽可能还原了历史形貌，并通过诗意的镜头语言将之呈现，比如，沈光耀在飞虎队宿舍中给家人写信的画面就与真实老照片几乎无差，相似的镜头还有当年在部队追逐新式飞机、为汽车灌油的场景等。

当然，电影中也穿插了诸如日军空袭重庆、中国第一颗原子弹爆发成功等影像资料，并多次运用平行蒙太奇将中国历史上的同一时刻或不同时刻同时拼贴在同一个画面内，但在我看来，电影《无问西东》仍然是现实主义的，它不仅属于过去，更属于当下或未来。某些现实主义者最感兴趣的是主题、人物或时间是否酷似于书本之外的现实；也有一些人认为，真实应该通过一种面对由事物表面产生的感觉的精确复写来达到，而不是通过对任何事物的一般视像的忠实来达到。

《无问西东》在以上两点无疑都是努力兼顾到了，因此，有人认为它主要是在为清华"写史"。但是，一种现实主义的结构应该需要某种特殊形式的现实主义叙述技巧，一旦这种叙述技巧与恒定的形式有所偏离，就有可能引领历史真实开始离开生活情境并走向形而上的真理，这种真理存在于历史，存在于当下，也将存在于未来。比如，影片中各种叙事蒙太奇的运用，尤其是对时空蒙太奇的平行、交叉，显然是为了在一种"历史现实主义"中传达出"真心、正义、无畏、同情"的永恒性。

二、这个故事属于所有时代

为了体现这种贯穿历史与当下现实的永恒性，导演让四个故事循环讲述，又不断在人物设置上体现为一种带有同样循环感的"角色轮换"安排。比如，富家子沈光耀以飞机投食的方式拯救了孤儿陈鹏却不幸在作战中英勇牺牲，而陈鹏的同学李想在经历了"见利忘义"的自我反省后，也用自己的生命延续了陈果果父母的生命，因而才有了拯救四胞胎的陈果果（难说四胞胎会在接下来的一个时代里或在相似的地理空间中承继着与父一代相类似的行为结果）。

在这里，且不论如此编排是否有造作矫情之嫌，但导演确实通过这种刻意地角色分配，让不同时代、不同身份的人们在彼此相似的行动中增强了对"真心、正义、无畏、同情"的充分认同，而正是这种稳定甚或稍显宿命的角色分配，恰恰可以解释吴岭澜、沈光耀、陈鹏、李想、王敏佳、张果果包括和他们相关的人们以及当前和以后的许多关系是如何运作的。因为，"角色轮换"意味着同时承认自己的社会属性和他人的主体性，并接受彼此为双方的同类和补充，这当然是建立于对某种人伦关系或者道德价值的认同。

本来，人们对人生观、价值观、世界观考察的实质性成果就更多地来自对差异形式（时间与空间）的高度关注，何况电影中的2017年、1962年、1938年、1923年又分别处于中国发展历史上颇为关键的几个重要时刻。因此，正是基于对北京和昆明这两点进行的连续性描述，人物关系的相互取代才成为可能，也因此，才使得不同人物关系对"真心、正义、无畏、同情"的认同与实践超越了单一时空。

"真心、正义、无畏、同情"，它们不仅贯穿了吴岭澜、沈光耀、陈鹏、张果果这些清华人的人生，也必然是、必将是他们同时代人、现代人以及后来人对生命的理解。同样的，正因为如果不在同一个位置对连续性进行描述，连续性就不可能得到说明，所以，《无问西东》并不仅仅属于清华大学，"无问西东"所包含的"真心、正义、无畏、同情"应当适用于任何一方有人类生存的土壤。

不过，无论一部作品具有什么样的逼真，这个逼真总是在更大的人为技巧中起作用的。为保证更有质感的视觉效果，导演李芳芳坚持采用全胶片拍摄，并找来金马奖最佳摄影曹郁掌镜。而电影最终的呈现也确实没有让人失望，在创作者饱含深情的镜头下，祖国的一年四季、城市与乡村都精美如画，自然与人文交相辉映构成了一种美妙的和谐。尤其是"静坐听雨"的情景和雨中捕鱼的画面，都彰显出野心勃勃的李芳芳在倾力打造一幅波澜壮阔的民族史诗图景时，不经意间流露出的刹那温柔。

选自"文学报"微信公众号（2018年1月21日）

《无问西东》里的清华精神离现实有多远？

病克疾去

（一）

对于《无问西东》早在几年之前就有所耳闻。取清华校歌中"立德立言，无问西东"作为片名，《无问西东》从一开始便笼罩着清华的光环；而拍摄于清华2011年百年诞辰之际，《无问西东》又被观众寄予了某种期望，期待这部电影讲述清华"世纪级故事"，表达清华"家国级情怀"。而这部电影也的确尝试着这么做了，用多线叙事、平行剪辑的手法将四个清华学生在不同年代的不同际遇结合起来，试图反映一个世纪以来清华人追寻内心的真善美的历程，用片中的话说就是"爱你所爱，行你所行，听从你心，无问西东"。

对于这部电影，各界大多给予好评，清华学生和校友更是点赞如潮。但是，看完《无问西东》之后，作为清华学生的我却产生了一种强烈的痛苦与不适感。如果《无问西东》是一部与清华毫无瓜葛的故事片或文艺片，我大抵是不会有这种感觉的。但不管是刻意为之，还是无心插柳，电影制作方试图以该片映射清华精神、清华传统，足以让观众产生"原来这就是清华"的感觉。如此一来，让人不得不思考：《无问西东》的立意真的足以体现一百年来的清华精神和传统吗？思索良久，我发现，我的不适感源于导演李芳芳的清华和我们的清华完全不是一回事；而痛苦源于这部流行电影产生的舆论影响大行其道，却有意无意地雪藏了清华真正不朽和壮阔的一面。

（二）

虽然把清华传统粗暴分为"以梅贻琦校长为代表的买办传统"和"以蒋南翔校长为代表的革命传统"是机械僵化和上纲上线的，但《无问西东》给我最大感觉就是为这种不合时宜的二分法背书——只不过褒的是"买办传统"，贬的是"革命传统"。

在中华人民共和国成立后很长一段历史时期内，清华"两个传统"泾渭分明：领导了"一二·九"运动、而后成为清华校长的蒋南翔是教育界的"圣人"，而代表旧传统、而后随蒋赴台的梅贻琦则是教育界的"敌人"。但是，改革开放以来这种"敌我"修辞日趋淡化，对梅贻琦的评价也逐渐转变。因此，对于两种传统，目前权威的说法已然是"在清华漫长的校史上，梅贻琦和蒋南翔两位校长对清华影响最大"。

"买办传统"和"革命传统"都是清华校史不可割裂的组成部分，清华大学既是诞生于庚子赔款的"留美预备学校"，也是成长在新中国红旗下的"红色工程师摇篮"。但是目前的问题恰恰在于"蒋传统"下成长起来的新清华人历经拨乱反正后逐渐接受了梅贻琦，而"梅传统"下培育出的旧清华人却并不打算接受蒋南翔。一位清华教授曾陪同从美国回来的清华老校友参观校史展览，展览中有两尊校长像，一尊是梅贻琦，一尊是蒋南翔，这位校友一看便说："这两个人怎么能放在一起呢？梅校长的传统就是被他破坏的！" 是啊，来自革命传统的热血青年和工农兵学员们在改革大潮荡涤以后，慢慢开始理解上流社会的阳春白雪；但是，那些来自买办传统、以上流社会自诩的精英怎么可能主动与下里巴人分享对于知识的垄断和对于格调的特权？

对待两种传统的扭曲视角，导致电影对于真正的清华精神、清华传统避重就轻、避实就虚，这恰恰是《无问西东》精神内核深处的根本问题。导演对于镜头语言的运用恰恰证明了这一点：新中国成立以前有民国的大师，有为国捐躯的富家少爷，有通情达理的高贵姨太太，有趾高气扬但心存同情的美国军官，还有救助孤儿的外国传教士……各种美好，各种格调，各种民国情节在导演的镜头下表现得淋漓尽致，连背景音乐也选用的是基督教音乐《奇异恩典》；而新中国成立以后则是沉浸在阶级斗争狂热中的愚昧群众、杀人诛心上纲上线的党员干部、被革命理想"蒙"得六亲不认的支边青年，还有以身许国却落得身患绝症的两弹功臣……嗨，就连做饺子馅的猪肉都是掺了肥肉的。

虽然没有言明，但《无问西东》这种一褒一贬的偏颇手法对清华的历史公正吗？如果这就是所谓清华传统和清华精神，那么导演也就坐实了蒋南翔校长对老清华的批判——"一所打着国耻烙印、适应美帝国主义需要的封建买办的贵族化学校，一所亲美、崇美、媚美的典型的资产阶级大学。"

（三）

同样是爱国情怀和心系天下，可以有不同的表达和不同的立意——这也是所谓"立德立言，无问西东"。从这一点上说，《无问西东》作为一部普通故事片或文艺片是合适的，但是联系到清华波澜壮阔的校史和灿若繁星的伟大爱国者群体，《无问西东》立意恐怕连及格分都够不上。

片中的王力宏饰演的清华学生沈光耀在西南联大报名参加国军空军，在驾机途中经常向一个村庄空投食品，救活了村庄的孤儿，但是最后在与日军空战中不幸中弹，最终驾机撞向日军战舰壮烈牺牲。在这一桥段下，"真心，正义，无畏与同情"的题眼借由美国教官之口说出。与此同时，片中的黄晓明饰演的陈鹏是清华工程物理系学生，他是沈光耀当年空投食物救下的孤儿。影片中黄晓明饰演的陈鹏对章子怡饰演的王敏佳的感情被大段篇幅渲染得明媚而纯粹，仿佛是故意作为对比，片中最具传奇色彩的清华工程物理系和两弹功臣们所从事的工作，作为新中国的立国之本，却在导演的三言两语中被刻画得冷峻而压抑。

当然，沈光耀毅然参军并壮烈牺牲无疑体现了爱国情怀，这一点无可争议。但是在他身后，我们更应该洞见，个人英雄主义的无畏牺牲在国家悬殊的力量对比面前只是杯水车薪——毕竟，封建落后的农业中国在帝国主义的工业日本面前，恐怕一千个沈光耀杀身成仁都无济于事，更何况沈光耀驾驶的飞机只能靠美国的援助。

要彻底改变中国落后挨打的局面，光靠这种在战场上拼杀恐怕无济于事，还是要彻底的政治、社会、经济、文化改造才能真正提高国力，正所谓"旧邦新造"。正是在这种彻底革命的精神引领下，清华大学以及北京各高校的共产党员领导了光荣的"一二·九"运动，他们追求的不仅仅是在战场上抵御日本侵略者，更是要在民族精神上彻底改造贫弱的中国。1949年初，清华大学党总支成立并于6月正式公开，在二校门张榜公布的地下党员名单有187人（有4人因工作需要暂未公开），而在清华党组织中拼搏战斗过的地下党员累计共有近700人之多。

抽象地说，爱国并没有高下之分，但是具体从结果上来说却能产生极为不同的效应。在李芳芳的镜头下，陈鹏从清华大学毕业后参与的核工程显得气氛诡异，前往基地的镜头宛如押送战俘。然而许多观众可能没有意识到，恰恰是陈鹏所投身的这种看似令人费解、冷峻恐怖的"一尖（航天）一圆（原子能）"事业，使成千上万个沈光耀免于殒命沙场。

历经1952年全国院系大调整之后，清华理科力量被尽数调往到北大、中科院等兄弟院校，还有新成立的矿业、地质、钢铁、航空、石油、农大等学校。即使在这种情况下，蒋南翔顶住了苏联专家的反对，通过创立理工交叉技术专业，逐步恢复和加强清华理科——在物理、化学、力学前面加上了工程，这样工程物理、工程化学、工程力学看起来像工程，实际上还是理科的内容，这在不违抗上级命令的情况下变相恢复了清华关键的理科传统。

尽管当年条件简陋，国际封锁、政治风波频发，但清华大学仍在"两弹一星一艇"、核能军民两用等领域做出了极大贡献。不仅在1999年国家表彰的23位"两弹一星"功勋科学家中就有14位出自清华，还有更多默默无闻的清华人在共和国历史性变革中，奋战在各自的工作岗位上"为祖国健康工作五十年"。作为新中国工业化与现代化的重要基石，清华无愧于"红色工程师的摇篮"，树立了一座不朽的爱国丰碑，诠释了"天行健，君子以自强不息，地势坤，君子以厚德载物"的情怀。

沈光耀向山村孤儿空投食物，的确能体现他的同情心和对社会弱势群体的关怀，但是他一个人发的善心在国破家亡、山河破碎面前只是杯水车薪。须知，覆巢之下安有完卵。至于在被他空投的食物养活的山区孤儿陈鹏能在乱世中存活性命并成为清华学生，更是百万分之一概率都没有的渺茫事件。

清华人如果真的有某种精英品质和精神，那一定不止步于个人发善心，而是要对社会进行彻底、全面、深刻的工业化和现代化改造，用新制度、新技术、新知识来为这个国家"换了人间"，唯有如此才能救万民于水火。

在1965年举办的高校科研成果展览会上，清华参展成果有70多项，为各校最多。而清华从办大学的1925年至1948年，24年仅招收10970名本专科学生，但是从1952年至1965年，14年却共招生26871名。这些涌现的新技术、培育的新人才与新中国蓬勃前进的工业化大潮结合在一起，能为多少普通百姓解决吃饭、穿衣、出行问题？在我心目中，这才是心系天下的崇高体现。

（四）

精英与平民之辩是清华传统中一个绕不过去的话题，但是不幸的是，《无问西东》似乎并没有把这一点领悟到位。清华如果真有所谓精英的一面，那指的就是技术过硬、甘于奉献、理想远大，而不是有闲阶级的情趣，不是阳春白雪的格调，更不是成了准士大夫式知识分子的沾沾自喜。

诚然，新中国成立以前，高等教育规模极小，且几乎全为社会精英所垄断。在社会生产力低下的旧社会，大部分普通人连接受基础教育的机会都没有，遑论进入高等学府深造。当时能够进入清华的学生，如果说不是来自上流社会，那也是来自准备踏入上流社会的中产预备队。在这种情况下，"民国风""民国范"的清华大学在当代人看来总会更加"精致"，尤其符合近几十年来诞生的城市中产的志趣和品味。《无问西东》所描绘的"精英云集"的所谓大师时代，在我看来折射出当代人的臆想多于当年人的实绩，可能这也是一种对现实生活不满而产生的乌托邦式的自我宽慰。

最能体现新时代清华"精英观"的莫过于蒋南翔校长改大合唱歌词的故事。根据学者叶胜舟的研究，1959年，清华学生文工团创作了一支大合唱歌曲，其中有一句歌词是："立志做一个普通劳动者。"蒋南翔看后提出："党要求你们做'劳动者'，是指思想上不能高人一等，瞧不起工农，要以劳动者的姿态出现,并不是国家每年花几千元就把你们培养成扫马路工。"因此,他建议改成"有觉悟、有知识的劳动者",或者是"又红又专的劳动者"。

所谓培养普通劳动者是指要有普通劳动者的"精神状态"和"阶级立场",而"清华大学是国家重点建设的大学,必须为国家培养高级专门人才,如果只培养出普通劳动者,那是不合适的"。显然,蒋南翔校长提倡的精英观,"精"在脚踏实地的业务能力上,"英"在对国家和社会的贡献上,在引领新中国建设的成就上,而不是落脚在"精"致的"英"美范儿上。

遗憾的是,在《无问西东》中,导演对于清华"精英观"的诠释流于表面,精英意识包裹着个人情感、家庭出身和小圈子内打转的品味志趣,而绝少描写作为"国家高级专门人才"的精英,甘于为国家事业奉献一切的精英,以及"从群众中来到群众中去"的先锋队式的精英。

"无问西东"四个字取自清华校歌,本意是超越东西文化之别,电影却流于对西式贵族精英大学的想象,失于对新生的东方古国精英建设者的描述。似乎不见崇高的"德",也难说产生了深刻的"言",与"立德立言,无问西东"的初心失之交臂。这种软糯剔透的叙事或许迎合了大部分城市中产的志趣和品味,以及他们对于高贵往事的幻想,但却无法驾驭当代清华根植于爱国情怀和革命理想,那种更加波澜壮阔的精英观。

(五)

百年来,中国历经风云激荡,清华精神也随之处于不断演变之中。如果说清华有什么特殊之处能担当起"中国高等教育的一面旗帜",那就是行胜于言,实事求是,与时俱进,与国家命运起伏紧紧相扣。因此,清华精神绝难用常数 c 来概括,而更像是动态的函数关系式 $f(x)$,而清华精神的特点——始终主动和国家命运、时代精神紧密结合——则相当于对应法则 f,是函数关系的本质特征。

战争革命的年代,清华人胸怀救亡翻身理想,仁人志士辈出;建设改革的年代,清华人"听话,出活",在各条战线艰苦奋斗,为新中国的现代化和工业化立下不朽功勋;而未来的中国比历史上任何时期都更接近中华民族的伟大复兴,清华人必定会用实际行动接过新时期的历史使命和政治交代。

(六)

《无问西东》以清华百年校庆的名义拍摄于2011年，却被雪藏至今，由此似乎也可以看出清华大学对清华精神真实的态度与坚守。

难熬风雪夜寒时，观影杂论言寄诗。
《无问西东》遣词悯，行言家国壮怀驰。红专诚锻中流柱，青浅惟栽娇柳丝。故国百年重回首，旧邦新造省何思？

本文写作、编辑过程中受到清华大学材料学院2字班洪光，精仪系1字班肖翔，工物系9字班张师兄，土木系0字班朱师兄，法学院7字班伟龙，以及中科大胡不归的支持与协助，特此致谢！

选自"新潮沉思录"微信公众号（2018年1月27日）

创造101:逆袭神话还是"氪金"游戏?

编者按：2018年6月23日，为期两个月的综艺节目《创造101》顺利收官，孟美岐、杨超越等11位"火箭少女"最终获得出道名额。作为2008年上半年娱乐圈内的"流量冠军"，《创造101》的火爆得益于其成熟的商业制作模式和对市场心理的精准把握，节目从不缺少也乐于"创造"热议话题。

《少女偶像到底需不需要"实力"？从杨超越谈起》一文认为杨超越现象的成因，是观众将现实规则及焦虑投射到消费文化上造成的错位：杨超越作为偶像更需要的是喜爱、认同而非实力。而罗婷的采访手记《谁能决定我命运：一份〈创造101〉观察样本》则聚焦于"中游"成员范薇，更愿意展现制作团队的强势运作与选手个人努力之间的复杂关系。

戴桃疆在《捧红了王菊、杨超越，〈创造101〉能"重新定义"中国女团吗》一文中认为，由于音乐行业整体运作模式的改变以及《创造101》商业定位模糊，在制作环节上的诸多瑕疵，王菊、杨超越等选手的爆红并不能够为"101"在破解本土女团发展困境上提供更多经验。杨梦琦在《我为杨超越花了快10万》中认为，《创造101》节目组以网络点赞量决定选手去留的决赛赛制为手段，来吸引粉丝观众疯狂刷票，实质是一场吸金的资本游戏。而作为节目主创之一的吴畅畅，在《我在〈创造101〉的那些日子》一文中则试图说明"101"体现了转型中的选秀节目在市场定位、制作发行和营利模式上的艰难探索，《创造101》的成功及其争议，需要放在当下经济社会变动中以更开放和平和的心态看待。

谁能决定我命运：一份《创造101》观察样本

罗婷

三天前，《创造101》落幕了。

最后一场公演，排名前11位的女孩们获得点赞总数超过13亿，最靠前的孟美岐、吴宣仪的粉丝众筹就超过了2000万。观众的参与度之高，许久未见。

我们试图复盘这群女孩半年多来被选拔的全程。在这样一个娱乐工业的光谱空前复杂的时代，命运从来不是公平的，而是充满唏嘘偶然。

"故事线"

严格来说，在101位女孩里，23岁的范薇不算出众：一双大眼睛，齐刘海，绑着双马尾。最开始，很多人记得她会用发梢在头顶扎成一颗心型，是标准的日系女团成员形象——这都是过去的经历在她身上留下的痕迹。

但入营没多久，这个随时可能会被替代的女孩敏锐地意识到，在《创造101》里，故事是很重要的。

在杭州萧山的宿舍，每天晚上，节目的编剧们都会拉着女孩们采访。第一个月里，问她十个问题，有九个都是关于"1931"。"1931"是她之前所在的女团，已经在去年冬天解散。这个号称斥资5亿的女团之前籍籍无名，运行了三年，直到解散时上了各大新闻客户端的推送，很多人才第一次知道。

可故事的寻找并不偶然。节目开始前，编剧们已经对女孩的所有资料——报道、既往史、社交媒体等做梳理，整理她们的人物小传，甚至从心理学角度给每个人做图谱分析，其中就包括范薇。

选手太多，素材是几何级的，必然有取舍。编剧团队的纪律是，不允许编剧和选手有太密的私人交往，这会影响他们的工作判断。但仍然有编剧私底下跟范薇说："你要给自己埋线啊。"

"埋线"——这个节目里，每个选手都有自己的叙事，自己的故事线，自己的人设。要把故事说出来，编剧才能帮她们写进节目。

在这个被凭空建构起的粉色空间里，故事线是复杂的。不仅有关于努力出道的实线，还有关于友谊、青春和公平的虚线——正是这些生动浓郁的人物关系吸引着受众。

范薇最后接受了自己这样一个略带悲壮的设定："背井离乡的1931队长，在《创造101》里面背水一战。队员们相继离开，她能否挺到最后？"

故事线决定着节目里镜头的多寡。最初，范薇是一个出镜率高的选手。第一期节目她的镜头很多。前"1931"组合的身份得到关注，她们哭着说了往事。她还在节目最后说出了金句："人在做自己喜欢的事时，双眼是会发光的。我们，不想让这光熄灭。"

但很多姑娘看完节目都慌了。《创造101》制片人、企鹅影视天相工作室副总经理邱越记得，第一期播出后，姑娘们开始问：为什么没有我的镜头？或者我同样那么做了，为什么没有我？也有人觉得，我跟她是一个公司来的，为什么你们就剪她，不剪我？"每个人都觉得自己镜头少。"

而镜头的分配，同样是编剧们的工作。在节目组里，三十六岁的总编剧芦林性格温和，不怎么有湖南人的火暴脾气，但在选手看来，管理着整个编剧组的他，是四百多位工作人员里最有权势的人之一。

101拍摄园区内，只要有选手的地方，就能看到窝在一边观察的编剧。他们是眼睛，也是笔，是决定每一期节目的逻辑、框架和具体内容的人。谁的镜头多，谁的镜头好，最先由这群人把关，最后才交由总导演、制片人和播出方审核。

比起遥远的女团创始人点赞，还有一种说法是"后期定生死"。

女孩们站在同样的舞台上，几百束灯光打下，音乐响起，一切情绪都被放大了，全场都是粉丝们呼喊的声音，那个时刻，置身其间，很容易如坠幻梦——但残酷的是，也许每个人的命运翻转，早在一期节目结束时，就已写好。

"刺激"

整整三个月，女孩们的生活是隔绝的：刚入营时就被没收了手机，无法独自走出园区，信息来源是蹲守在宿舍楼下的粉丝，他们常常会被提醒："你又上热搜了。"

在这样一个高度封闭的空间里，竞争被放大。除了节目里ABCDF班之间衣服颜色、教室大小、宿舍豪华程度的分层，有些细节只有低位者才看得到。比如每人都有的粉色制服，其实细节处并不完全相同。范薇就注意到，A班的扣子更繁复美丽，还有专属徽章。

公演的服装也是。其他人可以穿自己的小白鞋，只有"C位"是特制的靴子。尽管女孩们公演的演出服可以互换，但有一次，范薇想试试"C位"的那套衣服，服装师就说了一句话，"那是'C位'的衣服"，她就明白了，那是不行的。

这样的竞争之下，很快，范薇就发现自己的故事线逐渐失效了——"1931"的故事已经不新鲜了，于是镜头也少了下来。为了让人记住她，她最初不敢换掉头上的心型小辫，可一旦有人问她为什么造型总是不换，她又开始犹疑，最后决定天天换。在高压之下，她难以保有定力。

在《创造101》，镜头成了最珍贵的东西。其他女孩们也各有争取镜头的方法。为了多点镜头，有个女孩网购了绿色的染发膏，在宿舍偷偷染发，最后在播出的成片里被整个打了码，还惹得造型师大怒。

但镜头也是危险的。观众的"讨伐"她们能听见。范薇不敢主动抱喜欢的选手，因为怕被粉丝误解。"人气高的选手们一起玩叫'CP'，人气高和人气低的选手一起玩，叫倒贴。"

她想过另一个争取镜头的办法：一定要在嘉宾来时插话。"跟嘉宾互动嘛，那肯定不会被删掉。"但事实是，她确实成功插话了，最后也被删掉了。"我觉得有点太厉害了，这个节目组。"

六月的一个晚上，是难得的放松时刻，导演组安排了三十六位女孩一起离开封闭场馆，去看一场电影，但摄像机还是跟着的。是部严肃的片子，但安静的电影院里，灯光暗下来，有人突兀大笑，有人高声点评。

总编剧芦林在边上盯着，一直没说话。他明白女孩们这些想要争取镜头的小心思，但并不赞同："你真正跟着情节走，一定会有正常的反应，你不要想我要这样笑一下，把画面放大看，观众一定觉得你假。"

可101位女孩中的大多数，都没有多少与镜头共处的经验。高压的竞争机制下，这更像是她们笨拙的求生反应。

芦林觉得，女孩们渴求的上镜技巧，有一个更准确的词，叫"吃镜头"："要看在镜头面前，谁更能符合这个阶段的情绪，谁的情绪和表达是最抓住人的。对于视频的呈现来说，如果她很平静，什么都没有，其实很难做。"

这对一些不善表达的女孩是很大的挑战。范薇就觉得，自己的故事线非常精彩，但看节目才发现："没有，整条线砍掉了，连个线头都没有。"

"我是给所有人一个公平的机会啊"，芦林说："但是最终你能生长成什么样，那是看每个人的造化了。所谓一命二运三风水。"

6月7日，《人物》去采访的那天，节目已经进行过半。人气不同的选手，命运已经呈现出明显的分水岭。高位者实在太忙。孟美岐和吴宣仪拍摄节目的中插广告，直到5点，上午9点又起来化妆，继续拍宣传照，晚上还有粉丝见面会。中插广告是选手人气的一个象征。这个时刻，此前替补的王菊才拥有了第一次拍广告的资格。她那时候排名不在"前11"，却作为特例，能参与到"11+X"的粉丝见面会。

低位者的时间又太充裕了：一些人待在练习室里，等那些忙碌的队友归队、排练，她们有漫长的时间可以和记者闲聊。我们问范薇，这种可以休息、但又看着别人忙碌的心情，会很矛盾吧？

"没有，就是很丧，开心都是假的。"她毫不犹豫。

"人设、能力、颜值"

范薇一度是幸运的：从457家公司、13778名成员中被选中。那是2017年冬天，《创造101》的制片人邱越、都艳和总导演孙莉，带着选角团队访遍北上广，甚至去了韩国，在逼仄的排练室、会议室甚至餐厅，见了无数年轻的女孩，其中就包括范薇。

孙莉记得，最后被选中的101位女孩们刚入营，就问工作人员，我的人设是什么？甚至经纪公司的老板也会问：我们孩子走什么人设？每到这时候，节目组的工作人员都会反问：你一个素人小姑娘，要什么人设？

范薇的真实气质偏成熟，但最初，她想过要把自己塑造成一个小甜心。每天起床，她就对着镜子告诉自己："你现在开始工作了，你要有工作态度，你要敬业。"在这个节目里，小甜心不稀奇，甚至可以说太多了。当时的二十二强里，扎着双马尾、拥有众多男粉的高颖浠，和一笑就露出两只酒窝的小个子赖美云，都是这一款。

她后来发现，人设是没有办法装的，三个月，每天二十四小时，到处都是镜头，"奥斯卡影帝也绷不住，人设迟早会崩塌的"。

但人设的重要性，从来都不是一个秘密。《创造101》的制作团队对这一点尤为清楚。

他们是真人秀节目辉煌年代的黄金班底，对真人秀的呈现方式有精准的把握。制片人邱越说，他们做女团其实很难，"女生看男生是带滤镜的，只有一种情绪，'粉、爱、他特别棒'。女生看女生是带刀子的，但也正因为这样，节目也容易形成各种审美观和价值观的讨论，引起话题。"

整个主创团队甚至做过一次社会调研，主题是对于男性偶像和女性偶像的需求，观众如何排序。结果男生特质的排序是颜值、能力、人设，而女生则是人设、能力、颜值。

这个逻辑也可以解释，为什么他们从上百位成员的大团蜂蜜少女队里选择了高秋梓——一个胖乎乎、但自带幽默属性的姑娘。邱越还记得，面试时，高秋梓一直在旁边扮演话痨的角色，从头到尾，别人演，她就评。"这是属于她的功能性，在节目里面是能吸引人的。"

而来自江苏省盐城市农村、第一次就高喊着"我是全村的希望"的杨超越，同样有她的功能："我们觉得她讲话的状态是招人喜欢的，看最后一轮的视频，她还记不住动作，还在看别人。但是我们提前拿去跟很多团队、客户去沟通的时候，拿这个视频来看，大家也会一眼就看中她。"

同样被打捞起来的，还有更多不同设定的练习生。孟美岐和吴宣仪都是海外组合里的遗珠，美貌且有实力，但籍籍无名。在宇宙少女的组合里，她们分立两旁，容易被忽略。孟美岐处于矛盾之中，"有时候会强迫自己变得更活泼，但这不是真实的我，会心理不平衡。"而吴宣仪的表达更直白，在二十二岁生日时，她已经在困惑："我们已经出道两年了，到底适不适合这行？"

范薇所在的"1931"，则是作为中国女团最典型的代表出席。2017年12月10日，她和成员们参加了节目组的面试，十五天后，这个女团被就地解散。和她们经历相似的女团并不罕见。"很多女孩子，把自己的青春消耗在这个行业里面。没什么翻盘的机会，也不知道盘在哪里。"邱越说，问她们以后想成为谁，居然有很多人没有提到女团成员，而是说出了一位当红男歌手和一位综艺女主持的名字。

这101个女孩，以不同的出身和经历，构建出复杂的光谱，能保证节目在最大程度上吸引不同人群，适应不同的趣味与审美。

女孩们对此也是清楚的。总编剧顾问吴畅畅在节目后的手记里写到，这些"95后""00后"们所拥有的媒介素养，使她们几乎不需要制作者强制地植入某种人设。她们在镜头前，已经自发地呈现出多元的性格特征。

在接受《人物》采访时，郭颖认为粉丝喜欢她的理由是："可能在101没有一个和我长得相似、态度相似、风格相似的人。这个时代个性太重要了。"

在整个节目里，她们所承载的功能，更多在于观众所需要的一种"个性表达"：要打破长久以来的单一审美标准，在第五期节目里，嘉宾马东就给女孩们上了这样一课。当他在节目里说出"你必须最大限度地不一样，才能最大限度地被需要"的那一刻，人设的重要，已经真正被点破了。

"自己的前程自己挣"

可人设太复杂，太难以琢磨了。设立鲜明的人设是困难的，改变既定的人设也是困难的。

芦林分析了范薇的故事线："在她进来的时候，'1931'的身份是她天然具有的。但到了后期，不能再拿这个身份去给她了。要看她生长出什么。"

起初，她希望大家能看到她的硬实力。"我不希望我的粉丝把我"安利"给其他人的时候，只能说她是前'1931'的成员，她很可怜，救救孩子，捞她一把。而是说，这里有一个很优秀的偶像，她很棒。"

但很快，她就意识到"挣"的重要。准备第二次公演时，范薇和同组一个女生为了一支舞曲的两个八拍争了三个小时——这两个八拍很重要，是一些力量型的舞蹈动作，容易给人留下深刻印象，机会很珍贵。原本，这两个八拍分给她了，有另一个一起演出的女孩也想要，但她不想给。"我第一次觉得，我不想放手，我们就一直在说这件事。我真的很想骂脏话。"

但最后一刻，她妥协了，让了出去，因为突然意识到，自己原本不是这样的人——她从前受到的教育是要谦虚，要忍让，很传统，在从前的女团，站位和舞蹈都是安排好了的，只需要接受就好，只有来了"101"，才有了争取的意识。

她跑到没有摄像头的厕所大哭了一场。"我真的没有办法绷住，没有办法很得体地去告诉自己，OK，范薇，这两个八拍对你来说根本不重要。"

芦林理解女孩们的情绪，他的表达更残酷些：这档节目，像极了我们每个人的人生。有时候，一些人梦寐以求又求之不得的，另一些人却唾手可得但未必快乐；还有些时候，精心的人设反而不如情绪化带来的冲击。

从节目第一期起，杨超越的人气就居高不下。她的颜值、出身及个人表达极具审美与符号价值，一早就埋下了命运的伏线，谁能比一个出身贫寒但拥有美貌的废柴姑娘更有话题性？《最强大脑》的制片人就公开说过："做节目的人碰到杨超越这样的选手，做梦都要笑醒。"

在总导演孙莉眼里，这种讨论对于一个备受关注的节目来说是必要的，她们极早给予了杨超越关注，完成了节目里一个难度极高的动作，这值得嘉许。

可对杨超越来说，被关注带来的负担，远远超过了甜蜜。《人物》见到她时，她正当着一群记者的面，直接把眼里的美瞳摘下来放在椅子上，美瞳就这样干掉了。一段采访结束后，她在没有打扫过的地上刚躺下，想睡觉，又被叫了起来继续拍摄。

能明显感觉到，重压之下，她身上最初的那些新鲜、蓬勃和无畏在逐渐消失，随之而来的是枷锁和负担。一期节目里，总被嘲笑有点傻的她，说出了一番富有逻辑的话："我能坚持到现在，我觉得已经挺好的了，我害怕我自己撑不住,所以我想快点结束,让我体面一些。""我不知道有没有人,能站到我这个位置上,去体会一下我的恐惧感。"

还有些人又是逆天改命。整个前三期都没有什么戏份的王菊,因为一句校训、一次在马东见面会上的发言,逆转局势。她成了一个被挪用的符号,表达对主流文化审美的一种反抗。

"从叙事的角度来说,我一定会把王菊的发言剪进去。但这个问题是不是后期定生死?不是。"孙莉说,她一直在跟女孩们说一句话——"自己的前程自己挣。"她一直觉得,是王菊自己挣到了自己这一次命运的翻盘。

更多的女孩因为抓不住自己的人设而焦虑不已。选手刘思纤在离开时,已明白人设的重要性,她是这样对镜头说的:"可能我们的经验不够,在节目当中也没有表现出特别强的个性。"

腾讯视频曾对所有女孩做过一个问题问答,有个问题是,如果让你和一个小姐姐交换,你希望变成谁?几乎所有人都想成为孟美岐或吴宣仪,只有范薇的回答是高秋梓。

她羡慕高秋梓活得自在。高秋梓的人设清晰,当所有女孩都被一种恐怖的减肥氛围笼罩时,她能独善其身,所有工作人员都对她说,"秋梓你好可爱啊,你不要减肥了。"

高秋梓提供的是另一种价值,和美丑无关,导演只需要告诉编剧,让她给同样自带幽默属性的妈妈继续打个电话,说出几句逗乐的话,这就够了。

"灯光熄灭之后"

6月中旬,"36进22"的晋级赛,范薇被淘汰了。她在节目里最后的镜头,是粉红游船上有些悲壮地大喊:"新公司,新工作,活下去。"

粉丝们觉得可惜,他们提起她时,还会提到吴芊盈、王婷等同期被淘汰的甜美型选手——范薇努力了,但她始终没能突破自己的人设。

纵观十期节目,这位连续四期都在C班的女孩,在整个节目的叙事线里是波澜不惊的一条,她没有跌宕起伏、极具矛盾冲突的叙事。

在点赞结果公布前几天,范薇已经猜到,自己没有太多留下来的可能了。但她还是认真排练了前22强的节目。"我会觉得,人在做,天在看。以前公司是这样教我们的,就是你要有职业精神。你可以哭一晚上,你可

没有被偶像工业规训过，可能是人们不喜欢她的原因

界面文化：对于杨超越这样的少女偶像来说，有没有唱跳实力是不是真的重要？

王斐：粉丝对偶像索取的是一种想象性的亲密关系，唱跳表演只是提供这种亲密关系想象的素材之一，表演本身好不好并不重要。

界面文化：假如杨超越真的成团出道了，但唱跳水准和其他队员差距很大，这会成为一个问题吗？

王斐：肯定会成为问题，所以她其实不太适合作为女团成员出道，但这是她自身事业规划的策略性问题，和"偶像需不需要实力"这个话题没有本质的关系。

界面文化：也就是说，作为一个唱跳偶像团体的成员，杨超越是不合格的，但单纯作为一个偶像来说，其实她已经合格了？

王斐：是的。偶像的工作目标就是让人喜欢，从这一点来看，她已经很合格了，只要有那么一部分人喜欢她就够了。但女团总还是要考虑跳舞跳不跳得齐这种问题，这个是经纪公司和偶像工业需要操心的问题，不需要观众操心。女团强调业务水平和努力，很多时候是一种话术，或者是相互攻讦的武器。

界面文化：中国版的《创造101》会出现王菊、杨超越这类不符合日韩女团标准的选手，是由于中国市场的特殊情况吗？在偶像工业体系更成熟的国家，是不是不会出现这种"异类"？

王斐：《偶像练习生》选出的男团成员其实也没有太高的唱跳实力，但确实是非常整齐划一的韩系偶像风格；《创造101》中的女孩却百花齐放，什么风格都有。为什么会这样呢？这才是问题的关键。

界面文化：是不是因为《创造101》的受众也主要是女生？

王斐：这里有一个很重要的问题是消费群体和消费习惯。日本偶像工业在1970年代开始萌芽的时候，最早投身追星事业的是一群男生，那时候学运（日本学生运动）刚刚结束，一批年轻人理想失落，精力无处发泄，所以跑去追星。当时的偶像女团"candies"的粉丝后援会就取名"全can联"，和学运领导组织"全学联"非常近似。这种消费习惯延续了三代人，追星在日本青年男性那里已经成为一种被充分接受的生活方式，例如东京秋叶原周边就有一批常住在那里、租一间小公寓、打零工天天看AKB48（日本大型好偶像组合）公演的男粉。SNH48（上海丝芭文化打造的中国女团）当然也有这样的男粉，但在中国，这种生活方式还是新鲜事物，公众对此的接受度也没有那么高。加之日本是一个高收入国家，相对富裕，相比中国年轻人，日本的年轻人更有资本来选择这种生活。这一固定的消费群意味着消费者的诉求会越来越明晰，这也是日系偶像的风格辨识度这么高的原因。这种固定的消费群和消费习惯都是中国目前所不具备的。

界面文化：所以意思是说，中国少女偶像团体的消费群构成会相对复杂，男女都有，各个年龄层的人也都有？

王斐：是的，构成很复杂，这种构成的复杂性决定了他们的诉求也不很统一，《创造101》人气选手的百花齐放就是一个例子。我猜测杨超越的粉丝中应该有很多男生，而且是此前并没有追女团经验的"直男"，而王菊的粉丝里则有很多"LGBT"人士。而男团的粉丝（如《偶像练习生》中男选手的粉丝）经过过去十几年的培养，已经基本固定了。

大塚英志在《"御宅族"的精神史：1980年代论》里提出了一个观点，他说少女偶像的身体是"男性数据库化的欲望"的化身。也就是说，日系少女偶像所呈现出的风格是由一大批男性粉丝的数据库化的欲望召唤出来的。中国偶像女团的问题在于，这样一种欲望还没有以具体消费行为的形式呈现出来，偶像工业也无法捕捉和回应这种欲望，以至于他们也不知道该把女团往哪个方向包装。《创造101》的问题正在于缺乏一个少女偶像的"模板"，杨超越就是在这个缝隙里冒出来的一朵奇葩，相比之下，《偶像练习生》的思路就比较明确了。

界面文化：这种男性的数据库化的欲望，是自发的吗，还是被偶像工业塑造出来的？

王斐：是双方协商出来的，背后还有日本御宅文化的脉络。《"御宅族"的精神史》中提到的手冢治虫创作的漫画女性人物就是一个例子，其背后的逻辑就是，御宅族的性冲动和真实的女性身体是无关的。而日本偶像女团就是在背离了真实的女性身体的前提下，重塑了自己的身体。韩系女团也差不多是这一逻辑，但《创造101》并不给人这种感觉，杨超越是没有被这套逻辑规训过的，虽然也并不是不能被规训的。

界面文化： 所以网络上对杨超越的攻击，一定程度上是因为她没有被规训过？

王斐： 是的。我认为她没有被偶像工业规训过可能才是一些女生不喜欢她的真正原因。像孟美岐、吴宣仪这类被规训过的女爱豆（idol，偶像），还是可以赢得女粉丝的喜爱的，SNH48也有很多女粉。

界面文化： 也就是说，偶像工业的规训也包括避免引起同性的恶意？

王斐： 偶像工业的规训的总目标是"尽量让更多的人喜欢你"。

界面文化： 女粉在《创造101》这样的节目中希望获得的是什么呢？也是一种想象性的亲密关系吗？

王斐： 亲密关系包括很多种，母女关系也是亲密关系的一种，姐妹关系和"伪les"关系也是。比如，《创造101》有很多称选手为女儿的妈妈粉，再比如超女时期有很多女粉让自己的丈夫模仿李宇春的举止动作，现在也有很多流量女明星通过卖"老公""总攻"的人设来吸引女粉。不过"LGBT"群体在王菊身上获得的还是自我认同，一些女粉丝从励志人设的选手身上也可能获得一些自我认同，但更多的，还是"救救孩子""女儿最棒""我愿意为美岐弯"这类话语。

界面文化： 还有一个问题，努力在偶像养成中是不是很重要？似乎很多针对杨超越的批评都是诟病她不努力，不正能量？

王斐： 非常重要，没有哪个偶像或者偶像团体是不卖努力人设的，毕竟除此之外也没什么可卖的了。女生讨厌杨超越的点花样繁多，但好像有一个殊途同归的理由就是"偶像失格"，而不努力被认为是"偶像失格"最重要的体现。

选自"界面"微信公众号（2018年6月12日）

捧红了王菊、杨超越，
《创造101》能"重新定义"中国女团吗？

戴桃疆

预期十二期结束的网络偶像团体选秀综艺《创造101》截至6月9日已经播出了八期，最大的赢家莫过于名扬海外、被英国《卫报》称作"中国碧昂丝"的王菊，最大的热点则是唱歌找不准调、跳舞踩不准节拍的杨超越。

如果买下了韩国版权的网络视频平台果真一心想打造一支本土女子偶像组合，甚至尝试"重新定义"中国女团，那么那些看上去让人回想起十几年前《超级女声》赛况的剪辑、意味不明的"帮帮唱"环节应该不会出现。基础很差、天赋也不足以帮助自身迅速脱离困境的杨超越可能会和她同病相怜的"Sunshine"（中国内地流行乐女子组合）小姐妹们一样，早早地被淘汰。

然而节目组一直留着杨超越，每期都毫不吝啬地将镜头对准她，放任她的"车祸现场"甚至安排她现场制造"车祸"，即便在杨超越的负面话题成为舆论热点之后也没有收敛，节目组似乎就是因为看中了她的话题性。

杨超越的争议跟观众对节目的理解有关。《创造101》把韩国原版的节目模式改得面目全非，但由于版权的关系，有的观众会先入为主地认为它应该是韩国式偶像活动，是一场兼顾观众喜好的业务能力选拔大赛，那么杨超越必然像她的演唱一样，成为表演中的不和谐音；而有的观众只看到了"创造"和口号里不断呼喊的"逆风翻盘",把《创造101》和日本式养成偶像节目等量齐观,那么支持杨超越似乎只是一种情感偏好,"己所不欲,勿施于人",但不能逼别人同样"不欲"。

然而,《创造101》本质上既不是韩国式的,也不是日本式的,它不仅可能创造不出一支本土女团,甚至都不算是一档有诚意的网络综艺。它赢得市场的武器就是"人设大战"——在国内,这是引爆舆论的炸弹,是最无敌的灭霸般的存在。无论是专项竞技类的综艺还是男子偶像团体选秀综艺,此前那些缺乏鲜明人设标签的节目都没能收获《创造101》的热度。

因抄袭而被韩国娱乐公司在官方网站上高高挂起的《偶像练习生》,相比之下反而较为完整地移植了韩国偶像选秀模式的精髓。然而,本土公众对于加入高度集体主义的韩国应援团并无太大兴趣,几乎只能吸引单一性别受众的节目也无法引发全民关注。相比之下,杂交出的《创造101》得益于"混乱",摆脱了专制集权的应援团统治,有了更多参与的可能,在受众上也更好地实现了性别平衡,王菊、杨超越两大类型化人物的出现引爆舆论的同时也给节目添了一把火。

这把火照亮的除了几十个年轻女孩的脸庞和前程,也映衬出十几年间本土女团暗淡无光的历史。

中国大陆最早的唱跳女子组合可以追溯至1995年出现的"青春美少女",不同于更早出现的"黑鸭子"演唱组,"青春美少女"没有文工团背景,表演曲目也不是老歌新唱,偏向流行曲风。在此后的八年间,"青春美少女"成员不断变换,更迭了四代,如今早已无人问津。无论是"黑鸭子"还是"青春美少女",早期本土女子组合最能吸引受众的就只有大型文艺演出的舞台,"青春美少女"知名度最高的时期也是因为连续几年出现在中央电视台的春节联欢晚会上。随着海峡两岸的文化交流更加深入,大型文艺演出中负责体现流行风潮的份额被港台明星抢占,萌芽阶段的本土女团几乎没有生存空间。

2005年,第二届《超级女声》开启了"民选偶像"的时代,这一时期也零星出现了一些参与过选秀的成员组成组合出道,但整体境遇并不乐观。最出名的女子组合恐怕要数准备在2005年出道的"超级玛丽"。两名成员在北京的出租屋中煤气中毒变成"植物人",家属状告房东和公安机关,官司一度引发轰动。中国女团状态和"植物人"相差无几，只是存在，不声不响。而同一时期，已经形成相对成熟女团模式的韩国已经准备迎来以"Baby V.O.X""S.E.S""Fin.k.l"等为代表的第一代女团向以"少女时代""KARA""T-ara""f(x)"等为代表的第二代女团的世代交接，日本则开启了"秋元康式"养成系偶像的经济模式。

  无论出于何种状态，2005年左右的中日韩三国音乐市场都有着同样的敌人，那就是互联网。

  互联网造就的分众模式毁掉了成就流行乐坛天王天后的土壤，实体唱片行业逐渐被电子音乐所取代，音乐行业原有的运作模式不得不随之改变。韩国娱乐行业中最终流向艺人和创作者的收入有限，可下载的电子音乐进一步造成冲击，为了弥补损失并获得更大的利益，韩国娱乐产业以人海战术推出更多的团体组合来参加或举办更多的商业活动、发售更多的单曲。日本则出现以刺激重复购买为主要商业模式的养成系偶像。以AKB48为代表的养成系偶像结合"恋爱游戏"和"养成游戏"两大类型化电子游戏的精髓，打造"可以见面的偶像"，通过"握手券"和"总选举"两大模式刺激粉丝重复消费实体音乐，创作不再是音乐消费的首要考虑因素，接近偶像的权利才是，与其说是"买碟送券"，不如说是"买券送碟"。

  中国内地娱乐产业起步晚，几乎是在迎战互联网挑战中成长起来的，2005年之后很长一段时间里最红的都是以个人为主的选秀节目，从《超级女声》到后来的《中国好声音》再到名目繁多的"大舞台""达人秀"。各种背景的娱乐公司推出的仿照韩国的"超国籍"组合没有一支走红，除了解散，公众知名度最高的时刻莫过于各种各样的负面新闻，加入韩国团体的中国成员大多也以单飞为结果。国内市场对女团的认可度和认知度都很低。

  2012年上海率先引入日本式养成偶像模式，SNH48出道在一定范围内引发热度，个别成员由于出演影视作品而为更多人所知晓，整体影响力却十分有限。也是从这一年开始，本土女团数量逐渐增多：2014年号称斥资五个亿打造的本土女团"1931女子组合"出道；2015年一年出现了包括带有政治色彩的"五十六朵花"和挑战公众对"女子偶像"定义Sunshine。2016年仅"48系"就出现了三支新队伍，女团总数较上一年同比增长75%。

一时间几乎所有娱乐公司，无论规模大小、主营业务为何，都在着手打造女团，大量女团涌向市场。

大量缺乏差异性的女子团体挤在有限的市场里，死气沉沉，即便这样带动女团话题性的《创造101》也不是那条搅动鱼群的鲶鱼。本土女团并不是水箱养殖，她们的征途是没有星辰照耀的大海。

1990年代的女子团体主要以大型文艺演出为舞台，借助电视成就知名度和影响力，在互联网平台影响力逐渐扩大、大型文艺演出政治性不断增强的大环境下，纯粹商业化打造的女子偶像团体在中国内地生存空间极其狭窄，彼此竞争的同时还要迎战外患。

本土女团大多缺乏清晰的商业定位，除了移植日本养成系偶像的"48系"，其他女团大多在韩国式和日本式之间摇摆。作为发达国家的日本早已完成了都市化进程，随着社会经济震荡逐渐沉淀下一批稳定的都市青年作为养成系偶像的支持者。而中国内地仍处于都市化的进程中，网络直播平台的兴起产生了大批量的女主播，这类女主播与粉丝之间的互动程度更高，大量的主播满足了市场对于不同类型外貌、才艺、个性的"女偶像"需求，下里巴人，雅俗共赏。在赢得市场之后，直播平台甚至开始反哺主流文化，那些艺术性不强但朗朗上口的歌曲几乎都出自主播们，职业歌手作品的传唱度有时未必能和出自主播嘴里的口水歌一较高下。日本式养成偶像以维系拟制亲密关系的营销策略，在国内的市场并不广阔，而缺乏定位的本土女团在缺乏作品的情况下也很难获得生存空间。

与日本式养成系女子偶像团体的核心理念不同，韩国偶像女子团体仍然以歌谣界地位为核心竞争力的体现。2012年左右，第二代女子组合影响力逐渐减弱，并同时受到以"Sistar、Miss A、EXID"为代表第三代女团（2010年到2013年出道），以及以"Red Velvet 、Twice、BLACKPINK"为代表的第四代女团（2014年以后出道）的冲击。《创造101》人气选手孟美岐、吴宣仪所在的"宇宙少女"组合就属于韩国第四代女团的范畴，只不过没能红起来罢了。在韩国剑指国际市场运营目标下，这些女子偶像组合大多带有"超国籍"的属性，组合成员文化背景更加多元，即便作为文化现象的"韩流"退潮、甚至受到政策性打击，韩国女子偶像团体仍然不乏市场。

第四代女子偶像组合兴起时，日本式养成系偶像的概念也渗透至韩国娱乐行业，练习生选秀综艺、各个已经出道团体的团体综艺本身就是日本式养成系于韩国本土练习生制度结合的产物。第四代韩国女子偶像组合结合了日本式养成系偶像服务粉丝的需求，日常"营业化"程度更高，同时又因为韩国偶像团体对歌谣界的重视，歌舞表演的整体水平也很高，编舞上较日式偶像组合的集体舞更具观赏性，在保留韩国女团大胆、性感的特征基础上，融合日式的可爱风格。近两年本土大量出现的偶像女团大多在模仿韩国第四代女团，但在整体实力上完全无法与韩国造星流水线上的工业化产品相媲美。

在本土市场狭窄、生产机制不成熟的前提下，通过一档节目再推出一支临时组建的女子组合，并不能改变本土女团的生存现状。中国内地的商业演出市场和音乐市场都谈不上景气，消费市场倾向于利用年轻男性吸引女性消费者，商业广告市场大多已经被先出道一步的男性偶像瓜分，娱乐产业整体繁荣但能够提供给女子偶像团体的空间并不大。本土市场并没有足够的不需要那么多的偶像，真正需要的是空间。想要赢得生存的空间，只有两条路径，一是开辟新大陆进一步拓展市场，另一条就是加速偶像群体的新陈代谢。

《创造101》并不是解决本土女团前景的灵药，它仍然盯住的是上游生产环节，且质检不严、标准不明、产品定位不清。出品方的平台广阔，但并不是新的市场，甚至无法合理估计出产品的市场销量，更不会冒不确定的市场风险捧新踩旧。它能提供的只有短暂而狂暴的欢愉，在这场资本主持的愚人节狂欢中，需要能歌善舞的爱斯梅拉达，也需要"愚人王"卡西莫多，需要孟美岐、吴宣仪，也需要王菊、杨超越。

选自"澎湃新闻"微信公众号（2018年6月14日）

"我为杨超越花了快10万"

杨梦琦

昨晚，《创造101》收官战结束，十一位出道名额公布。

最终女团"火箭少女"成员分别是：孟美岐、吴宣仪、杨超越、段奥娟、Yamy、赖美云、紫宁、Sunnee（杨芸晴）、李紫婷、傅菁、徐梦洁。

业务能力和所处位置并不匹配的争议选手杨超越，毫无悬念地成为了女团成员之一。

但在决赛现场，杨超越的表现依旧"差点意思"，舞蹈部分的表演更是被观众直指"划水"。

一些未能成功成团的选手粉丝表示："杨超越占了别人的位置。"

素有娱乐圈纪委书记的王思聪，更是毫不留情的微博上评论：

"Ycy（杨超越）的出道是侮辱了其他十个人。侮辱了她们的努力，她们的汗水，她们的业务能力。"

但从某种意义上来说，杨超越的出道的确是"人民的选择"。

按照决赛赛制，决定女团成员去留的，是观众网络点赞数。逼近总决赛的这一周里，网络点赞排名表变成了一天一公布。

因为一句"我是全村的希望"，杨超越的粉丝便用"村民"来称呼自己。

"月芽村"，是村民们的基地。这些天，村民们各司其职，摇旗呐喊的，出钱的，埋头打投的，他们共同的目标，就是提高点赞数。

为了了解"村民们"是如何将杨超越推向现在的位置的，我们采访了其中的几位。

氪金党："我为杨超越花了快十万"。

苏楠是村里"杨超越减肥俱乐部"的一员，这个组织，活跃在集资氪金的最前线。

他为杨超越——这个三个月前他还不知道名字的女孩，前前后后花了快十万元之多。他自嘲自己为标准的"死肥宅"，"粉"上杨超越以前，平时的娱乐活动就是宅在家里打游戏。

作为一名私立医院的康复医生，时间灵活自由，顺带着家里的"接济"，他也有空也有钱去追星。

"从妹妹（杨超越）身上，看到了一个平凡人的真实，懦弱。我们每个人都有那一面的，只是没有人这么承认罢了。"火锅称，自己也算是阅人无数了，"分得清谁是真的，谁是装的"。

"你要是计回报，你就不要追星"火锅坚持这一点，他说因为杨超越自己有了新的动力，"如果要说回报，这就是回报"。

出力党：每天负责一万个赞

"我们的点赞数决定了妹妹（杨超越）能否出道"，凡凡指着其他人的排名说，"他们粉丝很多，路人票也不少，但妹妹不一样，妹妹只有我们这些村民。"

凡凡是一名大二的学生，同时也是打投组（粉丝圈里专门组织为明星打榜投票的群体）的一员。临近期末要应付考试，但在追杨超越这件事上，她却宁愿每天花七八个小时的时间，消化自己给自己定下的一万个赞的任务。

凡凡表示，"自己没有什么钱，但能参与打投，能出点力。"

"前一段时间妹妹被'全网黑'，似乎黑杨超越是一种'政治正确'，我们和自己的偶像一起被黑、被嘲。所以，我们更要努力，用票数告诉他们，妹妹就是有被很多人喜欢的能力，她值得高位出道。"

高效自发的"非营利组织"

"集资、打投",在这个节骨眼上,是所有"村民"强调的重点。

打投一般由专门的打投组完成。打投组的工作,是消化所有平台筹集到的人民币,将其转化为实际的点赞数。

一张价值18元的杨超越的定制腾讯视频会员月卡,可以额外给杨超越加赞121票,加上每张卡每天会员可以为同一个选手点的11个赞,这比起OPPO社区、微博势力榜和腾讯微视一个号每天只能给同一个选手加一个赞要多。

打投组分工明确,管理员负责日常运营,集资款项有专人记录收支,统一进行账号购买,再分发给打投组里的村民。

每个打投组的大小不同,任务量也不同。大的打投组能达到上千人,小的打投组为几百人。每人每天可以消化掉50到100个账号的点赞量,至少是6600个赞。

集资,由杨超越官方后援会和几个大型应援站发起。

除杨超越全国粉丝会外,"杨超越护花基地"和"Moon杨超越梦想数据站"两个站子,义务承担了很多集资打投工作,在"村民"心中,这两个站子很有影响力。

官方筹集到资金,从平台提现后,推举出专门的出纳进行账务管理,出纳个人的身份信息都在官方进行了登记,以方便监督。

款项到账后,一部分钱用来线下应援,一部分用来购买能够有效进行点赞的账号,分发给打投组。

摩点文化众筹平台和Owhat(明星忠实粉丝的互动平台)粉丝服务平台这两个网站,为集资应援提供相应的服务。所有的公开集资活动,都是在这两个平台上进行的。

截至6月22日12点,摩点网可以搜到累计共21次杨超越众筹应援活动,Owhat平台3次。公开的数据里,摩点网筹集到2263425.51元,Owhat平台累积筹集到777097.42元,共300万之多,筹资的人次也在1万以上。

扣除3%的平台管理费,这些钱用来买月卡,以及各种微博、短信、微信账号,或者筹备各种线下活动。重中之重,就是6月23号晚上的总决赛出道集赞。

集资活动后，网站都会放出详细的集资明细，付款的村民们可以问询资金流向。

站子承诺在总决赛后公布用于为杨超越最终出道的集资明细。负责人称，集资活动监管分离，信息透明，可公开质询。

创始人模式，本身就是一场吸金游戏

《创造101》其他的粉丝，也在"氪金"集资。对于杨超越村民们300万的集资款来说，并不算多。

把最终谁以什么样的位置出道的权利交给观众，以点赞数或投票数决定选手的排名，这样的选秀节目类型，同样是几个月以前大火的《偶像练习生》的模式。

两个节目都催生了粉丝自发的集资刷票行为，前者的粉丝集资买卡点赞，注册各大通道的账号，后者的粉丝疯狂买水，安利打call。

播出平台，爱奇艺和腾讯视频，都不约而同给予了商业资本投票权上的恩惠，比如《创造101》对于OPPO社区和腾讯微视用户的倾斜，比如《偶像练习生》农夫山泉买水送投票码。

资本衡量偶像的价值，从来都不是票数的高低，而是粉丝能带来多少利润。而把"粉丝出道"权交给观众，这种玩法一开始就是一场吸金的资本游戏。

观众投票决定选手去留的选秀节目，在2018年以前，没有成熟的众筹平台做支撑，也存在着集资行为。

早期《超级女声》《快乐男声》等节目，粉丝们都通过各种方式给偶像投票。

始于2009年的日本"AKB48总选举"全称"AKB48单曲选拔总选举"，以粉丝购买CD投票的方式确定成员的人气排名，并以此来决定下一张单曲的录制阵容。

这种人气排名的模式，催生了粉丝自发进行集资，统一买CD投票的行为。每一次总决选，人气选手的集资款项都动辄上千万人民币。

集资也出现过很多监管不到位的问题。在2016年第8届AKB48总决选时，爆出了渡边麻友吧吧主涉嫌"集资诈骗"的新闻，上千万人民币的集资款明细不清。

粉丝凡凡坚信杨超越一定会"逆风翻盘，向阳而生"，但她并没有看昨晚的直播。凡凡说，"打投组的工作一直进行到最后一刻，直到关闭投票前我都特别忙，没时间看直播。"

选自"中国新闻周刊"微信公众号（2018年6月26日）

我在《创造101》的那些日子

吴畅畅[①]

（一）

我从未想过有一天能够亲身参与一档S级节目的制作，尽管我做综艺节目研究已经数十年。

2017年12月9日，第三届电视研究年会在上海华东师范大学召开，我邀请了数位业界人士，他们几乎都是当年大热综艺节目的总导演，唯一的遗憾是《歌手》总导演都艳未能到场，因为刚刚离开湖南卫视的她与七维动力公司已经接受腾讯甲方的邀请，正忙于筹备一档女团选秀节目《创造101》。

2017年12月16日，我第一次与都艳在复旦大学旁边的一家咖啡厅见面。在湖南卫视工作近二十年的她，给我的第一印象是谦和谨慎。那天下午，我主要表达了两个观点：第一，自2004年《超级女声》开启选秀风潮以来，中国的电视选秀综艺历经了几次模式转变，但核心依旧万变不离其宗，它包含着事实不平等基础上机会平等的社会学意义。其次，中国的选秀或者当下的偶像养成综艺，它们有意或无意间，承担着培育"成熟"市场的职责，而市场的形成反过来倒逼相关产业的发展与成熟。这一逻辑恰

[①] 作者系华东师范大学传播学院副教授，任《创造101》第一季总编剧顾问一职。

好与东亚其他国家相反。

　　过去十余年间，（电视）综艺界一直在寻找下一个现象级，或者说下一个利润增长点。女团或者团体选拔节目，曾经被浙江卫视前总监夏陈安寄予厚望，不料，浙江和东方卫视都曾或多或少消耗了海外原版《Produce101》的模式，却始终未能引发社会关注或讨论，仅仅局限于粉丝经济的变现与垂直性增长。面对"前车之鉴"，七维动力选择《创造101》作为进入市场的首个项目，压力之大，可以想见。毕竟，此前好几支从国有电视台独立出来、成立公司的节目团队因为首个节目的失败，相继折戟沙场。实话说，对于把《创造101》进行"真人秀化"，我是存有执念的。101位姑娘的集体生活，不会也不可能只有惺惺相惜、辅车相依，戏剧化和张力，无可避免。如何再现彼此间的竞争感，而非被坊间口水化或被庸俗化的"撕13"，从而与受众之间产生通感，或者共情，应当是节目具有可持续性热度的关键。围绕《创造101》节目的顶层设计，我和都艳达成了初步共识。

　　随后，在都艳的引荐下，我认识了孙莉。在此之前，我在电视屏幕上看过她担任《我是歌手》总编剧的身影。《创造101》是她首次担任总导演的项目。我们通了大概两个多小时的电话，挂电话前，她邀请我参加成都的选角工作，估计也是出于对我的好奇。2017年圣诞节那天，我们冒着严寒，在成都市区中心的一座大厦里面见了两批报名选手，其中就包括七人集体参赛的"ETM组合"。据选角组介绍，在此之前他们大概已经跑遍了中国几乎所有培训女练习生的公司。这些大大小小的民营公司中，有不少公司业务并非专营女团；它们的存在，几乎复制了1990年代中后期中国处于全球产业链下游的民营企业在某些领域（如VCD、DVD）里蜂拥而上，引发产能严重过剩与价格大战的机会主义情形。它再次证明了，通常情况下，尤其在全球金融危机的大背景下，资本的逐利性决定了资本只会流向迅速增值的地方，例如娱乐与信息行业。

　　通过第一次"摸底"工作，我了解到这个节目所涉及的各方力量之间的博弈及其复杂性。各大经纪公司、腾讯、选手与制作方构成了一组非均势、结构性差异明显的多角关系。选择哪些经纪公司、选派哪些练习生参加女团节目，一定程度上具有立定基调的象征意义。因此，腾讯视频与经纪公司之间的协商，成为重中之重。

当然，大经纪公司自有利益权衡的考量。例如某家经纪公司的老板一直向孙莉强调，公司旗下的练习生2018年的工作表基本上已经排满，不是承接唱歌跳舞或与女团相关的业务，而是演戏等其他"多元化"开发的工作。原版节目正是建立在制作方、电视台同拥有大量尚未被市场消化的练习生的经纪公司之间签订契约的基础之上。然而，在中国做女团选拔节目，与海外原版之间最大的差别，或许就在于选手（练习生）。原版节目里的练习生，参加《Produce101》前，几乎没有在媒体上露脸的机会，进入节目组，属于孤注一掷，毫无任何退路。或许海外节目里的生存战，以及它所再现的进攻性现实主义，能社会性地触发在丛林环境中谋求"自我持存"的普通个体的情感。

反观参加《创造101》节目的选手，其中不乏"have nothing to lose"（一无所有）的练习生，但有着丰富自媒体经验或者长期浸淫于大众媒体产品制播逻辑的"回锅肉"依然占据一定比例。她们拥有"成名的想象"，但拥有更多"成名的途径"。她们的首要诉求，并非是否"出道"或"成团"，而是赚取或快速增加可以即时变现的"流量"。参加《创造101》或许只是众多试错机会的其中之一，她们虽然说不上"have everything to lose"（失去一切），但至少"have something to lose"（并非一无所有）。于是，拥有一定粉丝基础的她们自然获得了一种弹性的、在某些时刻甚至不容置喙的议价权。我不太喜欢这种情况，因为它定会稀释、消解掉这个节目原本可能所想象的某种成长性。不过，在面试结束后一起吃晚饭时，孙莉提出，两版节目的差异越大，相应的，留给制作人进行母语探索的可能性也就越大。既然前期甄选出的练习生面临的处境各不相同，不如顺势而为，以此展现出练习生并非整齐划一的能力、位置与心态以及目标。这原本就是对该行业最原始、最真实的全景式图绘。

记得半个月前，我接受某家媒体的采访，问起我们是否按照原版，一一对照对选手进行角色塑造？面对这个过于刻板化的问题，我有些哑然失笑。与十九年前《加油好男儿》或者其他选秀节目里需要前期对选手进行刻意的话术与形体规训的方法不同，参加该节目的练习生大多为"95后"甚至"00后"，她们的媒介素养与"自我名人化"经验，使她们几乎不需要制作者强制性地、由外而内地植入某种人设,自身已然在镜头前呈现出较为多元的性格特征。从一万多位候选人中选择一百零一人参加节目,考虑不仅仅是艺能,还有她们的代表性。因此,我反而好奇的是,处于上帝视角、全知全能的制作方,如何处理镜头介入之前的真实,与随后服务于故事线与主题的真实之间,存在着的一种永恒的、辩证性的互动关系?而当坊间舆论声讨节目的松散、毫无章法时,是否应该考虑,妥协后的文本产物,究竟过滤了多少以及如何过滤掉原型故事里种种结构化的不确定性?

(二)

曾有学生在微博里质疑我,"您太过理想主义,编码者总是煞费苦心,而这个平台不会给予被解码的可能"。在节目临近结束前,仔细想想,这一判断似乎一语成谶。在这个节目里,平台方即甲方为腾讯视频,十一人出道后女团运营方为"哇唧唧哇"(霍尔果斯哇唧唧哇娱乐文化有限公司),腾讯是其质权人;而我所在的节目组是制作方即乙方为七维动力。传统广电行业里一直争议不断的制播分离模式,视频网站在近几年间,借助纷纷出海的广电人的力量,将之运用得风生水起。因此,《创造101》节目从确定与签约选手、赛制策划,到后期剪辑、营销推广,以及粉丝投票,腾讯毋庸置疑地扮演着大家长的角色,也就不足为奇了。例如第一次公演时,某家经纪公司部分组员的镜头被删减,表明了腾讯作为甲方对该公司及其选送的练习生的僭越纪律行为的一次惩罚。

临近寒假结束的某一天,孙莉突然给芦林和我分别打了一个电话,语气严肃地要求我们参加原本我以为可以隐遁的会议。在会议行进过程中,我一度有些出神,只是孙莉和都艳的据理力争,让我深刻地感受到,脱离了传统广电的体制性红利,怀揣理想的广电人何尝不是同参加节目的部分选手一样,济河焚舟,背水一战。会议双方的辩论,与其说是话语权位之争,毋宁认为是路线之争,即垂直市场与粉丝经济模式下(代际)用户逻辑,同水平市场模式下(市场)民粹主义路线之间的争论。

像这样的内部讨论,应该有很多,我并不是每次都在场。不过,制作方确立主体性的空间在一次次关于节目赛制、后期剪辑等方面的争论、张力与妥协中得以生成,其结果是,节目文本代表了一种组织化了的"中间"形态。除了经纪公司与腾讯作为形塑文本的外在力量之外，数百人的团队组建，成为不可忽视的、内生性的自变量。七维动力的核心主创十余人左右，而编剧组、导演组、后期、摄像团队、赛制组、选角组、服装组、秀导组、选管组等以"拼贴"的方式完成团队搭建。这些组，大多由经过市场检验的独立团队组成，而执行层面几乎由"90后"年轻电视人组成。几个月相处下来，这一支庞大队伍的运作，总让我想起美国纪录片大师布鲁姆菲尔德对帕索里尼的电影团队的描述：一面表现出井然有序，上情下达，另一面似乎是在一种阵地战的状态下开展各项工作。

我所在的组是编剧组。作为总导演，孙莉将编导组一分为二，导演组和编剧组。导演组负责演播厅公演环节与强赛制设计，编剧组的任务则涵盖从前期选手的FPD（跟拍）、真人秀环节设计，到选手采访与公演环节的FPD，甚至每周的选手训练巡视。这样的职能划分，与明星户外体验类或竞技类真人秀的职责安排，颇为不同：例如《极限挑战》或《24小时》等，编剧主要制定故事框架、设定情境，跟拍导演则负责执行；虽有所不同，但同时也交由编剧极大的责任和工作压力。

编剧组由芦林负责，我担任顾问一职。2018年1月初，我受邀来长沙与创作组成员第一次见面。讨论过程中，我强调，社会学知识的补充与社会学视野的引入，应该是编剧应当具备的素质。会后，我得知，编剧组成员由孙莉进行笔试考核，从四五家民营制作机构中挑选出来。不过，我倒发现一个有趣的现象，大家都比较年轻，清一色女生，除了我带去的团队里的两位男生。当时，我心里一闪而过一个念头，女团选拔类节目，编剧组是否可以增加一些"钢铁直男"的成分？2017年年底我主持的电视研究年会上，《中国有嘻哈》的总导演车澈在席间无比骄傲地向全场宣称，正因为他们节目组的全"直男"阵容，方才锻造出充满着浓厚的康奈尔意义上的支配性男性气质的嘻哈音乐选秀节目。

与编剧组成员初次见面后，2018年1月下旬，我与四位团队成员正式进驻长沙的节目筹备组，湖南省广播电视台（以下简称广电）旁边的住宅小区里的一套住房；像这样将公司设立在广电旁边的住宅小区的民营制作公司还有很多家，基本上都是从广电体制离职、独立创办，却依然与湖南广电保持千丝万缕的关系。十余年前读博士，我参加密歇根大学和复旦大学历史系举办的社会性别暑期班时，有位来自美国的社会学教授向我们展示了女性生活轨迹图的方法论。于是，我尝试把这套方法论应用到综合性地熟悉北京、上海、广州与成都四地练习生的情况的工作当中。它一定程度上让我们在2018年3月初对选手进行首次全面采访时，能方便快捷地掌握选手的基本信息，而不至于出现信息缺漏等现象。与此同时，芦林和我还在都艳的办公室的墙壁上，树立了一面展示选手心理特征与社交关系的图表。

《创造101》这样大型的团体选秀节目，的确给综艺编剧工作提出极大的挑战：如何了解选手的基本信息，如何把握她们纷繁复杂的社交关系，以及在此基础上，如何进行赛制和真人秀环节的设置？是否需要进行临床心理学式的梳理？这些问题，并无单一绝对的答案，一切需要摸着石头过河。然而，《创造101》不是一档类似《老大哥》或《幸存者》一般24小时无死角监控、展现人性趋利避害的纯真人秀节目。正因为这一点，使得节目的真人秀环节，无法完全按照"放养"的方式在闭合的环境里无上限地记录。于是，从长沙到杭州萧山的几个月内，节目核心成员反复对赛制进行打磨和修订。这也成为外界批评《创造101》的主要依据之一。我们曾有过感叹，买了原版版权的节目，最终成型的文本，却有较大差异。一方面，节目组以反套路的形式，杀熟悉套路的选手一个措手不及；更关键的是，所谓差异，的确是我们对节目进行在地化改造的结果，也是目的。

一直不温不火的女团行业、蜂拥而上的经纪公司"乱象"、练习生或选手多样化的生活轨迹与出生背景，都提示我们，"在地化"的改造应当包含如下两重维度：塑造行业的普遍性（而非偏门）进而营造普遍性——市场伦理、经济人精神、微缩政治以及消费者主权；塑造大时代下不同年龄阶段、不同圈层背景都需要面临的丛林环境——自我商品化、自我管理和自我激励。这已经不是外界指责节目组不懂女团、或强加而为了实现某种价值观的问题，而是如何更有效地而非有意地展现选手身上的社会学意义、对接观众情感结构的问题。

所有经过改造的赛制里，在我看来，双通道的设置最令人满意。原版节目里金字塔极具社会圈层隐喻的视觉效果，《加油！美少女》甚至《热血街舞团》等节目或多或少地消耗了这一设置。双通道与出场词的叠加，不仅以可听的方式展现了练习生所处的结构性差异，更以对位、对立或者对照的方式完成了原有隐喻的增量开发。抢位练习生、A班11人的可被替换，都含藏着设计者对社会流动的理解。第三次公演为位置考核，节目组受到填报志愿的启发，不仅将rap改成创作，更把中国老百姓并不熟悉的"位置"一词转化成"专业方向"。

　　《极限挑战》总导演之一任静曾在华师大的一次演讲中表示，我们会在真人秀里设计比赛规则，虽不设计结果，但会考虑多种可能性，再现场应对。我比较赞同任静的理念，或许在《创造101》里，我们将焦点更多地放在赛制的"在地化"改造上，而不是呈现的各种结果上。例如第四集第一次排名结果发布，赛制组别出心裁地设置旁听生环节，一面是选手上阵杀敌，一面是胜利队伍拥有抢救伤员（旁听生）的权利。在录制现场，选手的反应各不相同。第一位拥有拯救权利的选手开始，大家几乎相拥而泣，一片泪海；随后，某位海外选手所表现出的对拥有这个机会的欣喜，以及王菊主动要求成为旁听生的宣言，所形成的对比，颇有些微妙地显示出不同成长背景的选手不同的竞赛观。作为编剧，我们既不能低估了选手感性直观的社交手段的使用频次，又不可过高估计选手的抗压能力，以及最重要的，再现职场竞争感的意愿与理解力。当时我在导控室，节目一录制完，韩国方的一位资深电视人走到孙莉面前，不住地用英语说，你太出乎我的意料了。孙莉很干脆地回应，我只想展现有质感的竞争。这样直截了当的想法，我挺喜欢。

（三）

　　过去十余年间，女团始终与制服、大长腿与性感、可爱和御宅族等亚文化标签勾连在一起，因此，她们根本没有也无法走进普通大众视野，更不用说实现从年轻代际向拥有话语权的圈层、从青年亚文化向主流文化的反向流动。女团为何没有走进大众？接下来，女团还可以往何处去？这些问题连我们访问的很多练习生或女团成员都无法回答，她们对中国女团应当以及如何作为，几乎"无知"。

　　在策划第一集时，孙莉给编剧组提出一个难题，如何仿效当年《我是歌手》第一季总决赛的主旨"城中盛事"，将"1931"组合解散这一并非大众所熟知的新闻升级为一场"媒介事件"？所谓事件，它必须是大众的，而不是窄众的，是全民的，而不是圈层的。从"1931"这一中国大陆女团发展史上投资金额最高的组合，到SNH48，运营者无一例外地选择将女团主要定位在剧场，或者线下，而非线上，或者大众媒体。所以，假若以"1931"解散为"新闻钩"，导引话题，那就不能局限在行业内，因为大众不知晓，也不关心。相反，我们希望普通观众看了节目后，会去思忖，为什么花了这么多钱，没红，解散了，之前怎么都不知道这些组合？节目应当成为一次探索之旅，它无法越俎代庖地替受众思考，相反，它希望透过受众的点赞，寻求《创造101》究竟能创造出什么样的女团？

因此，前期甄选选手时，节目组希望尽可能地网罗当下各类风格的女团或练习生。Sunshine便是画风最为清奇的一支组合。2018年2月，在得知她们的经纪人终于同意参加节目后，我和芦林第一时间赶到北京，对三位姑娘进行采访。首次见面，相互了解的过程还算顺利。不过，自筹备亮相环节的表演时经纪公司同节目组之间出现沟通错位后，围绕Sunshine的事件和误会层层叠嶂，扑朔迷离，例如金字塔选座零妆容出场、Cindy和Dora被抢位练习生置换直接淘汰、Abby主动退赛等等。这一系列的事件暂且不说，单就三位姑娘在舞台上的表现和表演，让在现场的我感觉，她们似乎是这个行业里的卢德分子，不情愿，充满戒备，誓在打破一切规则；面对评委的批评，只准备了两天时间却毫不客气的回应，与其说是理由，不如说是一种迫不及待、毫无自卑感的下场宣言。

在这一层面上，我更倾向于把杨超越与Sunshine而不是王菊做一对比。她们算是小镇姑娘在这个舞台上的两极。与Sunshine的存在本身就是对日韩女团标准的抵制不同，杨超越知道自己毫无天分却拼了命地挤入这个舞台，经济主义的诉求迫使怯生生的她横冲直撞地面对并学着接受一整套市场丛林法则。有时，毕业于社会大学的她会展现出"野丫头"的那股蛮劲儿，所以我更喜欢采访她，因为她基本上不惧任何问题，毫不讳言，尽管大多数内容实则不能采用，却能真切感受一个乡村小姑娘打造自身形象、渴望获得认同的心路历程；更多情况下，她在镜头前表现得爱哭，我见犹怜的模样的确撩拨不少直男的心弦，可能在不少选手眼里，这或多或少有点扮猪吃老虎的意味。无论如何，至少在节目前半段，杨超越的票数一路攀升，第二次排名结果发布时上升为第二，总决赛票选第三。

我不认为她单凭"好看，就可以被观众喜爱"，这一切仅仅是表象，一种烟雾，一层风景。粉丝们高喊"你只需要负责好看"，显示出投票主体自身对安全感的重视。有评论指出，这种安全感与直男把杨超越的毫无进攻性自动转化成对斗狠女权主义（fierce feminism）的嘲弄、贬低与反对有直接关联。这一分析不无道理，在颜值正义的时代，好看的确是她能迅速获得好感度的物质基础，而她"表现"出来的可控的无害性，以及偶尔爆发的失控的可控性，或许才是不论直男还是女性投票时所共享的心理公约数。然而，单纯从社会性别的角度来考察杨超越的走红，依然只待在洞穴里看世界。有数据显示，她所吸引的粉丝大多属于二三线城市同龄人，他们对应着中国金字塔社会结构的中下层。在很多讨厌杨超越的人的眼里，她除了好看之外，一无是处。但至少她还好看，或许给她投票的大部分粉丝，不好看，努力过还依然碌碌无为。社会资源再分配的不公、社会流动渠道的堵塞，让这些人无法跳脱出原生家庭的命定性，如同《人生七年》里的某些孩子，一出生就决定了未来。给杨超越投票，端坐家中，方便快捷地使用商业投票的逻辑，便集体性地实现了一次虚拟的向上流动，更重要的是，执行了一次对出身与天赋不平等的、远在云端的补偿原则，即差别原则，仪式感十足，"他人非地狱，他人即天堂"。

杨超越曾在节目里声言自己是"全村最后的希望"，遗憾的是，超越因为自身能力的局限无法胜任逆袭角色，投票者无形中将之置于能力与成绩严重错位的尴尬局面。这一点在王菊从第二次公演爆红以后，更有意地被情境化。挺杨派与反杨派绵绵不休的争论，与其说是直男审美与伴随"她经济"而生的城市中产女性之间的交锋，不如说是城镇的社会经济结构同已然高度工业化的城市精英文化之间的一次公开对阵。有媒体批评节目组利用女性对女性赤裸裸的暴力赚取眼球，坐收渔利，我只能说，某些镜头的取舍，点到为止地展现了城市或高社会等级的女性以社会性别的内部排斥或者文化钳制的形式完成了一次阶层排斥的过程。

中国的选秀节目从十余年前，就成为多元社会性别与性存在的表演与认同空间，各种社会性别的符号、文本与狂欢，天然地成为粉丝文化的标配内容之一，尽管这不必然地与平权或女权主义行动相互挂靠。《创造

101》依然如此。只是，让我有些吃惊的是，王菊在这一次的文化狂欢中脱颖而出。很多粉丝认为她不应该参加女团，而应单独出道，高唱"Meredith Brooks"气质的歌曲，高扬一阙"厌男主义"的独立宣言。第一次和王菊见面后，我才发觉这着实是不少人一厢情愿的错觉。彼时，她身着一件浅绿色皮草，当我问她如何看待自己作为抢位练习生时，她的回答，不是侵略性十足，而是满怀感激。决赛前，我找机会和她聊了一会，她真诚地告诉我，她很想作为女团出道，个性的表达与加入女团，并不矛盾。这让我想起，每次采访王菊时，都能够真切体会到她随时可以引爆舞台的张狂，同线下接受采访时表现出的体面的世俗礼节之间的极大反差。王菊，如同杨超越一样，成为大众文化而非粉丝文化版图里某种对象性存在物，在其中，投票者映照或直观自身，寄托情感或虚拟交往。

谁也不曾料想，王菊在《创造101》的节目中段，当仁不让地成为逆袭者。一开始，王菊的镜头并不多，直到第二次公演阶段，她慷慨陈词，发表一小段具有"*I Have a Dream*"一般煽动效果的宣言——戴鑫将之剪辑进正片，这是六集以来给予她的最多时间的镜头，此后，网络上始料未及地掀起了一股来势汹汹的"菊外人"热潮。在写这篇文章之前，我接受过不少媒体的访问，如何看待王菊的出圈、走红？这所具有的社会学的意义，在此我不赘言。不过，有一点需要提出，王菊与许多同样在节目前半段并没有太多镜头的姑娘不同，她在第六集里的画面，完全靠自己"挣"回来——节目组有句话，"自己的前程自己挣"。没有自怨自艾，自我放弃，王菊顶着反日韩女团标准的黑亮外形，在舞台与平日训练中毫不怯场，越是公开场合愈发好勇斗狠、目标明确。这个节目，如同竞技场，它呈现了丛林环境里个人成功的多元路径；与此同时，根据原版节目规则，把成团的最终决定权交由受众点赞。这一简单原则，十余年前就不断叩击着精英文化的建制化与体系性边界；但在青年文化已经出现明显的部落化与圈层化的今天，这一投票逻辑，最大限度地激发了各种结构性差异的社会群体，对个人成功、对社会再分配与公正原则的社会想象力。

记得第六集播出以后，对于第七集怎么剪辑，我给节目核心组提出了一个大胆的设想。第七集是纯真人秀环节，是否有可能做成一集旅程式纪录片？选择多位选手与孙莉相遇，强调后者的作者身份（authorship），以上帝之眼来叙述她们参加节目前以及节目中的人生旅程，多位人物、多种出身、多条在改革开放四十年间新时代的个人命运线。借此，我希望能够中和第一集节目开场所传达出的一种老气横秋的、人文主义的、相对保守却依旧能催人泪下的讯息。可惜，节目素材量根本不够，这样的想法只好作罢。这也是我参加《创造101》的最大感受，想法的执行必定受到各种因素的制约。例如主要以采访等公式化的手法捕捉选手性格与心理特征，这使得人物线的搭建，显得人证过足、物证不足。第四集的策划方案，原本是在一次开到深夜四点半的会议上孙莉突然间想出来，以诺兰的电影作品《敦刻尔克》为模版，梳理出第一次排名发布前一周、前一天的情形，并与宣布选手淘汰一小时进行时空对接。最终，我们舍弃了这个方案，首先时间不够，第一次顺位发布离这一集的播出，只有四天时间；其实最关键的是，以谁为主角，以谁为视角来拍摄，成为分歧的焦点。后来与戴鑫讨论的时候，她告诉我第三季《花儿与少年》曾经有一集尝试进行双时空的交错剪辑，结果网上骂声一片，总导演吴梦知为此还专门发博进行解释。

（四）

作为总编剧顾问，我一直对一百零一位选手保持一种安全性距离。我不否认我的喜好，但它绝对不会带入到采访过程中。如何与选手相处，从编剧的角度，应该是此类节目的核心方法论之一。选手面对镜头接受采访时，或侃侃而谈，或谨言慎行。对此，观众很容易产生各种情绪，因为它来源于每个人对自身生活及其危机的心理投射，与之相伴随的也正是现代个体所遭遇的深刻的精神危机。因此，核心方法论之二是，如何借助社会学的研究探索新的养成模式。有人倾向于构建精致鲜活的乌托邦世界，它锻造出的，只有一种冠冕堂皇的利己主义或者功利主义伦理观；然而，我更乐于探究选手在一个非纯粹市场化的环境中承负文化的主体性，以及与新青年的意识和需求、甚至整个社会的普遍期待和禁忌之间产生共振的能力，或者各种未知与可能性。在总决赛之前的群访中，有记者曾问导演组，这个节目似乎没有跳脱超女时代的影子。这个问题混淆了形式与内容之间的区别，关键不在于形式是否保守或激进，不在于选秀是否升级为真人秀，沦为一种形而上的技术层面的更新换代，永远抵不过内容地沉入现实，呈现现实。

　　对于这样的想法，不少人嗤之以鼻。一个节目需不需要承载如此厚重的社会责任感，见仁见智。2005年的选秀节目，强行被知识界和媒体"政治化"后，随着粉丝文化不断以可见的方式实现对大众文化和国家意识形态的突围，选秀节目成为一种偏离，意义缩减，"去神圣化"。此后，青年文化内部的部落化，异质性发展以及近乎相互隔离的状态，让视频网站接手偶像养成节目的制作，显得更具象，也更为戏剧性。这些媒体弄潮儿，强调形式或模式上的差别，只是为了凸显同选秀时代的"断裂"。这些扬着新模式的节目的叙述、运营逻辑和若隐若现的自主化发展，让舞台上只剩下一个主角，青年/消费者/个体，以及唯一的后台导演，资本主导的民营互联网企业。

　　真人秀节目不一定会导向鲍德里亚所说的"一个新的诲淫、诱惑、眩晕、同步、透明和过分暴露的时代"，当且仅当它是观察式的和现实主义的。每次看《老大哥》或者欧美律政剧时，发觉它们总能迅速精准地切入社会肌理，相比之下，中国内地制作人依然持守于青春偶像剧的制作，显得狭隘而超现实主义。歌德在《浮士德》里写下过这么一句话，"有为者巍然看定四周，这世界对他几曾沉默。我要纵身跳入时代的奔走，我要纵身跳入时代的年轮"，这或许是对参加这个节目奋不顾身的选手，对制作这个节目义无反顾的电视人，最好的写照！

　　　　　　　　　　选自"澎湃有戏"微信公众号（2018年6月26日）

医疗问题的文化表征：
药神是如何练成的？

编者按：2015年慢粒白血病患者陆勇被以"妨害信用卡管理罪"和"销售假药罪"罪名起诉，引起了社会关于白血病患者自救与救人的情、理、法困境的讨论。之后，以陆勇为原型改编的影片《我不是药神》于2018年7月5日提档上映。对当下社会"吃药难""治病贵"问题的首次触碰和人物角色的成功表现，不仅带来了口碑票房的一路飙升，也再度引发社会舆论关于医改问题的热议。

孙佳山、周祚的《〈我不是药神〉的爆红是偶然还是必然？》一文指出，《我不是药神》爆发出来的强大势能源于现实主义题材长期缺位。

王建疆、赵诗华的《〈我不是药神〉：一部别现代社会生存危机的教科书》认为，影片对权力资本运作下"真""假"价值倒换的揭示带有强烈的现实主义批判精神。孙静的《〈我不是药神〉：疾病表征与社会书写》则提出，药神神话对健康社会性因素的淡化处理将复杂疾病话语简单化，削弱了影片的反思作用。

杜建国的《低调的中国医保才是最大的"药神"》谈到医保政策的实施在减轻患者用药负担上发挥了极大作用。李广益的《〈我不是药神〉：为制药公司叫屈的人们，别忘了另一个世界是可能的》在分析救命药商品属性的基础上，提出解决高价药的根本方法在于打破资本主导的制药体制。

低调的中国医保才是最大的"药神"

杜建国

(一)《我不是药神》原型:医保新政策后 找我寻药的人少了

与煽情的《我不是药神》(下文中简称为《药神》)相比,我更喜欢低调的中国医保(全称是社会医疗保险)。

《药神》激起了无数人"看病难、看病贵"的感慨,尽管片尾"曹斌"接"程勇"出狱的时候说,"以后别干这个(走私仿制的'格列卫')了,格列卫已经纳入医保了",即白血病患者已经在医保的帮助下用上廉价药了,但是,绝大多数人都没注意到这一点。

医保的贡献与惠及面,无疑比程勇的单打独斗要大了不知多少倍,它让所有的包括白血病患者在内的患者们,合理合法、名正言顺、充满尊严地廉价地用上了原本天价的抗癌药物(以及其他高价药物)。当然,我不是贬低"程勇"与影片,而是说我们要公平对待每一件事物,既要肯定程勇这样的个人,也要肯定而不是无视社会政策(如医保)的贡献。

"程勇"因为通过走私仿制药让患者用上了廉价药而得到了赞美,那么医保呢?正如《药神》无意中传达出来的,近十几年来,医保在中国的推广、普及,造福了几乎每一个中国人,但是很遗憾,至今没人拍电影来反映一下医保的进步。难道围绕着医保,就没有好的故事可供创作为小说、电影,让读者观众们感动吗?

令人欣慰的是，《药神》的原型人物陆勇，他没有对医保的贡献视而不见。

近日，陆勇接受了《北京青年报》（以下简称"北青报"）的采访：

北青报：从2015年到现在，你和病友们的生活有哪些改变？

陆勇：当初刚刚回家的时候，很多病人来联系我，甚至专门来我的工厂来找我，最多的时候，一天有7个家庭亲自来到工厂，就为了知道怎么买到印度的仿制药。这几年，国家也做了很多改革，推出了不少新政策，尤其是相关的药物被纳入医保之后，找我买药的人少多了。刚得病的时候，一年的药费就要28.8万元，当时都能在我家无锡这里买套房了，如今通过医保，大部分患者一个月的花费只要1000多元钱，大家基本都负担得起了。如今，也会有人来咨询我如何买印度的仿制药，比如有乳腺癌患者想买赫赛汀，我会告诉他们，你买印度赫赛汀，得5000多元一支，如今国内医保报销之后，其实更便宜。我也会把新的政策告诉大家，方便大家合理购药。到了今年，一两个月才会遇到一次来找我问药的人了。找我买药的人变少了，这说明社会变好了。

（二）2002年之后的巨大变化

《我不是药神》讲述的是2002年的故事，巧得很，那一年在中国现行医保体系的历史上，也是至关重要的。

20世纪90年代，中国只有国营企事业以及机关单位的人员才有医保，随着国企改制的大规模展开，这其中好多人的医疗保障又丧失了，那个年代，十几亿中国人里面，真正有医疗保障的恐怕只有城市里的一两亿人。1990年代末期，中国政府先推行了城镇职工医疗保险。

2002年10月，《中共中央、国务院关于进一步加强农村卫生工作的决定》确定"逐步建立以大病统筹为主的新型农村合作医疗制度"；

2003年起"新农合"开始逐步试点并推广到了全国；

2007年起又开展城镇居民基本医疗保险试点，将没有参加城镇职工医疗保险的城镇未成年人和没有工作的居民纳入了医保。

截至2011年，城镇职工基本医疗保险、城镇居民基本医疗保险、新型农村合作医疗的参保人数合在一起超过13亿，覆盖面达到全国人口的95%

以上。

伴随着医保的普及与基础被持续夯实，中国个人卫生支出在全国卫生总费用中的占比也不断降低。

1980年，中国卫生总费用中个人卫生支出占比为21.2%，进入1990年代以后随着一系列改革措施的落实，个人医疗费用负担快速上升，卫生总费用中个人卫生支出占比到2001年飙升到了顶点，为60%（据《我国卫生总费用中个人卫生支出比重下降》，《人民日报》2012年1月6日）

个人支出在整个医疗支出中占比过大，拥有医保的人只占人口极少数，是最能反映1990年代与21世纪初中国的医疗状况两个数据。

2002年起相继开始推行新农合与城镇居民医疗保险之后，个人卫生支出比重才开始逐渐下降，由顶峰时候的2001年的60%下降到2010年的35.5%，2017年进一步降低为28.8%。

医保普及以及越来越多的治疗与药物纳入保单以后，1990年代与21世纪初期广泛存在的"看病难、看病贵"现象，得到了越来越多的改善。

这几年，我也走了不少地方，每到一地，我都会留意一下当地的医疗状况，总体反映医疗进步还是比较明显的，尤其是在农村地区，这本来是中国医疗的突出短板。

前段时间，我刚刚去青海省的海东市与玉树州进行了参观。

在海东市，有好几位基层干部都对我说：这些年农村在住宅、教育、交通、通信等领域的变化与改善大家都有目共睹，其实除此之外，农村医疗的进步也很大，只是不像其他领域那样广为人知罢了。

在玉树州，我们一行人专门参观过海拔4300米的隆宝镇中心卫生院（据说是全中国海拔最高的中心卫生院），并与玉树州、市疾控中心刘副主任、周副主任以及中心医院更尕索南院长进行了较为充分的交流。这三位医疗系统的管理者，全是玉树当地培养的藏族知识分子，他们有问必答，谈吐利落，表述清晰，简明扼要，一看专业技能就很过硬。他们对我说："现在不能再笼统地说看病难看病贵了。农牧民都有医保，在乡镇医院一级住院能报销90%，到区县医院也能报销80%，生孩子顺产免费，棘球蚴病（俗称：包虫病）治疗免费，肝炎疫苗免费，农牧民医保一年才交154块。目前医疗保障已经达到这种水平了，再继续大而化之地说看病难看病贵就不符合事实了。"

包虫病，是一种西部牧区高发的人畜共患性寄生虫病，主要传染源是犬类，过去，一般发现就已是晚期，死亡率可达90%。近年来为了治疗包虫病，青海省在全省进行人口大筛查，一经发现立即医治，无论手术还是药物患者都分文不花。

我问基层医疗状况是从什么时候开始得到明显改善的。三位干部说，根据记忆，大致应该是从2005年前后开始的，自那时起，政府的医疗投入持续加大，医院的硬件条件迅速改善，医保也普及了。而且医院除了看病，也越来越注重疾病预防工作。

（三）罗尔"骗捐"的荒唐

遗憾的是，医保不仅没有得到正面的肯定、颂扬，反而得到了无尽的漠视，甚至是诋毁与污蔑。

2013年《南方周末》记者柴会群的报道《钢的肾——一个尿毒症患者的十三年自助透析路》（以下简称《钢》），曾在中国引起了不小的轰动。该报道称，"大部分病人因为经济原因被挡在医院血透室之外"，这逼迫"不少尿毒症患者自制透析机来进行治疗13年"。事实呢，当时透析已经被纳入包括"新农合"在内的医保，对患者来说，透析只需要支付很少的费用甚至已经接近免费了。（详见拙文《从新农合与免费透析看中国医疗进步》）

在《钢》文作者眼里，医保好像根本不存在。

媒体对医保的这种刻意的忽略，不可避免地影响到了大众的认知。

2016年，深圳媒体人罗尔对外称女儿罗一笑患了白血病，需要巨款来治疗。荒唐的是，如此拙劣的谎言，竟然骗得好心人捐款二百五十万元。这些好心人若是对医保的进步稍微有些了解的话，就应该知道现在白血病的治疗费用大都会被医保报销的，已有三套房产的罗尔说自己无力承担，肯定是在行骗。事实是罗尔为女儿治疗共花费二十多万元，其中自费只有三万多元，对于罗尔这样的家庭，完全承受得了。

有次在一个微信群里，群主转发别人为孩子治病募捐的消息。我问群主，患儿的父亲为何只是笼统地说治疗花费数十万而不列上医保报销多少、自费多少的明细呢？该群主回答我，他压根就忘了还有医保这么一回事儿。

中国医保，得到的肯定与赞美太少，得到的漠视甚至诋毁太多。

（四）政府谈判压低药价难道是错误的？

让我吃惊的是，《药神》上映后，有人竟然借此而贬低医保。

社科院经济研究所副所长、公共政策研究中心主任朱恒鹏，被众多媒体视为医疗健康政策领域的权威人物，其观点经常见诸各类媒体。《药神》上映后，朱恒鹏接受了多家媒体的采访，其中接受《界面》记者采访时，竟然反对政府出面谈判压低药价：

界面新闻：因为这些药价很高，那就由政府和供应商谈判，谈一个较低的价格，统一进行采购，搞"全国统一价"。这对降药价有用吗？

朱恒鹏：所谓"形成全国统一价"其实是违背商业规律的，看似是想给老百姓谋福利的政策，实际上很可能会给老百姓带来损失。比如我们买可乐，你到五星级宾馆买，15块钱一罐，到大排档则是2块钱。这跟一些药品在上海、北京的价格高一点，在甘肃、贵州等地的价格低一点，是一个逻辑，经济学上称之为"差别定价"。已纳入医保目录的药品，国家层面来谈可以，地方来谈也可以。我认为由地方来谈比较好，上海北京比较富，谈的时候价格可以高一点，这样也给国内的一些创新药留出空间。国内创新药因为投入了很大的研发成本，需要较高的价格来支撑创新可持续。

"发达地区、富裕地区居民就应该高价买药！"朱恒鹏的这一逻辑，我完全看不出能够成立的依据来，经济学上的"差别定价"，也没有发达地区就该对同样产品支付更高价格的意思。

朱恒鹏也承认，东部地区不光发达，而且恰恰是中国人口集中、患者集中的地区，既然如此，那么按照一般的商业逻辑、通行的"商业规律"，产品销量越大的地区其出售价格就应该越低才对，比如，同样一款汽车，在北京、上海要比西海固、大小凉山地区售价低，而不是像朱恒鹏说的那样相反。这才是更普遍的事实，这才是更符合事实的经济学。

再者，如果按照朱恒鹏的逻辑，较富裕地区的居民购买时都出高价，那他们的富裕就被对冲掉了，徒有其表，就与非富裕地区的居民的购买力一致了。

本来中国政府出面，与药商谈判，统一采购，压低抗癌等高价药物的价格并纳入医保，是尽职尽责表现，是造福全体人民的好事，可是，朱恒鹏却反对政府有所作为，指责政府集中谈判压低药价纳入医保的做法是"违背商业规律"的。

我不明白，朱先生说的是哪里的"商业规律"，哪国哪家的商业规律不许政府集中采购？集中买方优势与卖方博弈，以维护己方的利益，这难道不是合理合法的市场或商业行为？当年铁道部亲自出面，与西方轨道交通巨头谈判，用最小的成本换来了最大的技术转让，为日后中国的高铁革命奠定了基础，这也没见西方轨道交通巨头说中国的做法不符合"商业规律"啊！难道"商业规律"就是任由医药巨头一家独大、任意高价销售自己的药品吗？

要求谈判由各地分散与药商进行，这自然客观上造成药商力量变强，唯一的受益者就是药商而非亿万患者。

朱恒鹏说政府出面谈判压低药价，削弱了药企的利润，不利于长远发展；只有让药企保持高额利润，才有资本对研发与创新进行足够的投入。

这种观点貌似有理，其实是极其片面的。

高额垄断利润有可能会被药企用于研发与创新，但是，并非一定如此，更大的可能是高额利润将导致药企躺在床上赚大钱，坐享其成，不思进取。没有竞争、没有压力，就没有上进的动力。政府谈判压低药价、削弱药企的利润率后，就是对药企施加压力，这更有可能会促使药企不断进步推陈出新。

（五）贬低医保原来是为了给商业保险资本的利益

除了反对政府集中谈判、压低药价纳入医保之外，朱恒鹏还撰文《没有人是药神，医保也不是》，明确否定医保的作用：

"在最近大热的《我不是药神》的片尾，伴随一句'没人再会用那印度药了，格列宁进医保了'，医保似乎成了新一代'药神'。从评论来看，很多观众也是这个看法，认为把高价药纳入社会医疗保险，是解决'买不起救命药'这种悲剧的根本办法。那么，医保能不能真的成为这样的药神？

答案基本是否定的。"

"为什么？"朱恒鹏的理由如下：

"医保的支付能力和国家的经济发展水平高度相关，发达国家能把高价药纳入医保，不代表我们的医保同样能够买得起。2017年，中国的人均GDP在8800美元左右，日本和英国人均GDP分别是3.8万美元和4.6美元，而美国已经超过了5.9万美元。再来看医疗费用，美国的人均医疗费用已经超过了8000美元，基本等于我国的人均GDP；日本和英国医疗体系更加经济省钱，花费较低，但人均医疗费用也在4000美元左右。如果我们用和这些发达国家一样的医保目录，就意味着至少要花费GDP的一半，这显然不可能。"

朱恒鹏的错误或片面在于，他只讲其一，不讲其二。医保的支付能力，除了与国家的经济发展水平高度相关之外，其实还与医保的具体运行方式、是否高效高度相关。

朱恒鹏拿美国医保来做对比、做依据，是很不恰当的，因为美国的医保体系是全世界最昂贵而又低效的。

其主要原因在于，美国的医保不是社会医保，而主要是商业医保，由商业保险资本来承担运营，而商业保险资本（以及医药资本）在实际操作中都是为了自己的利润最大化，置患者的利益于不顾，因此导致耗资无数大都进了保险资本以及药企的腰包，而真正花在患者身上的却所剩无几，令整个医保体系一面成本高昂一面却又效果甚微。奥巴马之所以进行美国医改，正是出于此因。

同样是西方发达国家，法国的医保系统就比美国的廉价高效多了。

中国完全可以以美国为鉴，构建一个尽可能的廉价而又高效的社会医保系统（而非商业医保系统）。至少就目前来看，中国的全民医保比美国的商业医保要好得多。

中国的医保当然不是完美的，问题当然还有很多[①]。那么，对待这个不完美的事物该采取什么样的对策或态度呢？一种态度是促进、完善、巩固，另一种则恰恰相反，是弱化虚化，是拆台，是破坏；一种态度是让医保变得越来越廉价、高效，一种态度是让医保变得越来越昂贵、低效。

[①] 参阅文章《从新农合与免费透析看中国医疗进步》。

朱恒鹏一面指责医保不完美，无助于改善"看病难看病贵"，一面却又把弱化医保、强化商业保险当作替代选择，他甚至主张要故意、人为地来削弱医保，好为商业保险腾出市场来（这实际上让中国重蹈美国的覆辙）："医保不是药神，……有什么别的出路吗？（那就是）用商业保险满足中高收入阶层的高端医疗需求，充分释放中高收入阶层的医疗需求……而要充分释放这些需求，就千万不能让社保对中高收入阶层购买商保和高价医疗服务及药品的需求产生替代效应。比如，我们很多机关事业单位职工明明有买商保的能力和潜在需求，但是城镇职工医保充分满足了他们的需求，而且经济越发达的地方社保待遇越好，层级越高的单位医保待遇越好，商业保险反而对他们没有吸引力，这就产生了替代效应。"

一句话，"为了让中国人民手里的钱都成为商业保险资本的利润，碍手碍脚、断人财路的医保一边去吧。"

这不是"要把人民健康放在优先发展的战略地位"，而是"要把商业保险资本与药企的利润放在优先发展的战略地位"了。

选自"观察者网"微信公众号（2018年7月16日）

《我不是药神》的爆红是偶然还是必然？

孙佳山、周祚

《我不是药神》毫无疑问将成为暑期档乃至2018年全年的"现象级"作品：上映12天后票房突破25亿，豆瓣上超过54万人打出了8.9分——这是世纪之交以来中国电影市场化、产业化改革之后，国产片中真正意义上的"票房口碑双丰收"成绩。令人惊讶的是，这是青年导演文牧野执导的电影长片处女作。

自点映以来，这部电影几乎获得了众口难调的中国电影观众们的一致赞赏：普通观众感动于其贴近现实而催人泪下的人文关怀，专业人士则多欣慰于其过硬的艺术水准和商业类型片的完成度。在这些赞誉声中，我们不禁要问："药神"现象的出现是偶然还是必然？它会是一座昙花一现的孤峰，还是国产电影腾飞的里程碑标识？

要回答这些问题，我们需要把这部影片，和这些电影人们，放置到一个有纵深感的，链接过去和未来的大视野中去看。

从"涉案剧"到"类型片"中国现实题材影视作品走过了一条长路

和大洋彼岸喜欢或科幻或奇幻的西方观众不同，现实主义自唐宋以降就一直都是中国文化艺术领域的一大主流基调。即使到了电影电视的时代，当代中国观众也一直偏爱既贴近现实生活又具有"看点"的影视作品。

在这方面，中国内地的电视剧实际上走在了电影的前面：从1990年代中后期到21世纪之交，《英雄无悔》《12.1枪杀大案》《刑警本色》《苍天在上》《永不瞑目》《大雪无痕》《黑冰》《黑洞》《征服》《绝对权力》等反腐剧、涉案剧，随着当时改革开放步伐的进一步深入，社会矛盾的集中爆发，不断取得收视率的佳绩。

今天当我们来看《我不是药神》的时候，实际上很多创作脉络可以溯源到那个时代：这又何尝不是一部围绕着"药"而发生的涉案题材呢？

2004年，广电总局《关于加强涉案剧审查和播出管理的通知》要求涉案剧退出黄金档，我国的涉案题材影视剧于是开始了长达十余年的沉寂期，直到近几年现象级的《湄公河大案》《人民的名义》等的爆红，涉案题材影视剧才再次升温。

从历史演变上来看。现实主义题材或是聚焦时代变迁、关照现实生活，或是表达中国经验或是讲述中国故事，一直以来都具备深厚的受众基础的，是主流观影群体最容易接受的也是最没有观影门槛的类型，也始终都是赢得本土观众的利器。

但在过去很长一段时间内，中国电影投资更倾向于"特效、IP、明星、奇观"等标签，而现实题材的电影大都隐藏在各种中小成本艺术片和独立电影节中，很少能够走进大众视野，更遑论票房收入。

直到近几年，从《湄公河行动》《芳华》《红海行动》，到今天的《我不是药神》，现实题材电影作品在全面转向商业类型片的探索中，才逐渐开始取得了商业上的成功。

从最早的香港警匪片，到内地的涉案剧、反腐剧，到中小成本艺术片、独立电影，再到如今的"现实题材类型片"们，我国现实题材影视作品走过了一条很长的路。《我不是药神》的出现并非偶然：它既来自我国影视观众的文化基因和艺术创作者们的厚积薄发，也来自在当下时代中，电影观众对于国产现实题材类型片的巨大需求。

当代观众与"现实题材"类型片

其实说我国电影市场缺乏现实题材，是不公平的。近年来的市场上也曾出现过不少优秀的现实题材影片，例如《白日焰火》《心迷宫》《暴雪将至》《暴裂无声》等，这些电影在艺术上取得了较高的成就，但是在商业上，却没有获得与之相匹配的票房收入，主要原因还在于这些作品大多是作者电影的个人化表达，艺术感太强，内涵和隐喻太过深奥，对于普通电影观众来说，理解它的门槛过高。这就导致了这类影片并没有有效突破更为广泛的观众圈层，无法成为票房爆款。

而《我不是药神》就巧妙的规避了这个问题，它的内核主题是深刻而沉重的，但是它被用轻松易懂的视觉语言和氛围表现出来，表现形式是接地气的，主人公就是我们身边的平民，他们和普通观众一样，有着精明和算计，有着朴实和善良，面临着生存的困顿，并咬牙坚持着。

它表现的就是普通人当时的生活状态，其整体的处理手法通俗而不低俗，兼顾了各个年龄段的观众。这样就让《我不是药神》有了和普通观众对话的基础。

由于内地电影市场在2002年开始实行彻底的院线制改革，内地电影市场的规模、体量开始爆炸式增长，在票房平地惊雷式的迅速跃升至世界第二的同时，内地的电影观众也由传统的北上广等一二线城市，开始向三四线城市乃至更为辽阔的县级市扩散。在凡影（Fanink）的观众调研中，2017年有约两亿新观众走进了电影院。

这批新观众的特点也非常明显。他们既不是迷影文化的主体，也不是所谓的新兴中产阶级。新增的这批电影观众，是我们称之为的"7966人群"，即70%左右45岁以下，90%左右没有受过高等教育，60%左右没有固定工作，60%左右月收入在3000以下的这类电影观众。在过去的几年中，他们不断走进影院。他们来自社会底层，相比高屋建瓴的思索，社会变迁和现实问题带来的阵痛，是他们实实在在的生活日常。

在过去，这批人是"沉默的大多数"，他们被主流文化所忽略，也没有发声的渠道。而在这个年代，当他们开始成为中国电影票房的增量乃至中国文化产业的增量，他们的消费诉求，在移动互联网和智能终端普及的时代被前所未有的释放。不断扩大的观影群体，正在潜移默化地改变原有的以一二线城市的中产阶级所主导的审美，影响着观影人群结构的变化和文化艺术领域的创作。

就是在这样的前提下，《我不是药神》的横空出世，也让市场看到了现实题材类型片的更多的想象力。而跟着作品一起，还将崛起一批在现有市场竞争机制下成长起来的电影人，他们将构成未来中国电影的主体和主力。

新一代导演的成年礼

《我不是药神》是文牧野的处女作，和他一起走上电影舞台的"80后"这一代导演，是我国电影院线制改革后的市场竞争体制所培养起来的新一代导演。可以相信，从文牧野之后，未来将可能会有一批"80后"年轻导演，一步步从本土的中小成本商业类型电影里走出来。他们不是一位两位，而是作为一个整体在发力，这代导演的精神气质开始成型，创作也开始成熟。

在画外2017年所做的《中国青年电影导演生存状态调查》中，我们发现目前的青年导演们普遍受过专业的艺术训练，这让他们拥有了很高的艺术素养和知识储备。同时他们也是看着香港电影和好莱坞电影长大的一群人，并不排斥类型化和商业化。

但同时，我们在调查中也发现这批青年导演最大的苦恼是如何迈出第一步：由于没有经验，处女作的融资非常困难；即使得到认可，也往往只能操刀小投资的艺术片；想要被市场熟知，只能通过FIRST（世界非营利性教育组织）之类的独立电影节和各类奖项来寻求机会。

《我不是药神》为这样一批导演提供了一份大大的成年礼：它意味着，新导演可以得到片方的信任，并通过执导投资并不小的商业类型片作品，来最大程度地发挥他们的才华，从而像文牧野一样华丽而不是苦逼地登上舞台，而在这份大礼的背后，离不开宁浩、徐峥等人的扶持。

宁浩是从刘德华"亚洲新星导"计划里走出来的，而徐峥则是从残酷的市场竞争中摸爬滚走出。他们对市场和观众的把握极其敏锐。在完成了商业意义上的成功后，责任感和使命感让他们开始做更多的探索和追求，也在他们力所能及的范围内开始反哺市场，并凭借成熟的商业资本运作，发掘年轻导演，投拍新片。而这一批被发掘的年轻导演，有着更宽松的市场环境，更广阔的国际视野，以及非常明确的现实关怀。在这个维度上，《我不是药神》的出现并不是偶然现象。

所以说，《我不是药神》的成功，既来自现实题材作品的多年积淀，也来自渴求接地气的现实佳作的新一代观众的内在诉求，还来自终于被培养出来的新一代优秀青年导演。我们有理由相信它不会是昙花一现，但前提是：这一切条件需要被放到一个商业、艺术、行业等多重力量所汇聚的"平衡点"上，然后才有可能戴着"镣铐"跳舞。

新的平衡点，与某种未来

一直以来，影视行业有个很不好的风气，就是"排片不好怨发行，票房不好怨宣传，口碑不好怪导演，导演抱怨被资本绑架，然后所有的人都去抱怨审查制度。"这种甩锅简单而粗暴，与行业也毫无裨益。而《我不是药神》在上映伊始，人们谈论较多的也是关于审查的话题。大家吃惊于"这样的题材也能过审。"

《我不是药神》开启了一个新的思考维度：在不触碰基本原则底线的基础上，如何带着"镣铐"自如的舞蹈？如何用一个举重若轻的策略，讲述一个沉重甚至有些敏感的话题？这是《我不是药神》的优秀之处，也是新生代青年导演的聪明之处。

影片需要掌控的不仅是表现现实和审查之间的平衡，更重要的是艺术和商业的平衡点：《我不是药神》在现实题材当中融入了好莱坞类型片的叙事方法。

通俗的叙事模式、类型化的套路、营造"现实感"而非"真正的现实"，在保证电影本体质量和深刻内涵的前提下，又充分展现了电影的商业价值和传播价值，也是这部电影取得成功的关键——原来不去模仿好莱坞，也可以有另外一条适合我国国情的现实题材创作之路。

拍电影从来都不是容易的事，可以让人站立的平衡点，往往也是最困难的那个位置。如果因为审查的存在，就远离所有现实去拍臆想中的虚情假意；或者因为无法掌握艺术和商业的平衡，就转身拥抱明星、IP与特效，这一切都并不会让中国电影变得更好。

而《我不是药神》最为可贵的一点，就在于它迎着所有的困难而上，最后在一个刀尖般的平衡点上站稳脚跟，并开始从容"跳舞"。这需要莫大的才华和心血，也只有在这时，我们才终于可以说，中国电影的未来可期。

在影片结尾,徐峥饰演的程勇在法庭上说:"今后都会越来越好吧,希望这一天早点来。"对于中国电影来说,亦如是。

选自"画外 hoWide"微信公众号(2018年7月17日)

《我不是药神》：为制药公司叫屈的人们，别忘了另一个世界是可能的

李广益

在近年来不多的现实主义电影佳作中，《我不是药神》是尤为特别的一部。它唤起了我们对生死疲劳的感慨，更敦促着我们去思考，究竟是什么造就了艺术和现实中的法律和伦理困境。

让我们从影片中面目可憎的药企说起。《我不是药神》热映后，诸多主流媒体和自媒体的下意识反应不是哀民生之多艰，而是忙不迭地讨论"《我不是药神》错在哪里"，为跨国药企"辩诬"。很多人说，如今开发新药的平均成本高达数十亿美元，如果不让药企在专利保护期内以高昂的价格销售药品，药企就会无利可图甚至亏本，失去研发动力，最终导致大家都没有新药可用。

这是我们耳熟能详的"知识产权"的逻辑，也是资本运作的逻辑。资本是逐利的，对利润高的产业更有敏锐的嗅觉。《我不是药神》中的"诺瓦公司"的原型是诺华集团，世界三大药企之一，总部设在瑞士巴塞尔。2016年，诺华集团销售额为510亿美元，利润为177亿美元，净利润率高达34.7%。对比一下，苹果公司当年净利润率不过21%，甚至高通都比不上诺华。

生命是最大的刚需，没有什么比疾病更能让人倾其所有。因此，一种新药，尤其是能够治疗绝症的"神药"，无疑能够成为钱景最好的商品。药

企挣得盆满钵满，患者保住了千金难买的生命，这不是两全其美的事吗？

但是，千金难买的生命遇上千金难买的药品，问题就不这么简单了。

资本以自我增值为本能，对利润的追求没有止境。诺华集团的"格列卫"从2001年开始销售，累计销售额已经超过了540亿美元，除去研发经费、生产成本和分销利益，净利润仍有数百亿美元。在这个过程中，多少人因为高昂的药价倾家荡产，多少人因为吃不起药而心怀不甘地死去，在诺华集团光鲜的财务报表上是看不到的。"利润"和"暴利"之间的界限，究竟应该划在哪里？

诺华的辩护士们说，公司需要这些利润来研发新药，以便在"格列卫"专利到期后维持公司的生存和发展，造福更多的人。且不说其研发费用仅仅是利润的一半甚至更少，即便诺华成功地实现了"扩大再生产"，那时的情况仍会是，一方面某些疾病不再是绝症或能够得到彻底治愈，另一方面许多患者因为新药的天价而徘徊在贫困和死亡的边缘。科技的进步，仍然不会最大限度地转化为人类的福祉。

而从长时段来看，药企的说辞更加站不住脚。作为人类征讨癌症的重大突破，"格列卫"并不是诺华从平地建起的高楼。没有19世纪末以来几代科学家对癌症发生机制的不懈研究，这种起死回生的新药根本不可能出现。就"格列卫"而言，1960年宾夕法尼亚大学的Peter Nowell（彼得·诺埃尔）和David Hungerford（大卫·亨格福德）指出慢粒白血病与染色体变异存在关系，1973年芝加哥大学的Janet Davidson Rowley发现"费城染色体"易位机制，1980年代多位科学家证明"bcr-abl酪氨酸激酶"是致病元凶，为"格列卫"的研制提供了必不可少的先导工作，而他们都不是诺华的雇员，而是大多由美国国立卫生研究院（NIH）资助的高校科研工作者。

到了寻找激酶抑制剂这个环节，诺华才粉墨登场，而这已经是20世纪90年代的事了。即便如此，领导抑制剂研发的关键人物也不是诺华自己的研究人员，而是俄勒冈健康与科学大学的Brian J.Druker（布莱恩丁·德鲁克）博士。对于这些科学家和科研机构来说，自己的科研成果成为药企的摇钱树，这让他们深受困扰。在2007年的一篇文章《科学家言：不要滥用专利》（*Don't abuse patents: scientists*）的开头，Druker这样写道："在最近关于专利、药价和基本药物获取途径的争论中，科学家、公共部门所提供的资源以及参与医学研究的学术机构所发挥的关键作用经常遭到忽略。"他表示，科学家投身医学事业，大多是为了通过自己的研究帮助病人，而诺华在全球天价售卖"格列卫"，让他和同事们感到非常难受。"投资药物研发的药企应该得到回报，但这并不意味着滥用排他权利，定出天价，并为细微改动申请专利，延续垄断价格。这有违专利体系精神，也缺乏正当性，因为是公共部门持续数十年的投资使这些药物的发现成为可能。"

换言之，花费纳税人大量金钱的基础研究，和药企耗资不菲的临床研究，对于"格列卫"的诞生都是必不可少的。但无论是美国人民，还是其他国家的人民，都无从参与"格列卫"的价格制定，只能被动地接受这种药物的天价。和流传于中文媒体的说法不同，"格列卫"在美国的售价根本不是"中国的一半"。根据Drugs.com, PharmacyChecker.com等网站的查询结果，一粒100mg的"格列卫"的价格是惊人的接近100美元，按一盒120粒计算，折合成人民币高达8万元！

而且，"格列卫"在美国的价格以每年10%—20%的速度不断攀升，病人的治疗费用随之从2001年的每年26000美元增加到了2016年的每年146000美元。更令人惊讶的是，诺华的专利到期后上市的仿制药价格也超过了每粒100美元。相比之下，在邻国加拿大，仿制药的价格是8800美元，原研药的价格是每年38000美元。

"格列卫"在美国的价格为何居高不下？这就涉及诺华以及其他药企利润中的非研发部分。在各级员工的薪水之外，药企在销售、管理、推广等各个方面都要投入巨资。除了聘请明星代言，在各个领域投放广告，到医院发放试用药品，各大药企还大力游说美国国会和政府，以至于美国至今没有实行药价管制，任由药企随心所欲地哄抬药价。药企还会收买参与新药审批的FDA（美国食品药品监督局）医学专家，甚至干预FDA的官员任命，让自己的财路畅通无阻。正是这些游走在法律边缘甚至明显违法的运作，营造了对药企极为有利的制度环境，为药价逐渐上涨大开方便之门。

事实上，在专利的保护下获得一定时间内的垄断地位后，诺华对"格列卫"的定价完全是以利润最大化为基准的。在各国的价格有所差异，除了各国制度环境不同（如在加拿大，药价就因政府的管控而远低于美国，以至于许多美国人组团到加拿大去买药），剩下的考虑就是拿捏分寸，让苦苦求生的患者支付尽可能多的救命钱而不至于直接放弃治疗。

在某些福利制度较好、管控能力较强的国家，患者的压力相对较轻。前段时间朋友圈疯传澳洲"白菜价格列卫"，事实上的确如此。由于有药品津贴计划（Pharmaceutical Benefits Scheme）的补助，服用"格列卫"的澳大利亚慢粒白血病患者每月只需支付36澳元，老年人只要6澳元。但这并不意味着诺华大发慈悲，一年下来药价仍然高达45000澳元，只不过政府支付了绝大部分，等于说全国人民平摊了这笔费用。这个价格是澳大利亚政府通过谈判从诺华那里拿到的"医保价"，原始价格超过90000澳元。

此前的一些媒体文章说，在中国近邻国家和地区中，韩国是"正版"格列卫"价格最低的地方，所以我们不妨仔细考察下"格列卫"价格在韩国是如何演变的。2001年"格列卫"进入韩国时，一粒是23045韩元（约合人民币140元），一盒是2765400韩元，约合人民币1.63万元。如此高价，患者自然受不了，于是，患者自发组织起来（如韩国白血病患者协会），进行各种抗议活动，以及向法院乃至宪法裁判所提起诉讼。诺华拒绝降价，一度停止向韩国供药——你不让我卖高价，我就拿患者做人质，这被一些韩国分析者称为"悬崖战术"（brinkmanship）。拉锯到2003年，诺华韩国表示：如果大家愿意接受我们制订的"一粒23045韩元的价格"，那我们将为患者提供药价10%的资助。与此同时，韩国政府也下调了医疗保险中癌症和白血病患者本人需要承担的费用的比例（这个比例一直在下调，2003年从30%下调到20%，2005年从20%下调到10%，2009年再次从10%下调到5%）。2010年，韩国保健福利部从减少福利支出的角度出发，把"格列卫"药价下调了14%，从23045元调到19818元。结果大吃国民福利的诺华韩国向韩国法院状告韩国保健福利部，要求取消降价措施，韩国保健福利部居然败诉了，于是药价又恢复到原来的样子。直到2013年6月专利权到期后，由于仿制药的竞争，诺华才被迫下调了价格。

但是，诺华并没有善罢甘休。"格列卫"针对白血病的"用途专利"本来是到2023年4月到期，经过韩国制药公司的抗争才提前到2013年6月。然而，"格列卫"还有治疗胃肠道间质瘤的效果，这也被诺华韩国申请了"用途专利"，而这项专利2021年10月才到期。所以，韩国公司制药公司虽然研发了仿制药，却没法正大光明地售卖，而且诺华韩国一纸诉状又把这些公司送上被告席，声称他们侵犯了"格列卫"对胃肠道间质瘤的"用途专利"。这个案件2016年就进了韩国大法院，到现在还没出结果。

"格列卫"在韩国的价格现在比较低，除了仿制药发起的竞争，还与近期爆出的贿赂丑闻有关。2017年6月，韩国反垄断部门以不正当竞争的罪名起诉诺华韩国，并决定对后者处以约45万美元罚款。韩国公平交易委员会表示，诺华公司在2011年至2016年期间，共花费约700万美元用于资助医生参加海外学术会议，以换取医生更多使用诺华公司的药品。韩国政府本来是要把诺华韩国名下的涉嫌回扣问题的几十种药物都从医疗保险中开除出去的，后来考虑到各种因素，对"格列卫"的惩罚从开除出保险药单改为罚金。这之后，诺华再次下调了价格。目前"格列卫"的价格是一粒11052韩元，一盒120粒是1326240韩元，合人民币7801元。

对比一下，"格列卫"在中国上市之初的价格是23500元一盒，十几年过去了，价格依然在21000元左右。中国的慢粒白血病患者和逐渐成为治疗费用主要支付方的医保基金依然负荷沉重。是中国患者没有抗议吗？舆论没有关注吗？显然不是。

跨国药企是全球化时代的怪兽，他们的强大力量并不仅仅甚至并不主要体现在药物研发，而是在面对世界各地的国家与社会时，长袖善舞，软硬兼施，各个击破，从而尽可能多地牟利。如果国家尤其是相关管理部门不能秉持高度的政治自觉和责任感去维护人民群众的利益，在老练的药业巨头手段频出时，难免左支右绌。

近年来多起轰动一时的医药外企行贿案证实了跨国药企的神通广大和无所不用其极。除了导致葛兰素史克被处以30亿元罚单的惊天大案之外，百时美施贵宝和诺华也先后涉嫌贿赂中国医护人员以提高药物销量，不得不因"不正当竞争"向美国政府支付巨额"和解费"。2016年，美国证券交易委员会（SEC）称，诺华中国部门在2009年到2013年期间，通过交通、娱乐、会议、讲课、推广活动、教育研讨会及医学研修等多种费用名目来向中国医护人员行贿，谋求他们对于诺华产品的支持。

一方面，诺华无孔不入的钻营未能得到很好的遏止，另一方面，最能够釜底抽薪的仿制药迟迟没有在中国市场上出现。在电影中，廉价而有效的印度仿制药成为中国患者的福音，而在现实中，印度更成为"世界药房"，为世界各地尤其是发展中国家的穷人提供了大量救命良药。这种情况并不能简单地用"印度漠视知识产权"来解释，因为在软件版权等其他领域，印度就接轨国际通行规则，对侵犯版权的行为进行严厉处罚。印度在医药领域对于专利的阻击，根本而言是站在本国民众立场上抵制唯利是图的跨国药企。之所以能获得成功，除了印度本身的国家实力和意志较为强大之外，还和代表全球社会呼声的多个跨国非政府组织在博弈过程中提供的学术、法律和舆论支持有关。卡尔·波兰尼在《大转型》中指出，市场经济的高歌猛进必将引发回避市场负面影响的种种保护性"反向运动"。"得道多助"并产生世界性影响的印度仿制药生产，正是全球资本主义的泛滥所引起的一场"反向运动"。在医药这个领域，印度因其事实上对于世界人民特别是底层民众福祉的保护和促进，实现了尼赫鲁的梦想，成为一个"有声有色的大国"。

遗憾的是，在这场事关公义和良知的斗争中，几乎看不到中国的身影。

若论中国的国家实力和意志，总体而言较印度有过之而无不及。然而，中国没有像印度那样，在医药领域与手握"知识产权"的跨国药企及其背后的法权体系展开灵活而有力的斗争，也没有对进口药物的仿制给予足够的扶持和鼓励，甚至在"格列卫"这种天价药物进入医保目录时，也未能通过谈判达成较大幅度的降价。仅仅是在最近，抗癌药物关税才取消，增值税下调到3%。

"中国制造"已经改变了世界，但在药物制造领域却不然。在国际市场上，中国药企提供的主要还是原料药，仿制药的水准亟待提高，至于新药研发则十分薄弱。但在漫长的混乱、彷徨之后，中国制药业渐渐走上了正路，这也是中国医疗卫生事业整体上亡羊补牢的一部分。

曾几何时，"医疗市场化"的主张甚嚣尘上。直到今天，这种主张仍然不断冲击、牵扯着中国的医改进程，造成种种乱象。医疗卫生事业密切关联着人民群众的健康和幸福，具有极强的公益性，因此，如果将这个领域交由市场主宰，让药企和医院以逐利为本，殷鉴不远，就在美国。由资本主导的体制下，不可能从根本上解决资本绑架药品的问题，甚至整个医疗卫生制度的设计都是为资本利益服务的：以治疗为中心，忽视预防和康复，不断寻找疾病，加上商品化的医药制度，成为资本利润源源不断的来源。在这种情况下，以国家投入大量资金发展基础研究为前提的药物研发，虽然为人类带来了一些"格列卫"这样的优质药品，整体上看却是一方面的资本浪费严重，另一方面老百姓也没有得到实惠。如何集中资源为人民解决最迫切需要的疾病，以更低的成本生产出更有效的药物，最大限度地维护人民的健康，是摆在相关机构面前急迫的问题。

尽管，路曼曼其修远兮，中国的巨大体量和她走过的道路，让我们仍有理由去期待和想象：如果中国的"山寨"或逆向工程能力在制药领域得到充分发挥，如果中国能在国家战略的层面推动制药业从"中国制造"走向"中国精造"，甚至再大胆一点，有朝一日，中国制药业具备了更强的研发和生产能力，能够超越简单的市场逻辑，站在"反向运动"的潮头浪尖，为中国人民和世界人民提供诸多廉价而高效的药物，这个世界，必将是一个不同过往的新世界。

"Another world is possible."

选自"探索与争鸣杂志"微信公众号（2018年7月19日）

《我不是药神》:疾病表征与社会书写

孙静

盛夏时节,经典剧集《西游记》一年一度回归小银幕,孙悟空西行取经的故事也宣告着暑假的到来。与此同时,另外一只"猴子"(即坏猴子影业)却凭借电影《我不是药神》引爆大银幕,上映十日票房已经突破20亿元,豆瓣评分高达9分,引发公众的持续热议。与同样关注海外代购(或走私)药品题材的《达拉斯买家俱乐部》(The Dallas Buyers club, 2013)相比,《我不是药神》没有像前者一样关注性别政治(恐同者与同性恋合作走私治疗艾滋病的药物),而是描绘了白血病人为买药而付出的诸种心酸。作为"坏猴子72变电影计划"的十位新人导演之一,文牧野尝试在国产片的叙事框架内,用喜剧讲述沉重的社会题材,让观众在悲喜间反复切换,亦收获了不少好评。

之所以《我不是药神》的票房与口碑齐飞,是因为多数观众认为该片以前所未有的方式书写了现实社会,不仅触及了当下生活中存在的医药问题和病人的生存境况,而且还在电影制作方法上有着很大创新,将国产类型片推至新的高度。然而值得注意的是,上述评价还值得进一步推敲。一方面,电影表面上以"药"为核心,关注了底层人的生活艰辛,但实际上却建构了一个名副其实的"药神"形象;另一方面,导演使用的"新类型" 更大程度上源于对国外同类电影的借鉴和拼贴,反而极大削弱了电影的反思功能。本文旨在解码本片建构的三重神话，分析这款"爆款电影"是如何以想象的方式治愈了跨阶层的健康焦虑和国产电影的产业创新焦虑，进一步探讨国产电影反思社会问题的有效方式。

（一）药之神话：无处不在的"格列宁"

简言之，电影《我不是药神》讲述了"上有老，下有小"的中年男人程勇（徐峥/饰）为给父亲筹集手术费，意外开始了"海外代购"白血病治疗药物的故事。程勇原本是个保健品小店的老板，主打产品是从印度走私来的壮阳药，名为"印度神油"。一天，慢粒白血病患者吕受益（王传君/饰）拜托程勇利用走私通道购买印度产的仿制药"格列宁"，后者与瑞士正版药效果相似，但价格却便宜不少。急需用钱的程勇无奈前往印度，不仅拿下了中国地区的药物代理权，而且还通过药物帮助了许多买不起正版药的病人，其中就包括吕受益。然而在此过程中，瑞士正品药厂和假药贩子却因为利益受损为程勇施加了双重压力，促使他不得已结束了代购生意，去开了一个小工厂。直到有一天，程勇发现病人由于买不起药而处境愈发艰难，曾跟自己把酒言欢的吕受益则因为无药可救而选择自杀。这促使程勇重操旧业，并用工厂赚来的钱补贴药品巨大差额。最终，程勇虽然因为走私药品坐了牢，却收获了病人们的认可及家人的理解，影片以他出狱的场景而结束。

从电影的名称上看，导演似乎在强调，该片的核心并不在"药神"，而是"药"本身。从开始的壮阳药到后来病人的救命药，主人公程勇一直都在跟药打交道。此外，"药"还是连接程勇与病人、病人与病人之间的关键。更值得深思的是，针对慢粒白血病这一种疾病，同一个时空中居然出现了三个版本的药，分别来自瑞士、德国和印度，进而与病人构成了三种关系。

瑞士版"格列宁"来自诺瓦公司，是正版抗癌药，其专利权受法律保护。它原本应该起到救死扶伤的作用，亦应与病人具有紧密联系。然而令人感到讽刺的是，37000元一瓶的正版药从头至尾都没有出现在镜头中，只是以言语的形式被病人和医药代表提及，前者谴责药价不合理，后者则一直在以法律的名义在各种场合进行"维权"。可以说，正版药与病人之间总是被公司医药代表赵立忠（李乃文/饰）隔绝开来，其使用价值由此完全被交换价值所代替，最终成为制药公司的盈利工具，也成为很多病人眼中的天方夜谭。

德国版"格列宁"实际上是药贩子推销的假药，并没有疗效，可导致病人因延误治疗而病情恶化。它在电影中仅出现了一次，即药贩子张长林（王砚辉/饰）组织的卖假药活动。此类活动通常发生在礼堂式空间中，包括专家报告范儿的舞台设计（如"热烈欢迎医学院国际著名专家张院士莅临指导"的横幅和德国"格列宁"的商标），穿着白大褂的伪专家（即"张院士"），台下座无虚席的观众，以及身着正装的礼仪小姐和安保人员等。该场景还极为生动地还原了现实生活中假药骗子所使用的套路：与药托互动，强调疗效（"身子轻快了，斑也褪了，感觉比以前好多了"）；"专家"评论（"我们彻底消灭了慢粒白血病"）后，马上公布刚接到的优惠通知（"单价由3000降至2000"）；病人排队购买。这样的设定和流程为卖药赋予了强烈的仪式感，尤其是当张长林结束互动跑回舞台时，他就像夺得金牌的奥运冠军一般，举着双臂，台下观众报以热烈的掌声。而药本身则成了仪式中的道具，被精心地布置在舞台前，为病人编制了另一个可以负担的"药到病除"之梦。

印度版的"格列宁"是电影中最为重要的线索，它与正版药效一样，但价格却远远低于前者（印度零售价为500元，程勇卖到5000元），常常以特写的形式频繁出现。在运输环节，它出现在旅行箱里，走私船上，集装箱内，保健店中，甚至垃圾筒里，被几位卖药的病人及家属来回搬运。吕受益在车里吃药，分药，在穷街陋巷中与"黄毛"（章宇/饰）抢药。药出现在夜店舞女刘思慧（谭卓/饰）的化妆间，从标有"王子神油"的面包车到了"黄毛"仗义相助的病人床头，也到了刘牧师的教堂里。在从开始被病人扔来扔去，到后来被抢购一空，印度仿制药一直就与病人紧密相连，与前两个版本产生了极大的反差。

可以说，"药"是电影的核心意象，三个版本的"格列宁"以碎片的形式散落在电影中，链接了电影中的主要人物以及戏剧冲突，构成了一个矩阵。显然，对大多数病人来说，印度版的"格列宁"才是"正确"选择，因为它既有效又便宜，还带有浓郁的人情味。当程勇第一次运回印度

"格列宁"时，对面的吕受益兴奋得像是发现了价值连城的宝物一般，用手颇具意味地摸了摸程勇的大腿，似乎这些药比店里的印度神油还要有效。在教堂中，刘牧师站在布道坛后，将药逐个分给排队的教众，他们交换的仿佛是基督的面包与葡萄酒。它让人们认为，有了印度"格列宁"，疾病就可以被治愈；而让病人顺利买到它，亦能改变卖药人在现实生活中的困境。这种观念在电影插曲《药神之歌》中体现得淋漓尽致：对于病人来说，药就是命，"有药我就想闹/看我影子都在笑/下巴一直往上翘"；而对于药贩子来说，药就是钱，"我是贵族金钱豹/大把大把的钞票/感觉good我很好"。因此，印度"格列宁"成了一种"包治百病"的灵丹妙药，不仅能治生理疾病，而且还能极大缓解"穷病"。更为重要的是，印度"格列宁"还在道德维度上发挥着作用，最终将程勇塑造成了"药神"。

（二）"药神"神话：用英雄传奇治愈现实焦虑

如果说"药"的意象以碎片的方式散落在电影中，那么电影的主线则讲述了程勇从"路人"到"药神"的养成过程，进而在叙事维度上构建了另一个神话。在一开始，电影为我们呈现了一个作为失败者的程勇。他邋遢的形象与壮阳药广告上强壮的肌肉男及老虎之间、糟糕的婚姻状况与隔壁的"情缘旅馆"之间皆形成了巨大的反差，以反讽式的张力勾勒出程勇的一事无成。从某种程度上说，销量和效果都不怎么样的"印度神油"隐喻了他当时的现实困境：走私来的药卖不出去，拖欠房租，父亲卧病在床，妻离子散，还因为打老婆被小舅子鄙视，仿佛就像自己店里的壮阳药一样没用。

有意思的是，程勇的保健品店中同时供奉着中国本土的财神和印度的卡莉女神（Goddess Kali）[①]，分别指向了世俗和信仰两个维度。同样，从印度版"格列宁"进入程勇生活的那一刻开始，电影通过四个具有仪式感

[①] 在印度语中，卡莉意为"黑暗的人"。卡莉女神是印度教中最为古老的神之一，代表毁灭及暴力，通常被以肤黑、长发、红眼、垂舌的形象出现，脖子上挂着用头骨做的项链，腰间围着手臂做的短裙。她虽然外表极显得可怕，但也是拥有强大力量的保护神。详情见Reid-Bowen, Paul: "KLINDCANDI", inDeniseCusheds.EncyclopediaofHinduism [M].NewYork: Routledge, 2008: 398-399。

的片段，展现出程勇世俗意义的成功（赚到了足够的钱），进而到信仰意义上的成功（自我道德的升华以及社会名誉），将其逐步塑造成名副其实的"药神"。

其一，当病人群的群主们在夜店舞女刘思慧的引荐下来见程勇时，他们逐个走到后者面前握手。曾经的失败者如今成了大家口中的"勇哥"，观众此时用群主的视角体验了这个具有仪式感的时刻。其二，当"黄毛"（章宇/饰）准备将抢来的药还回去时，程勇却对蜗居在那里的病人们动了恻隐之心，将几瓶药送给了"黄毛"。与此同时，观众使用卧病在床的病人视角，先体验到将救命药片扔进药瓶时的无奈和绝望，接着又因程勇的赠药行为觉得后者极为仗义。此时，程勇成了穷人中的侠义之士。其三，当印度"格列宁"的生意红火起来后，无论是大把人民币的特写，还是一箱箱的药，都显示出卖药团队的富足。此时的程勇坐在小店中，认真地读着通俗读物《做人的资本全集》。该书作者指出，做人的资本包括"宽容的心量、真诚坦率的言行、和谐的人际关系、成人之美的善心、与时俱进的积极心态等"[①]。这个似乎在告诉观众，程勇成为"财神"之后，正在向更高的精神追求努力，病人送的锦旗更是锦上添花。其四，在事业稳定后，他决心冒着风险低价卖药，并用自己的钱补贴差价。如果说之前卖药是为了赚钱，那么现在则是出于内心的道德准则和群体责任感。这种情绪在程勇坐囚车的场景中达到高潮。观众以程勇的视角望向车外，街边站满了送行的病人，人群中甚至还出现了已经逝去的"黄毛"（为了保护程勇而身亡）和吕受益（不想连累家人而自杀），两人微笑着为他送行。从某种程度上说，该场景与之前程勇在印度街头围观的敬神仪式相呼应。彼时，有人抬着湿婆神和卡莉女神的神像走在印度街道上，同时还挥洒着刺鼻的消毒剂，似乎想在神灵的保佑下消除瘟疫。这种并置成功地将程勇封为"药神"，也回应了电影首个镜头中的卡莉女神像。值得注意的是，程勇本人并不是病人，但电影让观众使用程勇的视角来体验整个故事，并因此完成了一个俄狄浦斯轨迹。所谓俄狄浦斯轨迹（Odeipal Trajectory），是指"古典好莱坞使用的一套惯例，凭借它，男主人公通过解决危机和维持社会稳

[①] 雅婷.做人的资本全集[M].北京：北京工业大学出版社，2006：1.

定的行动，成功或不成功地完成这一轨迹。换言之，男主人公在历经千难万险之后（取决于电影类型），找到一个女人，娶妻成家"[①]。在本片中，程勇作为男主人公也遵循了古典好莱坞电影的"破坏/解决"模式，成功化解了个人危机，不仅包括经济与道德层面的双重危机，进而获得了家人的认同，只不过此处的家人并非是妻子，而是当警察的小舅子曹斌（周一围/饰）。在电影中，程勇首次与曹斌的交集发生在派出所，彼时前者差点因为打老婆被后者暴揍一顿。当时的程勇站在窗前，脸上露出了懦弱又可怜的表情。然而当程勇出狱时，曹斌是唯一一个来接他的人。此时此刻，曹斌不仅代表着家人的认同，而且还包括病人及社会对程勇的认同。由此，整个俄狄浦斯轨迹得以完成，整个药神神话也被构建成一个闭环。

英国社会学家克莱夫·塞尔（Clive Seale）指出，大众媒体常常将疾病塑造成一种媒体景观，即聚焦日常生活中的普通人，展示他们用超乎寻常的能力去面对病痛，以达到不让大众失望的目的。换句话说，这种普通病人与逆境抗争的超凡能力亦能够让观众在焦虑之后实现软着陆[②]。虽然主人公程勇不是病人，但药神神话也起到了类似作用，在很大程度上消解了观众的双重焦虑。首先是健康焦虑。实际上，电影前半段呈现了一个跨阶层、跨性别、跨年龄的病患人群，进而引发了观众最大程度的共鸣，即"谁家还没有个病人"以及"每个人都有可能生病"的健康焦虑。然而，这种焦虑却随着俄狄浦斯轨迹的完成，被程勇"封神之路"狡黠地置换，促使药神神话成为一种功能性替代物。这也是为什么观众在结尾更关心程勇是否应该坐牢，而不再是病人的状况。其次，该神话还为观众在现实中的诸多不满提供了疏解通道。例如，群殴假药贩子的场景让人们以想象的方式对这些骗子复仇。再如在夜店中，无论是程勇扔向男主管的钱，还是"黄毛"攥着酒瓶的手，抑或是舞女声嘶力竭喊出的"脱掉"，都是"药神"带领观众进行的虚拟抵抗。

[①]苏珊·海沃德.电影研究关键词［M］.邹赞等译.北京：北京大学出版社，2013：344.

[②]SEALE C.Media and Health［M］.London：Thousand Oaks and New Delhi：Sage Publications，2002：166.

（三）影视创新神话：互文式影像拼贴

从当前影评来看，许多观影者都洒泪影院，并认为程勇散尽家财帮人买药的情节颇为感人。此外，电影引发了各大媒体在更大范围上讨论"格列宁"这一药物。这恰恰表明，有关"药"和"药神"的双重神话都在成功地发挥着作用。不仅如此，不少人也因此将《我不是药神》视作国产电影的里程碑式作品，认为它开创了一种用影像书写现实的新方式。诚然，作为导演文牧野的首部长片，《我不是药神》的确有可圈可点之处，试图用喜剧类型片来讲述沉重的社会题材。然而我们需要反思的是，此片打动人心的地方到底是社会现实（即疾病引发的健康焦虑），还是制作团队使用了更为讨巧的拍摄手法？实际上，一旦从笑点和泪点中平复下来，我们就不难发现，与其说这部作品是创新之作，毋宁说它巧妙地调动了多个互文性的文本，尤其是韩国电影。

如果说《心花路放》是导演宁浩和主演徐峥的"双重奏"，那么《我不是药神》是一部混杂宁浩、徐峥和文牧野三位主创特色的三重奏，包括"灰色幽默""系列结构"和"韩范儿影像"①。谭笑晗曾指出，灰色幽默是宁浩的喜剧特色，即用圆融温暖的元素置换了黑色幽默中一部分的荒诞性及非理性，是"笑与严肃批判态度的混合"，兼具"讽刺力量"和"幽默态度"②。在本片中，典型的例子就是刘牧师。他很容易让人想起《黄金大劫案》（2012年）中的神父（范伟/饰），后者是一位世俗烟火味儿极重的传教士，因为无米下锅而偷拿募捐箱中的钱，前一刻还拎着米袋子，后一刻就穿上袍子坐在忏悔室中。神父跟那个往募捐箱中扔"欠上帝五块"白条的人一样，用最世俗的方式表达着最大限度的虔诚。与之类似，刘牧师身上显然也具有上述世俗与信仰的并置，尤其是他一直在重复的那句"上帝保佑你"（God bless you）。无论是在保健店通过电话跟印度药商谈代理权时，还是站在讲坛后将药分给排队领药的教众时，本身就是病人的刘

---

①梁颐在讨论电影《心花路放》时，曾指出此片是导演宁浩和主演徐峥的"双重奏"，兼具前者的叙事特色和后者对地理环境的巧妙运用。详情可见梁颐《心花路放：二位"作者"电影风格的双重奏》，《电影文学》2014年第24期，第102-103页。

②谭笑晗.灰色幽默、笑与喜剧理性的衰落——宁浩喜剧电影论[J].文艺争鸣，2016（9）：188-192.

牧师总是试图在世俗和信仰之间找到一个平衡,促使人们哈哈一笑,虽可以体会到他的无奈,但也止步于此,无法对其内部逻辑进行深刻的反思。

"系列结构"是徐峥的鲜明特色。它指向一种刻板化的二元对立,即乐观淳朴的乡村草根道德危机中的城市中产,最终前者总是促使后者解决危机的核心要素。无论是《人在囧途》中的李成功,还是《泰囧》中的徐朗,皆是如此。同样,类似的桥段也出现在《我不是药神》中,开办工厂的程勇也是城市中产的一员,其诉求是不想做救世主,避开不必要的风险,只想安安静静地赚钱。然而,这种观念却因为弱势的白血病人而发生着改变,最重要的动因就是以乡村草根形象出现的"黄毛"。从当初抢药又还药的行为,到后来因为吕受益自杀而鄙视程勇,再到重新认同程勇,最后因为保护程勇而身亡,他不仅促使程勇逐步化解了道德危机,使其愈发高尚,而且二人的互动也包含着某种程度上的喜剧元素,很容易让人想起"系列"电影中的"王宝强/徐峥"结构。同样值得反思的是,《我不是药神》中的某些喜剧元素也沿用了"系列"电影。如在当印度船员要求加运费时,程勇一边握手一边笑着说:"印度阿三,你学坏了。死胖子,胖得像猪一样,比猴儿还精。"这与《泰囧》中徐朗与人在电梯里讨论人妖类似,在更大程度上是一种恶趣味,幽默水准并不高级。

更值得注意的是,从海报到配乐,再到电影叙事,《我不是药神》都带有浓重的韩影风格,这源自导演文牧野,他在接受采访时曾明确表示,自己想要致敬《辩护人》(2013年)。就海报而言,此片采用了一种"全家福"式构图,这在韩国电影海报中极为常见,如《欢迎来到东莫村》(2005年)、《阳光姐妹淘》(2011年)、《7号房的礼物》(2013年)、《国际市场》(2014年)、《海雾》(2014年)、《长寿商会》(2015年)等。实际上,无论是构图,还是色调,该片的海报都与宋康昊主演的《辩护人》极为相似。就电影的音景而言,本片插曲《药神之歌》的旋律更是与韩国犯罪电影《与犯罪的战争:坏家伙的全盛时代》的插曲《听到传闻》高度一致,以至于有些观众吐槽说此曲响起时,因为互文关系感觉非常出戏①。

就叙事而言，电影中几位病人的现实困境与日常事相互交织，造成悲喜交加的节奏感，这种套路也是韩国电影中常用的手法。例如《隐秘而伟大》（2013年），该片以韩朝冷战为背景，讲述朝鲜特工元流焕，奉命潜伏在韩国的一个普通社区，化名方东九。电影在前半段强调喜剧性，笑点来自这位军官如何一本正经地在小区中装傻，例如故意留着鼻涕滚下楼梯，甚至计算好时间当众大便，其隐藏的特工身份和东九的荒诞行为构成了鲜明的对比。后半段则突出他的身份认同焦虑，尤其是在他被祖国抛弃后，却发现房东老奶奶已经把他当成了亲儿子。《欢迎来到东莫村》《七号房的礼物》《国际市场》等韩片也都使用了同样的叙事策略，通过节奏感极强的悲喜张力，让观众既能开怀大笑，又能默默流泪。

值得注意的是，无论是宁浩、徐峥的国产电影，还是上文中提及的韩国影片，皆有不俗的票房成绩。因此，与其说《我不是药神》存在着创新，毋宁说它巧妙地使用了已经被市场检验过的成熟叙事方式，不仅将宁浩和徐峥的"作者"特色拼贴起来，而且还挪用了韩国类型片的套路，力图实现商业利益最大化。然而令人遗憾的是，海报和电影插曲皆引发了抄袭质疑。2018年7月16日下午，官方微博针对海报抄袭《我的英雄学院》而公开道歉。此外，根据目前出品方公布的资料来看，《药神之歌》的作曲为黄超，并没有说明此曲是否从韩国购买了版权，也存在着极大争议。如此一来，此片的商业成功恐怕会引发并鼓励后继者效仿这种快消品式的生产方式，让现实社会问题（此处为疾病）沦为大众娱乐消费的素材。

（四）结语：我们应该如何书写现实？

毫无疑问，无论是美国的好莱坞，还是韩国的忠武路，两地都已经形成了相对成熟的方式，以讲述现实社会题材故事。前者如《达拉斯买家俱乐部》《聚焦》（Spotlight，2015年）等，后者如《素媛》《韩公主》

---

① 《听到传闻》最早可以追溯到20世纪90年代。彼时，韩国乐队"咸重儿和洋基们"演唱此曲，后于2000年收入专辑《咸重儿精选集》中。在电影《与犯罪的战争：坏家伙的全盛时代》中，曹英沃重新将其编曲，包括两个版本，分别由咸重儿和韩国著名独立音乐人张基河演唱。

《熔炉》《杀人回忆》等。尤其是韩国同类影片，其特色颇为明显。学者彭涛曾指出，韩国现实题材作品具有极强的戏剧性潜力，通常"以受害人或嫌疑人的加害事件为叙事动力，以寻找嫌疑人或给嫌疑人定罪为展开线索，以事件后受害人及家属的痛苦、社会各方反应为情绪穿插，构成叙事冲突各方和逻辑线索"[①]，因而具有极强的批判性。

与之相比，《我不是药神》的确促使公众注意到高价药、假药骗子等一系列现实问题，也引发人们针对药物专利等话题展开了热烈讨论。但电影却忽略了以下脉络。

在治疗过程中，药是重要的，但却不是决定疾病被有效治疗的关键因素。不管是哪个版本的"格列宁"，都需要病人花真金白银购买。因此，钱和社会资源才是治疗疾病的核心，否则他们每开始一次治疗流程，其得到有效治疗的概率就会减少。这也是为什么程勇在第一次见印度药商时，说"命就是钱"；同时，对于想要治疗的病人来说，"钱就是命"，这同样适用于程勇的父亲。威廉·考克汉姆（William Cockerham）曾指出，"社会能让一个人处于幸福或陷入病痛"[②]，影响健康的社会性元素包括"诸种社会实践（如生活方式、生活及工作的状态）、自身所处的阶层（涉及收入、教育经历和职业），以及从正反两个维度影响个人、群组及社区的经济、政治、宗教等元素"[③]。因此疾病应该被放置到更大的社会历史语境中，从医学社会学（medical sociology）的角度考察，才能将其复杂性揭示出来。

在此过程中，社会阶层是医学社会学所考察的重点，它决定着人们的寿命、健康水平以及疾病的治疗方式，与此同时，年龄、性别、民族等元素亦是极为重要的变量。然而令人遗憾的是，《我不是药神》模糊了上述变量造成的差异，只是标识出了"买不起高价药"的群体，进而将复杂的疾病话语简单化了。换句话说，电影使用了旁观者视角（非病人视角），强

---

①彭涛：《中韩真实事件电影之改编观念比较》，《当代电影》2016年第4期，第166页。
②William C. Social Causes of Health and Disease [M] Cambridge, UK and Malden, MA: Polity Press, 2007: 1.
③William C.Medical sociology (Thirteenth edition) [M].New York: Routledge, 2016: 4.

化了程勇个人的奋斗神话，在讲述疾病时模糊了性别、年龄、阶层的差异，极大淡化了上述冲突。因此，它并没有学到韩国现实题材电影的精髓。实际上，由于该片聚焦"药"和"药神"的神话，并以此为基础理解疾病，极易让人们有一种误解：仿佛有了药，有了程勇，疾病就能迎刃而解。与此同时，这部电影的创新神话也被拆解开来，这并非是我们理解疾病的最佳方式，其反思社会现实的有效性也值得商榷。

选自《艺术评论》（2018年第8期）

《我不是药神》：一部别现代社会生存危机的教科书

王建疆　赵诗华

《我不是药神》作为一部现实主义力作，上映以来之所以能够赢得观众的青睐和热捧，不仅在于影片以至真至诚的情感内核击中了我们的时代之痛和生存之殇，更为重要的是它从哲学本体论角度引发了我们对"真伪"的思考：在生存和生命面前，何为真伪？在生死存亡和真伪辨识之间，你我应当何为？我们到底缺少了什么？带着这些思考，我们可以从人本主义和生命至上的价值理念出发在别现代主义的透视中寻求答案。

（一）药的时代隐喻：生存之殇

《我不是药神》描述的是：一个生活于城市底层的保健店老板程勇（徐峥/饰）靠走私、售卖保健品勉强糊口生活，在老父亲突如其来的重病压力下，他铤而走险，在慢粒白血病患者吕受益（王传君/饰）的怂恿下，开始倒卖来自印度治疗慢粒白血病仿制药"格列宁"，在私自贩卖的过程中结识了彭浩（章宇/饰）、刘牧师（杨新鸣/饰）以及女儿患有此病的刘思慧（谭卓/饰）等，由此走上了一条"卖假药"、放弃"卖假药"做服装生意、到重新"卖假药"，再到触犯法律锒铛入狱的人生之旅。

药是贯穿影片叙述的元主题，真伪"格列宁"是影片叙事得以展开的主线，围绕真伪辨认和行动是故事展开的内在动力。影片表面上体现的是特殊慢粒白血病需要特殊的"格列宁"来治疗，然而在其深层所揭示的是在病与药、死与生之间横亘着令人无法跨越的鸿沟，买药与卖药这一看似平常的行为在影片的叙述中似乎在诉说着一种令人绝望的悲悯和无奈。这不禁使我们想起了鲁迅先生的短篇小说《药》。

鲁迅通过华老栓以"人血馒头治华小栓痨病"的故事，讽刺当时民众在精神上的愚昧、麻木、自私、冷漠和无情，以唤醒民众的觉醒和自我疗救。鲁迅期望解决的恰恰是世人精神上产生的麻木不仁这种不治之症，因此，药对他来说只是一种时代隐喻。虽然影片《我不是药神》与小说《药》所讲的是不同的药，二者产生的历史境遇也不同，但它们以药为喻在揭示一种普遍存在的无奈上有着异曲同工之妙。

20世纪80年代以来，科学的快速发展、文明的不断进步给我们的生活带来了诸多便捷，使得我们在身体不出问题的前提下不再为下顿饭操心。然而，社会形态的剧烈变动所带来的医疗保障制度的不健全，却使我们无法摆脱因病致贫、因贫而亡的命运之厄。

《我不是药神》正是通过程勇等底层人物面对这种命运之厄的无奈和挣扎，深刻揭示了社会发展产生的诸多矛盾及其衍生出的人的生存之殇，这种生存之殇虽然仍在喜剧风格的轨迹中蔓衍，但却是真正的悲剧表现，是徐峥"囧剧"系列的延伸，而且是脱离了"炯"（光明意）形象的真正的囧（尴尬意）剧。全剧临终，贩药的黄毛被警车追赶遭意外车祸而亡，程勇被判徒刑，就在观众准备离席的当儿，银幕上几行干巴巴的数字显示着萤火般光明的尾巴：大病保险在中国似乎已经解决。至此可以说，徐峥的"囧—炯喜剧"这次演成了真正的"囧—囧悲剧"。

然而这种由于医疗保障制度缺陷带来的生存之殇，却建立在对药品之"假"追究背后的价格虚高的真相的掩饰上，即为什么这种药在中国属于全球药价之冠？有无被遮蔽的国际人道主义组织的药物救援？

据媒体报道，《我不是药神》电影中多次被提及的神药，慢性粒细胞白血病治疗药物——"格列宁"，实际其通用名叫甲磺酸伊马替尼片（格列卫，glivec）。格列卫天价药引起社会激烈讨论源于2015年代购印度抗癌药事件。剧中原型陆勇2002年被确诊为白血病，而当时白血病特效药格列卫23500元/盒，"药很轻，价钱算下来是黄金的20倍"。由瑞士诺华公司生产的格列卫在中国内地每盒的售价约为23000—25800元，但在香港是18000元左右，在日本是16000元一盒，在美国大约是人民币13600元，在韩国只需9700元。为什么中国内地就要比其他国家和地区贵出那么多？这里的真相是什么？由此不难使人联想到对真相的掩饰就是对假象的开脱。

反映在该剧上，就是一个严肃的社会问题被转化为一个良心问题和道德问题，生存之殇变成了真假之辨。观众所有的同情和共鸣来自哪里？还不是对生存之殇的关注，是对生命尊严的眷顾。"印度仿制药只要200多元！"却救了无数中国人的命，而正版的瑞士进口药却因吃不起而只能让人们看着身边的生命一个一个消逝。在生命尊严面前，真与假变得无足轻重。该影片也就是钻了生命之殇与真假之辨间的空子，延续了囧剧的魅力炫耀，成为由真假问题引起的对真假的超越，而成为对生存之殇的拷问。

真假问题作为哲学命题在中国古已有之，中国先秦儒道对真和诚的强调一直延续到晚清。《红楼梦》里有言："真亦假时假亦真，无为有处有还无"，真伪与存之辨原是哲学命题，在21世纪的今天，它并未因时代的进步而有所改观，反之更有甚者，它严重威胁到我们的生存和当下生活。究其缘由，人的此在之本真的迷失往往因为物的遮蔽而沉沦，去弊是人的此在在世的展开和澄明。

现代文明社会中，存在的展开一方面要通过个体反思和自我觉悟使生活的本真向自我呈现，另一方面个体的生存保障，需要通过个人基本生存权得到落实而获得实现，但人的基本生存权与个人、社会及历史相互关联而显得异常复杂。《我不是药神》以血癌患者及其亲友这个群体为了争取生存为由，以他们自己的方式甚至不惜通过违法行动展开对历史境遇所构成的"真伪"畛域的反叛。

真假问题一直是阻碍中国走向现代化的陷阱。全球几乎无人不晓，中国是制假售假的大国或山寨大国，全球也没有哪一个国家专门选取一天作为打假日（3月15日）的，好像中国人制假售假说谎话就是中国特色一样。实际上，全世界可能没有任何一个国家像中国一样最早重视真假问题的了。

真假之辨，一直是中国哲学关注的焦点，两千多年前的庄子就在《渔夫》中呼吁"真者，精诚之至也。不精不诚，不能动人。故强哭者虽悲不哀，强怒者虽严不威，强亲者虽笑不和。真悲无声而威，真怒未发而威，真亲未笑而和。真在内者，神动于外，是所以贵真也。"庄子所言的"真"和"诚"，主要是指人的存在之真和人的自然情感之诚，同时我们也可以将其赋予艺术所追求的艺术之真，它与人的名利与虚妄相对，是一种本体论和价值论意义上的真。可就是真，这样一个简单而又朴素的存在，今天却成了与生存之殇密不可分的问题，不仅密不可分，而且恢诡谲怪。

影片所揭示的社会现实不仅使真假倒转，更将真与假的价值进行翻转，似乎"打假"危及生命，成为恶行，制假贩假才是善举，救民于水火。这是生存之殇引发的真诚之殇，不仅危及中国人的生存安全，也危及中国人的诚信安全和中国文化安全。这种价值观的翻转究竟是社会出了问题还是人的良心出了问题，引发我们思考的已经难于从庄子的"真诚说"中找到答案。因为，庄子所言之真，是自然本然之真，所言之诚，也是自然流露之诚，而非认知上的名实相副之实和价值判断之诚，因而相去甚远。但鲁迅笔下的华老栓们抢着给儿子吃革命者夏瑜的血，所要暗示的是农民的麻木和觉悟不高，而非生存之困，与程勇的顾客们吃不起昂贵的有效"假药"的贫困现实有所不同，一个是精神危机，另一个却是现实需求。

《我不是药神》压倒了《药》的精神诉求，直面真假之药与生存之殇的关系，而鲁迅的精神诉求却遮蔽了物质之困，也回避了人脑作为治痨病的名实之假。与鲁迅相比，徐峥更接近生存的底线，因而是活命问题，而不再是革命问题，是底线危机而非精神困惑。在"我不是药神"之后，还会不会有其他的药神？没有了药神，病人将如何获救？快一个世纪了，我们仍然未能摆脱存亡和救亡的困境。

（二）生存底线对伦理底线和法律底线的挑战

伦理以维护生命为底线，法律以剥夺生命为极刑。在一个等级分化严重的社会中，伦理和法律往往挑战底层人的生存底线，成为维护少数人利益的工具，但容易被人们忽视的却是生存底线往往挑战伦理底线和法律底线。这就是"不要给逼急了"的真理性所在。

影片中所刻画的主要是一批来自社会底层的"小"人物——卖神油的保健店老板程勇、落魄的城市小知识分子吕受益、在夜场工作跳钢管舞的刘思慧、流浪打工有家无归的打工仔彭浩、城市底层群众精神救赎导师刘牧师以及一群在死亡边缘挣扎的癌症患者。与这些底层人物相对的是影片所塑造的药商大鳄瑞士诺华公司中国区医药代表赵立忠，靠坑蒙拐骗敛取财富的投机倒把药商张长林。影片通过"药"将二者关联起来并置于矛盾对立的中心，他们分别代表着社会基层的普通群体和社会发展中产生的资本权力。

作为弱势群体，面对瑞士天价的正版格列卫，那些癌症患者只能望洋兴叹。影片的艺术张力即在于这些弱势群体为维护个人的生存对抗市场资本的压榨、奴役而彰显出来的个体精神的崇高，这种生存之悲不同于古希腊俄狄浦斯王的命运之悲，也不同于革命者就义时的悲壮，它展现的是当代历史境遇下一群平凡的人为了能够吃上药"活着"这一本能愿望无法实现的悲哀，但同时，也表现了底层顽强的求生欲和求生之道。

影片的艺术感染力还在于底层小人物为了生存和活命抱团对抗市场资本和社会管理层面的大势力之间的对抗，在这种对抗中，影片多视角表现了凡俗人物的真和悲，揭露了市场运营中资本权力和权力资本代理人的丑与恶，呈现了市场经济发展过程中存在的理与情之间的矛盾，并暗示了这种矛盾背后潜在的权与利的膨胀和腐败以及社会公有福利制的缺位。这些处于社会底层的病患者及其家属与市场资本垄断者的对立，实际上揭示的是贫富悬殊这一特别的社会现实。

正如药贩张长林在被通缉中偷见程勇时所说："我卖药这么多年，发现世界上只有一种病，那就是穷病！"此语虽然激烈，却道出了部分社会矛盾存在的社会根源——贫穷。程勇之所以开始走上贩卖印度格林卫是因老父亲高昂的医疗费用，刘思慧因需为女儿支付高昂的医药费被逼无奈从事自己并不喜欢的工作，彭浩没有钱但为了获得仿制格林卫不得不光天化日之下进行抢劫，刘牧师为了挽救自己和患病的教友不得不违背教义协助充当商务翻译……

面对命悬一线的弱势群体，医药代理商人赵立忠在对峙医患时所表现出来的高傲和无礼，丝毫没有丁点人道主义，动辄即用法律来"自卫"，在公安办案会上，他义正词严地催促公安机关侦破贩卖假药案，似乎有挟持公安办案之嫌。他在影片中所表现出来的傲慢和无礼，实质揭露的是社会发展过程中社会资本侵入社会肌体以致对社会公理的公然绑架，充分暴露了资本的贪婪和冷酷。

但事物或许真的至少有两个不同的方面。中国病人们的悲哀也同时生成了他们的生存之道，这就是坚守"活着"底线，而非什么道德的底线。活着就意味着还有明天，死了一切成灰。这是任何卫道士所欺骗不了的。道德的底线，无论被夸张得多么厉害，多么令有道德感的人惭愧，但"我要活着"却是最高的真理，是最神圣的道德。谁如果违背了这一最神圣的道德，他或她最终会被民众所唾弃。

生存之道在哪里？就在脚下，就在一丝一缕的机会中，就在不拘于正统观念的束缚，摆脱了道德的压力，甚至无视法律的制裁，只要有一丝活下去的机会，就全力争取。《药神》中为吃格列宁而吃光了存款，又吃光了房产的老病友，为了救孩子而跳钢管舞的少妇，以及慢镜头中满大街等待拯救的病人，挣扎、期待、不惜一切，这就是他们的生存之道。但是，这种生存之道的潜台词是什么？说来吓死你："只要能活命，叫我干什么都行。"其毁灭性就在于，在生存之道面前，道德无力，法律失效。在生存底线，要修正的是道德，要修改的是法律，而非相反地去修正人的生命价值以及对于活着的愿望。因此，一个社会要想存在，就不能触碰人的生存底线，触碰了就会走向反面，这就是生存之道至高无上的地方。

生存之道在现实中不得不接受现有道德伦理观念的检验，矛盾和冲突由此在所难免。以赵立忠为代表的资本权力阶层，他们在利益的追逐中丧失基本的人性价值判断，在其眼里，格列宁就是摇钱树，慢粒白血病患者已失去人的属性，只配作为公司和个人谋取财富的手段和工具。当仿制格列宁使其利益遭受损失时，他不惜施压公安机关、操纵媒体宣传以混淆患者视听，以求利益最大化。药贩张长林在拿下印度仿制格列宁代理权后，更是极尽贪婪之欲，一度大幅涨价非法敛聚财富，这一恶行导致底层患者无力购买仿制药以致病情恶化甚至自杀。程勇得知吕受益自杀濒临死亡边缘时，源于心底的良知使其进行了彻底悔悟，在送走儿子小树后毅然踏上了灵魂的自我救赎和他救之路。

可见，在面对癌症患者的孤独无助时，以赵立忠等为代表的大商业资本家和来自小工商者程勇做出了截然不同的选择，他们实际上代表着良知尽失的权力资本和良知觉醒的小商人的是非价值观,这两种是非价值观反映的是社会中普遍存在的工具理性和生命价值理性的较量,刻画的是当代物质文明急速发展和工具理性制导下人们陷入物欲横行、名利膨胀、是非不分、价值错位的洪流中自我迷失的悲哀。

人类社会是由道德、法律、宗教、艺术、审美等多重价值构成的多维体,但在与存在主体的关系中,多重价值关系往往表现为相互矛盾甚至冲突。《我不是药神》通过艺术手法展现了格列卫作为药物使用过程中的医疗价值、经济价值、道德伦理价值、法律尊严之间的相互矛盾。保护格列卫的发明权本是法律的职责所在,法律维护的是社会的公平正义,这种公平正义初衷是打击制假贩假促进市场公平竞争、保护民众财产和身心免受其害,但影片叙述恰恰暗射的是执法机关陷入打假与作恶的"和谐共谋"中。

影片中虽未直接点明,但有几处细节可窥一二,当刑侦队长曹斌了解到印度格列卫的真实药效向郝局长汇报时,郝局长以执法必严的权威责令曹斌必须尽快抓获贩假格列卫的嫌疑人。熟谙案情的曹斌由于良心发现而痛苦不堪,甚至提出辞去这一打假专项行动负责人职务,以此来规劝郝局长以维护生命为重。案件侦查陷于僵局时,赵立忠出席公安机关内部案情通报会,他的参会,似乎是郝局长倍感压力之下而做出的无奈之举,但却掩藏着对资本的捍卫而对生命的轻视。法的普适性本是要杜绝罪恶的发生,但是在资本权力和权力资本等外在因素介入下,它会向相反的方向转化。无视生命底线的所谓伸张正义往往会转变为制造罪恶。

影片围绕真伪格列卫而产生的伦理道德价值和法律尊严的翻转,被身患癌症等待救助的大娘道出了背后的隐情:"现在好不容易有了便宜药,你们非说它是假药,那药假不假,我们能不知道吗?"在故事情节的演进中,影片中程勇贩卖的印度仿制格列卫反而成了挽救生命的"真药",赵立忠代理的瑞士正版格列卫成了人们难以奢望的"假药",这里恰恰投射出的是人的生存价值在资本权力和权力资本的合谋中走向消解,其中凝结着影片对现实资本权力的控诉和对人的生命的尊重,具有强烈的人道主义情怀和现实主义的批判精神。

《我不是药神》的主角,最容易使人想起伟大作家维克多·雨果的长篇小说《悲惨世界》里的冉阿让。冉阿让因饥饿难忍而偷了一块面包，从而成为他被监禁八年而后又被终身追捕的厄运之始由。由此而升华出来的思想更明确地表现在雨果的另一部名著《九三年》中，这就是"在绝对正确的法律之上还有一个绝对正确的人道主义"。

这种人道主义与法律之间的矛盾是不会产生于前现代社会，也不会产生于社会医疗保障体系健全的现代社会的。因为就前者而言，在小农经济的社会体系中，有钱看病无钱等死属于天经地义的事。就后者而言，在现代社会保险制度下面，任何个体的医疗保障都由社会保险分摊，个人看病是社会承担的事，而非个人承担的事。因此，只有在现代、前现代、后现代交织的边界不明确的别现代社会，才有在名实分离名义下的前现代个体承担各自的医疗费用的情况。在这种别现代医疗名实相悖的现实中，才有生存之本与法律和道德伦理的纠结。在这种纠结中，是非善恶观念往往完全颠倒。

在前现代社会，生老病死本是自然而然的事情，"死生，命也，其有夜旦之常，天也"。然而，到了现代文明社会，生死往往具有社会学和伦理学上的意义，对个体生命的珍视、护持和尊重是衡量社会文明进步的一个重要标尺。影片中的病患者及其家属为了能够延缓病痛的折磨和死神的降临，他们倾其所用不惜变卖家产支付高昂的医药支出，甚至走向违法的不归路，他们对生的渴望、对生活和家庭的留念被深深地镌刻在走向死亡的奈何桥上。

在"钱就是命"的现实面前，生与死以钱为轴心，转化为买与卖的关系。程勇为了父亲能够得到有效治疗，拧着礼物请主治大夫能够给予优惠时，医生冷冷地甩了一句"那你去崇医做，别在我们这儿做。费用是医院定的，不是我定的"。影片的深刻之处将这种对生与死的冷漠态度的再现发挥到了极致，生死的价值意义被现实置换为财富的经济价值，对于处于社会底层身患重病的群体来说，生命的存在价值已转化为金钱的度量，医患关系全然已沦为钱与命的交易。

在"钱就是命"的现实面前，吕受益从对生活的渴望到绝望的过程得到了更为深刻的展现。一开始得知身患白血病打算自杀，看到儿子的出生他打消了这个念头，后面因能够吃上印度格列卫重新燃起生活的希望，当病痛日益趋于严重和恶化。在他其看来，生与死对其自身来说已毫无意义，他的苦苦求生已然成为对妻儿最大的累赘，反而求死是其对妻儿生存是最大的保护和解脱。影片关于生死之界限的消融在妻儿熟睡最后一瞥的特写镜头里得到升华，方生方死，方死方生，影片的气氛营造了一种无言而凝重的悲伤，令人为之动容。这种动容就来自于比道德底线和法律底线还要紧要的良心底线，即生死底线。

打工仔彭浩的悲剧命运对这个生死主题的生命底线亦有深刻的揭示。在影片中他被塑造为一个"活着的死人"，身患重病有家而不能归的人。当程勇询问他为何不回家的时候，他冷淡地回答："他们以为我死了，回去会吓到他们的。"而当一切皆有希望，他剃掉"小黄毛"准备回家时，却在掩盖证据顶替程勇脱罪的逃跑中遭遇车祸而亡。

以此为基准，我们不难发现，《我不是药神》所展现的是求生本能冲动与社会伦理道德观念之间的冲突和与法律的冲突。在这一冲突中，如果说前现代的生死有命观被抛到了九霄云外，那么，别现代的伦理道德教条也被弃如敝屣，而代之以对生命存在的执着和对生命平等的呼求，给人留下更多的如何在这个社会生存下来的思考。这种思考是真正的对于现代性，即对人的价值、尊严、权利及其社会保障的思考。

（三）"别现代"视域下的真伪之思

"别现代"是指似是而非、虚妄不实的现代性，是现代、前现代、后现代的杂糅体。在这个杂糅体中，由于资本主义制度和观念的进入，导致了唯利是图观念甚嚣尘上，而公共服务、社会福利、全民公费医疗的退出历史舞台，对个体的生存带来不确定因素。《我不是药神》的可贵之处在于它通过药之真伪这个"万棱镜"折射出社会发展中生死善恶观念以及人的生存境况的荒唐感，采用现实主义手法揭露了在以人为本和依法治国之间所表现出来的极端荒谬性，通过艺术再现深刻揭示了人的存在之殇的根源，为我们反思当下人的本真存在、社会急速发展所带来的诸多社会弊端提供了形象参照。

《我不是药神》不仅是对现实中生死之殇和是非之辩的启蒙，而且更是对当今中国真假困惑的启封。在影片上映期间出现的假疫苗事件，迅速地凝聚为一个社会焦点,这就是,我们这个社会还要不要真实,如何才有真实。

在当下中国,真假问题已直接关系到生命安全、食品安全、国家安全,成了生命之殇紧密相关的原生性问题。如果药品的进价和售价是公开的、真实的,人道主义救援药品的信息是公开的、真实的,国情咨询的信息是真实可靠的,那么,人的生存危机感就会大大降低,人的生命平等就会得到体现,国家安全感也会大幅提升。相反,如果信息不对称,假货满天飞,有害商品时刻威胁着人们,那么,又何来人身安全、社会安全、国家安全呢?因此,与其说《我不是药神》是一部商业片,还不如说它是一部"别现代"社会的教科书。在这部教科书里我们看到了自己的生存现状和存在危机,也看到了自己的生存之道。

倘若要讨论我们今天的生存之道,首先面临的是求真之道。因为正是社会的普遍缺乏真实性和诚信,导致了我们生存的尴尬和困境。当一个社会要靠假药来救命,要靠售假疫苗发财的时候,这个社会就成了买卖社会。在买卖社会,一切皆可买卖。什么正义、良心、真理,都可以用钱来购买。

真,是人生和社会的立身之本,是善良和美好的基础和前提。如果是假的,再甜蜜的道德说教也苍白无力,甚至会助纣为虐;再美好的事物一旦露出了金玉其表败絮其中的真相,也只能被人所唾弃。因此,影片《我不是药神》所彰显的美学理念,就是一种"求真"的哲学。这里的"真"即是上文所言的立足人本主义立场上所倡导的"真理""真情"和"真诚"的"别现代"主义哲学主张,它的内涵具体地体现在去伪存真上的认识论、以真为诚的情感本体论以及坚持以人为本的价值论。

真,包括事物的本然之真,即自然,又包括认知之真,即真理,是指科技理性中科学探讨与被探讨对象之间是否在性质和规律上两相符合,即对实然的揭示所达到的程度。除了本然之真和认知之真,还有应然之真,即真诚。真诚是人的情感之真,没有虚饰和伪装,包括理想、愿望、爱恨等,完全出自内心的价值判断。

但在现实社会中,受生存目的和生存环境的制约,尤其是社会达尔文主义的竞争观影响,遮蔽真相,弄虚作假已成常态,人们为了一己之私而背弃真知的现象在市场经济条件下大行其道。影片以写实的方式表现了投机药贩张长林，明目张胆光天化日之下雇用打手，私自组织集会推广假药德国格列宁，欺骗广大的慢粒白血病患者，当刘牧师揭露真相时，雇用的"保安打手"以前现代的暴力手段进行驱使。影片以幽默的方式演绎了一场江湖恩仇录似的喜剧。

现实中，这种以暴力手段贩假、制假的现象不绝如缕，如市场传销活动等。造成这种现象的根本原因还在于我们当下社会处于向现代社会转型期的别现代时期。"别现代是关于特定历史阶段和社会形态的新的表述，来源于我们这个时代的既有现代因素、又有前现代因素、也有后现代因素，但同时既不是现代也不是后现代、更不是前现代的现实，对这个混合杂糅的时代，只能用别现代来表达。"在这种特定的社会形态下，社会经济发展的突出的表现是假冒伪劣产品横行，社会诚信阙如，真假混淆，是非颠倒，已威胁到社会的健康发展。

《我不是药神》高出一般道德说教影片的地方在于，揭示了这种真伪颠倒背后的社会原因。这就是个体不仅承担了自己承担不起之重，而且承担不该承担之重。在社会职能缺位个体无法承担的情况下，真理、真知、真情、真实，都已不再具有绝对独立的社会意义，而只具有围绕生存之殇的附属意义，社会也不再把真理、真知、真情、真实奉为圭臬。

《我不是药神》是当下娱乐至上时代坚持批判立场关注现实问题的电影，在坚持经济效益和大众审美的同时，体现了较为强烈的人本主义情结，给这个炎热的夏天带来一丝清凉，是部接地气、带有现实温度的作品。

当然其中不乏存在一些较为粗糙的演绎成分，如主题的严肃与幽默表演之间有时缺乏自然过渡。程勇与吕受益一同去教堂劝说刘牧师协助翻译的那段幽默对白显得牵强，这与吕受益身患癌症尚未摆脱病痛的角色设定不相匹配，从一定程度上有违影片珍视生命这一主题。另外，影片大团圆结局似乎显得无力，拖上了一个"光明的尾巴"。

但总体而言，这部影片的现实意义远远大于它的艺术表达，它从某种程度上较为客观地揭露了别现代时期社会精神层面和物质层面存在的真伪难辨、虚假盛行、是非倒置、公平正义缺失的现实状况，以及这种状况与生存之殇之间的关系，对珍视生命、挽救生命，以及对真诚、真知和社会良知的呼吁和重构，都具有一定的启发意义。

选自"探索与争鸣杂志"微信公众号（2018年8月5日）

市场与政策夹缝下的
"新说唱"

编者按：借着《中国有嘻哈》的余热，《中国新说唱》又火了一把，来自新疆的艾热和那吾克热在2018年10月的总决赛中分获冠亚军。《中国新说唱》采用了"剧集式"制作理念，努力在收视率和政策限制之间保持平衡，但也遭到了许多观众和评论对于节目不够"爽"，太多"正能量"的质疑。

《〈中国新说唱〉的求生欲》的作者认为，"新说唱"向政策靠拢的同时却没能很好地抓住观众的眼球，即使爱奇艺投入大量资金、邀请优秀的制作团队也难续《中国有嘻哈》的热度。夏阿怪在《〈中国新说唱〉：diss重要吗》一文中认为抽离了"diss"等内核的"新说唱"无法再形成有效的文化"抵抗"，已彻底融入消费文化。

与上述悲观态度稍不同的是，杨宸的文章《最爆裂的世代，他要你跪拜》将被"和谐"与商业化看作说唱文化必须面临的挑战，但也是其进一步发展的契机。在题为《综艺也有价值观，我不能无中生有》的访谈中，《中国新说唱》总制片人陈伟正面回应了部分质疑，认为对"新说唱"的评价标准应从潮流风向的引领转为金曲的产出，另一方面也应注重制作中价值观的承载与传递，以促进综艺节目的持久良性运作。

冯庆的《中国说唱江湖的文化基因：从社会质性到社会自信》认为中国说唱中以"情义"为核心的"江湖风"，不仅展露着特定地域和阶层的文化基因，更可以成为整合"本土资源与现代格局"的艺术资源。

中国说唱江湖的文化基因：
从社会质性到社会自信[1]

冯庆

2017年夏天，随着网络电视节目《中国有嘻哈》的热播，兴起于美国并在全球范围内广为流行的说唱（rap）又一次引起广泛关注。据说，相比起摇滚、民谣、流行乐等，说唱在中国的市场有待开拓，这是如今国内娱乐工业推广说唱的重要原因。与这些年流行音乐重视体现中国元素和中国情怀的基调相似，这次说唱推广运动也格外强调"中国"甚至是"中文"。这也使得人们更多地关注到中国（包括港台地区）现有的主流说唱力量的中国化进程。

在文化研究领域，说唱一般被视为一种"青年亚文化"，与主流大众文化之间存在着一定差异。在发源地美国，基于黑人贫民街头发泄性对话的说唱，往往体现出质朴且粗犷的底层气质，以直抒胸臆的语感表达对现实的真切感受，其中不乏对现代社会问题的尖锐抨击乃至于张狂的谩骂发泄。相比起其他音乐种类对旋律的重视，说唱的核心最初在于语词押韵的表达力。随着音乐形式的逐渐成熟（人声节奏复杂化、配乐编曲多元化等），说唱所获得的主流承认度变得更高，其风格也就随着市场需求发生着各式各样的变革。部分说唱歌手为了体现说唱原初的底层立场，选择刻意

---

[1] 本文删节版原刊于"界面文化"2017年9月2日。

强化歌词的粗糙感与反社会格调以凸显原生态的"质感",以至于刻意表现种族歧视、暴力、色情、吸毒和黑社会活动等话题。当然,有分寸的说唱歌手大多秉持基本的社会主流视角对这些现象进行暴露、批判——唯其如此,他们的作品才能够真正获得市场的欢迎。甚至可以说,说唱文化当中带有显著的批判现实主义色彩,在某种程度上也就具有了社会调节的潜能。

当说唱伴随着"Hip-Hop"(嘻哈)文化走向全球时,这种逐渐与各民族的民间文化、地区文化发生了合流。在中华文明圈内,说唱艺术对汉语本身诗性特征的重视和对"中国风"的刻意彰显,都体现出鲜明的民族自觉。不同于流行通俗音乐中的"中国风"追求"古雅"或"浪漫"的抒情风格,说唱的中国风与国外说唱文化的衔接则在于凸显一种俚俗、质朴且真诚的"社会效应"。这就让中国说唱自发地试图和中国民间通俗文艺传统发生勾连。就当前情况而言,最当红的中国说唱"厂牌"(音乐制作团体)包括西安的"红花会"、成都的"说唱会馆"和重庆的"Gosh"等。无论是从厂牌的名字,还是从其作品的质地而言,与民间文化、江湖气息的密切联系都是不言而喻的。这首先是因为,在西方,说唱音乐中的"匪帮说唱"和"硬核说唱"需要有直接对应的中国元素载体,在这方面,中国音乐人想到的就是"江湖";然后,中国说唱的"地下"(Underground)特质与音乐人自身飘荡流浪、自由不羁的生活形态会引发一系列在传统民间文艺中找寻"知音"和价值支撑的炽烈热情;最后,许多说唱音乐人尊奉"keep it real"(保持真实)的信条,这让音乐人往往重视表现中国现实都市生活中的方方面面,将其原生态地呈现在歌曲当中,并呼求更多人的认同。

这种认同尤其体现为对说唱歌手的身份认同和对地区的"本土"认同,比如,说唱会馆代表人物李随、谢帝等坚持四川话说唱的主流不动摇,"成都说唱的兄弟伙,两点水一个中,都给老子冲";"Gosh"的所有歌手则会在自己的歌曲和现场表演中加上鲜明的"勒是雾都"的宣言,"Eye""Montana""Bridge"等歌手会不厌其烦地在《老龙凤》《跷脚老板》《雾都夜话》等经典曲目强化重庆与"江湖""市井"等地域性特征的有机关联。总而言之,中国说唱的一般特征就在于让民间文艺传统和西方现实主义音乐传统有机接轨,以当代中国独特的社会"质性"为其核心展示对象,并体现丰富有活力的本土景观和文化传统。

我们不妨以2017年夏天比较热火的一些"江湖风"作品来说明这种独特的社会"质性"。说到说唱音乐的"江湖"风格,稍微熟悉国内"圈子"的人,都会提到一位代表人物,那就是"Gosh厂牌"的Gai(本名周延)。Gai出生于1987年,四川内江人,在重庆从事音乐创作、演出多年,由驻场歌手做到独立说唱歌手,在参加"中国有嘻哈"节目前已经有多首作品在网络上传播,并获得了稳定的歌迷群体。Gai的风格,除了他本人一贯强调的"keep real"之外,还有着鲜明的民间曲艺元素,诸如评书、山歌、戏曲等艺术元素时常出现在他多以四川方言创作的歌曲里。在《中国有嘻哈》热播之际,Gai接受访问,道明了他自觉用"说唱"来传承"说书"的意识:"这一代的中国音乐人一定要有自己的责任感……自己民族文化的东西传承在里面,比如说京剧、川剧、评书、凤阳花鼓、山东快板……Hip-Hop只是一个载体……传承民族文化的载体。"就其实践而言,在《空城计》中,有多处近乎川剧的唱段;在《一佰零八》里,水浒传故事被Gai用粗粝的嗓音像说书一般吟唱;至于知名的《天干物燥》则将打更的号子玩出了更加豪放且韵味深长的花样;《颜如玉》和《苦行僧》则在挪用经典华语流行曲目《小芳》《假行僧》的基础之上添加了一种另类的"地气"。就Gai的作品而言,四川话发音的铿锵有力与俚俗轻快把最为市井的社会话题和价值观直接抛向听众,同时又在其中暗含一些不易解码的"哲理",使得歌曲有了一定的深度,成功吸引了一批出发点从猎奇到真心呼应的不同层次的听众。

Gai的说唱风格可以用"Cult"来形容:与主流国内说唱强调效仿欧美节奏与题材、甚至直接使用英文创作的风气不同,Gai长期以来用反讽的语调表示"老子没得文化",实则为了营造自己区别于他人的独特"江湖"风格,以最为凶狠、暴戾又天马行空的语词直接表达真实市井社会缝隙中的善恶冷暖,这使得他很难获得大多数习惯将通俗歌曲视为情感呵护机制的听众的青睐。反过来说,唯有那些能够理解"Cult"文化在残酷真实背后隐藏的严肃动机和关怀的敏感受众,方能进一步对Gai所吸收的那些民间通俗文艺元素展开进一步的推敲。比如,在《只手遮天》里,Gai就挪用了港片《古惑仔》中的对白桥段和基本"社会"风格,并在想象中的"重庆江湖"里用清脆的方言俗语表达了地下说唱人群体所具有的独立自主、桀骜不驯的生存态度。

> 软中华，硬玉溪，头发越短越牛×。
> 抢地盘，夹毛驹（欺负人），再大的场合都不得虚。
> 重庆城，红岩魂，丰都江边过鬼门。
> 解放碑，朝天门，风水好帮你修座坟。

显然，这里的"江湖"只是对市井俚俗风气的一种直观反映，"软中华"等形象的符号让"社会人"好勇斗狠的姿态生灵活现，"抢地盘""不得虚"的宣言实则是凸显地下说唱人对自身代表地区民间文化的自信心态，并用"修座坟"的重口味譬喻宣示自身在音乐上的霸权地位。从这段歌词中，可以管中窥豹地掌握"江湖风"说唱的重要文化特质，那就是"狠"——用极度粗暴的语词来加重自己歌曲的力度。这种"狠"的美学除了来自欧美匪帮说唱，更多的是学习了龙胆紫等说唱人的音乐理念，吸收了中国底层社会的原生态口头表达，并在这个维度和民间江湖文艺的禁忌一面产生了亲缘关系。

早在十几二十年前，香港说唱组合大懒堂（LMF）的粤语匪帮说唱《反骨仔》和更早的唱跳组合"风火海"的《古古惑惑》（《古惑仔》电影主题曲），都是反映江湖生活的经典之作。粗口横飞、内容尺度大，并且以白描铺叙为主，是这类作品的特色。借助这些作品，"学校读书读得少"所导致的"个个想做大哥"的"职业生涯"得到了科普乃至于批判，"斩断佢只手斩甩佢个头斩埋佢老豆"的场景淋漓尽致地表现着"江湖"的真实质感。这种凶狠乃至于刻意鄙俗的"重口味"在 Gai 的成名作（也是空前争议之作）《超社会》中得到了进一步延续：从"开洗浴中心，不送啥子消费券"到"打群架，开大车，货箱头几十个"，再到"喊你把门给老子关到老子要耍药"，整首歌是对黑社会日常生活的直观反映，把"黄赌毒"等犯罪行径用白描长镜头的方式——陈列出来，并且用"老子"的口吻直抒胸臆地表达了"超社会"人士"进过监狱我惹过祸，就是没认过错""我做的事情都是警察抓到要判刑的"的破罐子破摔心理，并揭示了这种社会人格得以产生的常识性原因——"老子没得文化,老子啥子都不怕",以及其内部组织伦理原则——"我文匹虎,你文头狼,你出事我帮你扛"。而"长头发的陈浩南打火机打不燃"的形象则在致敬影响了一代人的香港黑帮电影的同时,启发有心人看到江湖文艺可能具有的社会影响力。总之,《超社会》最大的特征就是用最为直截了当的笔墨,把表面安宁平静的社会表层撕开,迫使人们去直面社会的"质性",体察到市井江湖阴暗的方方面面。

正如以《古惑仔》为代表的一系列港台帮会影像长期以来背负"败坏青年"的骂名一样,Gai这首《超社会》及其同款"社会歌"《抢币》《老司机》等也获得了"尺度太大""情绪负面"和"青少年不宜"的抱怨。但是,就像《水浒传》实则昭示了"梁山"是"逼上"的、"江湖"是"险恶"的一样,在《古惑仔》等大多数帮会电影中,都有着混黑社会不会有好下场的直观警示情节,本质上也都带有较为严肃的教育意涵。进而,在进入《超社会》时,也应当能够看到,Gai刻意让这首歌呈现出鄙俗化的暴力、色情、赌博与毒品内容时,可能具备的反讽用意。至少,听完《超社会》的人并没有感觉到"江湖"是浪漫而美好的,而只会觉得这种生活很"low",除了感到搞笑或猎奇之外,无法再发现任何除了"混日子"和"做坏事"之外的更高意义。在多次面向媒体的公开采访中,Gai明言希望歌迷能够区分艺术中的现实主义表现方式和现实生活,不要去做违法的事情,说明他至少意识到《超社会》不该成为对自我说唱风格的正面反映。在《抢币》中,Gai对恃强凌弱欺负学生的"社会人"的挖苦体现得更为明显,《老司机》则对顺风车司机凌辱妇女的风气表达了不齿的态度。大多数时候,唯有从反讽的角度,才能理解呈现江湖"原生态"的作品可能具备的反映社会现实的批判立场。著名左翼作家布莱希特的《三毛钱歌剧》《三毛钱小说》同样不动声色地呈现原生态的黑帮犯罪活动,但其目的则是激发对资本主义罪恶社会机制的义愤与理性批判。同样,唯有能够直面《超社会》等歌曲里的社会"质性",搞清楚艺术家试图刻画的是是非非、善恶因果,才可能进一步去思考俭省、而非单纯崇拜、迷恋中国的千年江湖文化。

Gai对中国江湖文化的集中观察和总结,体现在他的《空城计》中。

《空城计》所获得的口碑远远高于《超社会》,但很少有人能够说出这首歌的真正卓异之处。Gai和Gosh厂牌格外重视凸显地域特征,并且愿意在重庆的码头、茶馆和剧场中找寻营养。《空城计》的灵感正来自家喻户晓的蜀相诸葛亮的故事,其中夹杂了明清以降民间戏曲、说书的表达元素,以及与正统中原文化风格迥异、能够超出善恶是非框架俯瞰复杂人间百态的道家思维:

> 看这个世界真的大,于是啥子人都有,时间永远不会停,恶人也不会收手。
> 你怪别个心狠手辣,当条狼或者是狗,反正要获得更多,善恶两面必须都有。

这样一种对江湖生态的集中透视也体现在《天干物燥》当中:"我位置在高处不需要言语,翱翔在天际俯瞰人间炼狱"——Gai用这样的歌词刻意营造了一种超脱而内心清醒的江湖人形象,实则当然是对他现实中遭遇排挤、攻击的艰难生活的自我安慰。但仅就其所塑造的艺术形象而言,这种身份却超出了单纯的匪帮说唱一味强调犯罪之"狠"的窠臼,指向了"云深不知处"的更高状态:

> 山间有闲云野鹤,卧龙古琴小酌,凭阴阳保乾坤没有想过要陷害哪个。
> 世人慌慌张张,不过图碎银几两,百年阳寿殆尽终究难逃黄土里躺。
> 做名垂千古的人,不够流芳百世的仙,管你哪路的神兵来将挡水来土掩。
> 莽夫不清眉目,你跟我天壤之别,只需闲庭信步,谈笑间横尸遍野。

通过与"碎银几两"的世俗生活相隔离,"仙"的可能性得到突显。这种"仙"当然并非超越修道者,而是在尘世生活中洞悉江湖险恶、又能反过来凭借阴阳乾坤的手段征服一切敌手的智者。显然，Gai本人离这种境界是有差距的，他这种描述只是对说书传统中高明"军师"人格的记忆重现。但不难从中看到，说唱歌手的主体自信至少在作品里也已得到了完成，于是才会有这样的宣言：

  老子一抬手就摸得到天，看白云青山跟袅袅的烟。
  在苦海寻欢虽回头无岸，我潇洒坦荡行走在天地间。

  "潇洒坦荡"如何能够与"苦海寻欢"真正结合？或者说，自由的主体状态和"人在江湖"又该怎样实现协调？Gai显然只是将侠义豪气化为了金句，却未尝想通了这其中的艰深逻辑。其实，作为说唱者的他只是继承了历代说书人传颂诸葛亮故事的使命，烘托出一种对自信心态的音乐表达，同时又将难解的命题埋藏在韵味深长的吟唱当中，以暧昧的"相忘于江湖"告结：

  莫让幽怨记心头，你我不过半壶酒。
  策马奔腾何处走，我来世还复休。

  "江湖风"的说唱不仅仅是将中国元素以一种拼贴的方式掺杂在美国音乐的世界扩张进程当中，还有着经验史维度的文化记忆保存功能。在这种语境之下，"江湖"不仅仅是一种风格或元素，还成了一种能够帮助塑造社会认同机制的文化基因。
  这与中国的底层游民文化生活息息相关。明清时期，大规模移民的社会现象带来了"江湖"的局面。帮派、会党组织应运而生。通过这些民间共同体的运作，三教九流的生活方式延续至今。我们在"江湖风"的说唱文化中看到的民间通俗艺术底色，如说书、曲艺、戏曲等，其实都是游民共同体内部的教化机制。在人口飞速增长、流动的当代社会，这些集体生活的文化记忆又自觉涌现在了背井离乡的青年人的艺术创作当中。
  由于现代化、城市化进程的加速，中国社会底层的流浪者们都有着难以消解的乡愁与面对未来时的踟蹰迷茫。作为被抛入大都市、断绝了血缘根脉的孤独探索者，他们不得不找寻独特的抒情方式，来表达自己的草根立场与无助状态。这时，说唱就成了一种疏解的通道。这种复杂的漂泊感在《龙胆紫》中得以呈现："龙胆紫来自自然，生活在城市，根儿在地下，家在ghetto（贫民区），混在街头……在城市里被现实打败的过程，自以为是与众不同，可谁知道疼。"在纪录片《川渝陷阱》里，当Gai强调自己得到重庆城的"包容"而落泪时，"江湖"的流浪孤独和人情冷暖得到了最大程度的抒情式呈现。正因为如此，他会尝试去写出一些在旋律、曲风和思想上都令人耳目一新的"金句"，比如"穷人的头啊你莫望到天，行万里路啊或读书万卷"（《一佰零八》），或者"如果我没猜错，你也肯定被卖过，你想要正经地活着，可是这时代这世界不正经的太多"（《苦行僧》），都带着江湖飘荡之人特有的拼抢劲头与块垒郁结，而通俗曲艺文化中则充斥着大量与这种人生状态合拍的资源。

在传统江湖文艺当中，诸如"结义""义气"等伦理因素被广泛强调，其目的则是为了帮助凝聚大量"飞沙风中转"的无组织游民，使之浸淫于下里巴人亦可接受、欣赏的通俗教化氛围里，进而潜移默化地产生共同体意识，实现生存发展和价值认同两方面的现实支撑。在西方也是如此。底层黑人在说唱共同体内互称"homie"，崇尚内部的友爱和一致对外的战斗精神。可以说，说唱文化与中国的江湖文化有着社会起源上的同源性和价值诉求上的一致性。因此，"兄弟情义"的诉求从《三国》《水浒》一直延续到当代说唱文化当中。

在湖南说唱团体"C-Block"的《江湖流》里，这种共同体机制得到了鲜明的体现。说唱歌手能够走到一起，除了对Hip-Hop文化的热爱，还因为他们共同分享由武侠小说、民间伦理甚至是革命记忆所形塑的"兄弟义气"。无论是"等到各路好汉在中原聚集，给这社会好看天龙八部续集"，还是"黄金也买不走我的义气，时间它带不走我的兄弟，暴风雨就像是对我的洗礼，要带着我们的湘军插一面旗"，都昭示着中国地下说唱音乐自发地与"江湖"建立血缘关系的心理：地下音乐人之间需要通过朋友伦理维系流浪状态下共存互助的情感机制，同时又必须与底层民间的文化接受场域保持亲和，在其中吸取最普遍也最有历史感的群众基础。所以，我们才会听到"C-Block"唱出"哪有人就哪有江湖，相持相扶，为前人点上香烛",唱出"闻到远处飘来八月桂的桂花香,妈妈说是金子总有一天会发光。想要成为传奇是命运也是从底层一步步爬起,一名合格的MC不会忘记来自哪里"。正是因为这种对"江湖"之社会"质性"的自觉拥抱和艺术再现,中国说唱人找到了通向社会认同与自信心态的独特蹊径。

情义的共同体是构成中国说唱团体鲜明地域性、组织性和风格化特征的根本原因。在艾福杰尼的《酒精》里,这种情义的根源性奠基体现为浓郁的兄弟恩义——"跨越这大山大河,记住那大恩大德,一个真兄弟的肩膀胜过去烧香拜佛",也体现为成熟的敌友区分——"经历了漫天黄沙,早习惯四海为家,远离让你魂牵梦绕的那些有毒的话。别让友情太廉价,是人都不会眼瞎,分得清什么是真心真意什么是奸诈"。对于中国目前2.5亿流动人口来说,失去了家庭和乡土的亲缘支撑之后,在异乡的漂泊中,通过真性情和洞察力进入到适合自己的情义共同体,是他们找寻心灵寄托甚至社会自信的必由之路。中国说唱音乐获得广泛热爱的原始生态,可以说就奠基在这种对"情义"的共同意愿基础之上。

以"情义"为中心的"江湖"的文化基因中充满了"质胜文则野"的狂放不羁,并且总是和令人恐慌不安的暴力乱法元素裹挟在一起。围绕"江湖说唱",也时常掀起歌手与厂牌之间的意气之争。说唱音乐将"diss"视为一种磨炼技艺、培养友谊的竞争机制,但同时也往往会引发外界对其中粗鄙、阴暗一面的不解和拒斥。其实,这与过去江湖中人的"切磋"是一回事。但这也说明,说唱文化并非如主流艺术界那样强调和谐与阳光,而是"重武轻文",其中对真实社会"质性"的直接披露和对张扬个性的崇尚,会让作品当中充斥大量暴戾、躁动、充满破坏性的因素。

从文化起源的角度说,江湖文化主要吸收了主流儒家之外的思想流派,如看透"天地不仁"的道家、喜欢"呵佛骂祖"的狂禅等。这些思想与中国民间的个人主义、无政府主义倾向息息相关,《水浒传》中杀人如麻的"英雄好汉",便是这种原生态底层暴力的形象化体现。在与欧美匪帮说唱并行的中国江湖说唱当中,叛逆不羁的文化基因也得到了继承。

在当代,说唱歌手更多地将叛逆的江湖基因表达为口头上的社会批判。在这方面,一些说唱歌手提供了有力的作品。谢帝带着明显解脱口吻的《老子明天不上班》抨击了常规化的资本主义世俗生活法则,把洒脱自信的说唱事业置于朝九晚五的庸俗工作之上,同时具有朗朗上口的通俗性,因此为众多具有相同体验的社会受众所认可。在美国学者任海眼里,谢帝的歌词"将'老子'作为自由时间的主体……体现了成都说唱作为艺术本身的激进性"的代表(《当代艺术的当代性:以成都说唱音乐为例》,《文化研究》第27辑)。这种"激进性"往往与一种破除社会等级假象的平等主义息息相关。在《堵起》中,谢帝唱道,"不管你车子有好贵,反正嘛就是要堵起……就一直堵起……由不得你"——这已经超出了单纯的对交通不便的抱怨,上升到了一种近乎宗教的宿命观。在这样的视角之下,现实中的蝇营狗苟、风尘奔忙都显得毫无意义。

在孙八一的经典作品《还钱》里,近年来也已成为中国社会主要症结的债务纠纷问题得到了全面的艺术展示:"循环的讨债,循环的跑债,循环的中国又多出了一个老赖。"曾经从事商务营销工作的孙八一素来以"真社会"闻名,其"商务说唱"可以被视为对一本正经的商务形象的和刻意浮夸的说唱形象的双重戏谑。在反映贵州当代风气的《凯里老社会》里,孙八一浓墨重彩地描述了本地地痞的"生活变迁史",最后则总结为"刚讲的都是义,字港(现在)讲的都是利,字港玩的都是权,人民币!感情哪个还会记,还有几个讲义气?钩心斗角,都是为啊他的名利!"这显然是继承了从明清小说戏曲到当代江湖影视文化的"义利之辨"思路。当然,即便走出了庸俗虚假的"商务",孙八一也未必能够在"说唱"里找到更真实的归宿——"曾经还称兄道弟,说着要坚守道义,最后却是看到双方爆发语言暴力"不仅仅是大社会、大江湖中的常态,也在说唱圈中层出不穷。

孙八一执着于"old school"(旧式)说唱,是因为其重视歌词内涵的倾向和较为直率的表达方式贴合他的社会关怀初衷。然而,中国说唱圈走向"trap"(一种嘻哈音乐风格)的大流趋势,也与愈加"天干物燥"的整体共同体氛围密不可分。说唱歌手大多年轻气盛,具有强烈的自我认同诉求,而"trap"重视节拍、配乐的新式音乐风格也更有助于他们通过炫技的手段张扬个性。尽管李随在《好生说》中提出了"好生说才会有好生活"的真切宣言,但其在之后追求绝对快速、韵脚绵密的炫技心态却反而让歌词内容和主题重复性过强,风格也趋于单一。诚然,音乐技艺上的精加工对说唱艺术本身有着相当的重要性,但随之而来的往往是深度上的锐减。

在这方面，成都说唱会馆的代表人物马思唯可以作为代表。在"old school"时期，马思唯的《崂山道士》体现出鲜活的灵气与自信，"想学功夫修炼仙术先征服这条山路，我在三清观里录歌旋律和韵脚兼顾……我的flow是仙术让他们都羡慕我，把所有认知颠覆开办押韵研究所"的奇崛想象力令人耳目一新。但在组成说唱会馆下属组合"Higher Brothers"之后，马思唯试图凭借动听的旋律性与国际潮流进行互动，其效果则是《Made in China》（中国制造）、《Wechat》（微信）等歌曲在国内外的迅速走红。其专辑《Black Cab》（黑色出租车）虽是中文，却全是英文标题，可以看出其走向全球市场的野心。马思唯坚信"这高超的手法已经把你心给勾，看看周遭的人啊扇动耳朵点起头"，试图将说唱定位在"trap"音乐的旋律性与动感上。但毫无疑问，这只是一条让"质"之"地下说唱"看似可以走向表层"文化"的可供选择之途而已。问题在于，"Higher Brothers" 最终能够表达给听众的社会质感与关怀仅仅是"我关上门把后扑鼻而来是你的味道，琳琅满目的灵感像收银机塞满钞票"，仅仅是"海尔兄弟还有天地会，起早贪黑身价翻一倍"。尽管这都是对"经济发展"的国家意志的直观表达，但却未免显得过于"keep it real"，以至于缺少了许多本该具备的"老"情怀。

当然，"Higher Brothers"或者说马思唯至少还有"出发点纯粹，我正在准备，要创造的价值比珠宝钻石还珍贵……影响全人类"的自觉，但这种零星的远见并不能改变中国说唱音乐中追求当下名利、无视长远发展的躁动不安环境。中国说唱的未来是继续融入国际流行音乐市场，抑或在本土传统里继续吸收营养，目前似乎也无法做出定论。

在《中国有嘻哈》热播之际，"七百个兄弟"和"keep it real"的口号开始为人所熟知，情义的叙事与不羁的个性此起彼伏，"江湖"的激昂、诡谲与沧桑也在黄旭的亲情纪念碑、孙八一的基层社会关怀和Bridge的"老大梦"当中活灵活现地涌现出来。可以说，中国说唱尚在其起步阶段，其中蕴藏的青春活力与社会自信力都是不言而喻的财富，应当得到文化研究维度的集中关注。同时，在中国说唱的"江湖"当中隐藏或已经暴露的许多迷茫、浮躁与困难也说明，放下眼前暂时的意气与功利之争，通过整合社会真实关怀和高超音乐技巧，找寻一条能够让本土资源和现代格局紧密结合的崭新艺术之路，似乎应当是这一代说唱艺术家们的共同使命。"有人的地方就有江湖"，这份诱人的情怀与相应而来的风险和机遇所造就的复杂的社会力量网络，将在什么样的高度再度凝聚，为新的时代精神提供注脚，则有待有心人的进一步思索。

选自"先进辑刊"微信公众号（2018年1月19日）

专访《中国新说唱》总制片人陈伟：
综艺也有价值观，我不能无中生有

何润萱

如果你看过去年的《中国有嘻哈》，可能就觉得今年的《中国新说唱》略有些平淡。相比去年风格强烈的Gai和一些diss气质冲天的选手，今年新说唱的选手们看起来更像是和气一团。

截至目前，节目最大的冲突点也仅是"Ice"为了重回舞台，挑了女rapper"怼"甜freestyle（即兴说唱），被网友批评不够绅士。这种和气也明显到观众都发现了：来自新疆的"Max马俊"和上海的"PQ"共唱一曲《东成西就》，王以太和法老穿着黄绿"情侣装"唱了《悬崖华尔兹》。

但与此同时，新说唱里的一些作品也悄悄火了。选手艾热和李佳隆的《星球坠落》是一首舒缓的情歌，"Live"一出虎扑就有了单独的讨论帖，之后一度成为抖音热门BGM（背景音乐）。

作为超级网综的一个标志，《中国有嘻哈》显然具有更强的攻击气质，但今年的《中国新说唱》想表达的东西似乎有点不太一样：作为这两档节目的总制片人，爱奇艺高级副总裁陈伟在接受界面采访时强调了一点，说唱文化已经出圈了，所以他内心自己的检验标准是节目有没有产生金曲。而在此之前，新说唱表达的另一个意图是希望成为当下年轻人的潮流风向标，引领他们的生活方式。目前，这个IP已经开发了三百多个SKU产品（指授权衍生品）。

今年对于整体娱乐行业来说，是正在转型的一年，即便是娱乐内容的综艺，也开始明显地呈现出主旋律的色彩。比如《中国新说唱》的推广曲就是由吴亦凡演唱的《中国魂》，歌词足够直白："你看见我是中国人，你知道我有中国魂。"而因为这种特质，新说唱一度被网友称为"红肠"。

不过，就算吴亦凡这么卖力，第四期播出后也有观众表示不太满意他，留下评价，"所以推广中国风是加拿大人穿着Supreme用着autotune（一种音高修正软件）满口英文吗？"

另外的一些质疑则主要集中在给选手"加戏"、制作人公演一般、剪辑水平不行等等。而"如何评价爱奇艺《中国新说唱》第四期？"这个问题，在知乎上浏览已经超过659万，有接近2000条讨论。有一点可以肯定了，说唱节目的热度依然在，人们依然关注。

作为这个系列的总操盘手，陈伟最近接受了界面的专访，就节目今年的设计和真人秀上的一些剪辑聊了聊他的想法。在他看来，一档好的网综，评价维度不止"炸"这么简单。

"为什么不炸了"

界面：看到第三期有很多合唱曲，弹幕就说到一点：音乐特别好，但是节目没有去年炸，这个有想过是什么原因吗？

陈伟：我觉得弹幕你就看一半就行了，因为发弹幕的人无非两种，一种是节目的死忠粉，一种是艺人粉。不管站在哪个角度，他只要觉得音乐好听，我觉得就成功了。这是一个音乐节目的根本。

去年《中国有嘻哈》是比较强剧情剪辑出来的节目，因为有一个特定元素，叫大家相互不理解。大众对于说唱文化是不理解的，对一直在做说唱音乐的OG（先驱者）们，这些爱好者，"Idol rapper"（说唱偶像），都是不理解的，这种相互不理解会造成所谓不认同或者冲突。这种冲突其实在今年是没有的，我不能无中生有。

而经过2017年《中国有嘻哈》整个现象级传播，其实音乐说唱文化已经出圈了。会有更多的不属于underground（地下）的说唱歌手大量出现，不管是像各种练习生，还是像高校学生，还是其他职业的人、纯爱好者，大家的广泛参与造成了选手的多样化。而这种多样化消除了很大一部分的不理解。所以今年你看到更多的是"peace and love and respect"（和平与爱）。在这种情况下，其实不存在去年那样的对抗基础。所以事实上在现场也没有发生，你没有发生，我不可能剪出来的。

界面：那是不是出圈以后，说唱真人秀的这种强剧情就一定会削弱？

陈伟：剧情真人秀是我们首先提出来，并且在践行的这样一个生产工艺。但是我并不觉得这是个万能药，也并不觉得它是一味味精可以什么菜都放。

去年我们为什么要做强剧情形象？是因为有太多的人连说唱是什么都不知道。所以我为了吸引他们，会把整个真人秀剧情的体量做得更重一点，比例做得更足一点。这样大家看热闹的，就当看剧了。内行看门道，外行看热闹，他都有得看。

但是经过去年这一年的文化普及和出圈，它的音乐性其实是应该被大家更为看重的。从去年的数据维度来，其实最终带起节目品质的还是那些好歌。所以2018年做一个说唱节目，我是非常在意它的音乐性和流行度的，也就是说是否出、出多少金曲，这个金曲的传播度到底如何，这是我考评这个节目的一个非常重要的维度，这个比剧情对我来说重要得多。

真人秀的"balance"在哪里

界面：刚说到《中国新说唱》达到了你心里的预期，那《热血街舞团》有达到吗？

陈伟：街舞团欠一点，街舞团就是比例问题。街舞团的剧情比例应该降低一点，因为舞蹈的标准大家心里有，大家看一个舞蹈好还是不好的标准，比看《中国有嘻哈》的时候的标准更具象。所以当有一个标准更具象的比赛主体的时候，你的剧情应该再少一点。《热血街舞团》虽然也不错，但唯一我觉得有遗憾的，复盘的时候，车澈也明确地觉得如果剧情再少一点，观众会更容易focus（关注）。我觉得这是一个balance（平衡）的问题。

界面：《机器人大战》的经验又是什么？

陈伟：机器人又是另外一回事。因为看机器人格斗比赛的人，其实更适应的是比赛赛制，一个像标准的篮球、足球这样的赛制逻辑，而不是选秀赛制逻辑。也就是说机器人的问题在于它用选秀赛事代替了比赛赛事。舞蹈不一样，舞蹈可以是选秀赛制，这是两个问题。但归根到底共同点是剧情的比例多了。一个是应该把选秀做得更足一点儿，另外一个应该是把比赛做得更足一点。

界面： 在超级网综领域，产出爆款会有一个规律吗？比如说观众的审美周期，或者是一档综艺、一个题材的生命周期，会有这种时间规律吗？

陈伟： 没有，电视的规律之前是基本上每一两年会出一个爆款节目。但是你知道网络的发展速度是比电视要快，但是网络又有一个情况叫跟随战略，比电视台还要来得直接。电视台不是一个商业机构，它是个事业单位，大家相互还是有一个竞争底线。

界面： 国内目前来说，好像还没有那种做了几季还能够保持很强创新能力的网综，这个你认为是为什么？

陈伟： 有些东西其实我们觉得能够把握好，只是在你没有做之前，你没有办法来说服别人你能把握好。如果说只有我们一家，或者只有几家能把握好，而几十家上百家都把握不好的时候，有时候可能一刀切是一个办法。实话讲，这个行业在前几年迅猛发展、野蛮生产当中确实有点乱，然后杂草丛生。那这样良莠不齐的情况下，视频网站平台影响力又越来越大、越来越主流，当然是应该去规范很多的东西，至少可以让很多杂草没有生长空间，我觉得大方向没毛病。

选秀节目最能承载价值观

界面： 你会觉得一档综艺是要有自己的价值观吗？

陈伟： 必须有。文以载道，这句话没毛病。你做一篇文章，它一定承载着创作者的观点和思想的。除非你写的是个请假条，对吧？哪怕你刻意回避，你的作品里面都会承载着你对这个世界的看法，和你想让这个世界变成什么样子。所以我觉得，不管是一个娱乐节目也好，还是一个纪录片、电影也好，它都会承载着这方面的东西。

选秀节目才是最容易承载价值观的东西。在选的过程当中，数千倍的素材里边，你选择了这些作为你的片子的组成部分。我可以很恶毒地去选择相互攻击的东西，我也可以很有选择性地把有可能我觉得令观众不适，或者令未成年人容易误解的东西过滤掉，这都是创作者的选择。我也可以把一段话放大了，挑很好的BGM垫在那，让他这段话直击人心。这都是一念之间的事情。所以到最后你选择素材，你讲这个故事的过程，就是你理解世界和你表达价值观的过程。

界面：我注意到一点，就是越来越多的娱乐产品，综艺也好，或者抖音也好，大量占据大家的时间。作为一个生产娱乐内容的人，你会觉得这种"娱乐至死"是一个不好的倾向吗？

陈伟：当然我自己做娱乐产品，我个人不太同意娱乐至死这个观点。我觉得是三俗至死。娱乐没罪，无论是什么时代，都需要娱乐。但是三俗是致死的。好像刚才我们在讨论价值观，你的娱乐产品如果传递的是不良思想和价值观的话，他当然会致死。

美国大片算娱乐产品么，算吧，我们每年有进口的配额，然后美国大片在无论是在北美还是在世界上，还是在中国的票房都还是不错的。我们大家都在看它的价值观的传递、它的家庭观念等等这些传达。其实很主流，很正能量。所以我觉得，最终被大众所接受的最终还是真善美的东西。

界面：现在的"95后""00后"，最年轻这批人，他们平时对于这种主流其实不抗拒，有没有用户分析显示，他们对于新说唱这种比较主流的表达的反馈是什么？

陈伟：我们节目去年观众30岁以下的比例超过80%，今年数据我还没拿，节目观众的年龄比我们站内的平均年龄比例要低。我会比较关注评论或者弹幕，我看到其实大家对于这一类是乐意接受的。"95后""00后"，他们的文化自信会更强，他们就是觉得中国的东西挺好的。

在"80后"可能诞生了二次元文化，而在"90后""95后"诞生了古风二次元。我觉得这可能就是两代人对于文化自信程度的不同。所以他们才会觉得，我们在节目当中提这些中国的说唱文化走向世界，提中国风就是国际范儿，其实是非常好的东西。这些他们是认同的。

网综的进化与迁徙

界面：我其实还有一个疑惑，综艺有什么样的操作技巧，在表达的时候没有那种说教感？

陈伟： 就是合适的人说合适的话，别生硬。他说出来的语言要真。而真实的前提下，就是这个人是要付出，是会说出这样的话。我们就要创造它的整个的规则、环境条件，让他有可能说出这样的话，做出这样的事儿。

低劣的创作者，他如果想要刻板地去表达这样的东西，他会灌输，他会硬加。那其实就是假。不管他是制作人、选手还是谁，我们不教他们说任何一句话，一个词都不教。但是我们知道他在什么时候会说什么样的话，我们是有预判。这是高水准的创作者和低水准的创造者之间的区别。真人秀必须得了解人物主体，对人物主体有充分的了解和预判。

界面： 每年有这么大的节目产出量，然后又需要好导演，这些导演从何而来？

陈伟： 每天看我们这些老家伙们在创作，然后一点点学，学一些技巧，学一些规律，比如我们为什么去取舍。然后在后期看我们如何构架这条故事线，哪些是有效的，哪些是不要的，哪些是我们捶胸顿足拍大腿，说为什么没拍到呢。

界面： 一般来说，一个新人能够上手，他大概需要多长的培养时间？

陈伟： 四年左右，我觉得能成为一个成熟的导演。聪明一点的，大概三两年能够达到。有天赋一点的，两年差不多可以。这种天赋就是敏感。

界面： 你对今年或者说未来一两年之内的行业判断是什么？不管是网剧还是网综，好像相对来说进入了一个平缓期，没有前两年那么高速发展了。

陈伟： 我觉得从大环境来讲的话，应该就是一个马太效应更加明显的过程，优胜劣汰。无论是客户投放也好，政策监管也好，会让整个行业的创作门槛会更高，高水准团队获得的机会会更多，而碰运气、赚快钱和这种东拼西凑的这草台班子，浑水摸鱼的可能性会更少。所以网综这个行业，其实它要迎来的是一个比较强烈地去伪存真、去粗取精的一个进化过程。

在这个过程当中，会有一批从业者会被淘汰出局，当然他们可能不一定会离开视频创作这个行业，可能会转到其他的平台。比如说短视频。这批曾经做过网综的团队，如果进入到短视频平台的话，其实是有可能提高短视频整个PGC（专业生产内容）的创作质量和能力的。他们可能在网络综艺进入到超级网综这个时代当中被淘汰下去了,但是在短视频从UGC(用户生产内容)往PGC过渡这个过程当中,他们还是领先的。所以他们会更多地服务于"MCN"和短视频的"UP主"。其实就是这样的一个迁徙过程。

选自"界面"微信公众号(2018年8月9日)

《中国新说唱》:diss重要吗?

夏阿怪

金宇澄在《洗牌年代》一书中有这样一句话，"可要小心生锈的快刀了，有时候，人就这样嘻嘻哈哈，其实是在刀锋上跳舞，自己却不知道。"

去年的说唱节目似乎就是在刀锋上跳舞的状态，像焰火一样冲上天，绚烂一夜，隔日便是一地灰尘。

《中国新说唱》在2018年7月如期上线。第五期播出后，观众可以明显地感觉到，这档说唱节目，与去年引发全民说唱热的节目，不太一样了。总制片人陈伟在接受娱乐资本论的采访时说，他在做任何一个节目，同题材同品类，至少要换掉30%的人。

真的是这换掉的30%的人，让《中国新说唱》旧瓶子装上了新酒吗？

《中国新说唱》最明显的变化就是，和谐了。

而在去年比赛的剪辑成片中，初期地上地下选手们之间，甚至选手与制作人之间气氛紧张，似乎一点就燃。中后期选手在演出的歌词里直接"diss"对手，选手采访时也锋芒毕露。每一周的更新都有因为"diss"产生出新的热点，这也是让观众感到十足新鲜和兴奋的部分。

今年总制片人陈伟指责过导演团队，觉得他们把自己当成说唱专家，太专业，没有站在观众视角上来考虑。但是要说真的站在观众视角上考虑，太过"peace and love"的场面的确会让人感到沉闷，去年因

"diss"和"real"兴奋不已的观众常常一期看下来，略感沉闷至于不禁疑惑，"diss"哪里去了？大家都这么"peace"真的是"real"吗？

《中国新说唱》保留了去年相似的赛制和部分呈现效果。比如专业术语的普及上，依然由吴制作人担任，从节拍、歌词、音色这些对于大众没有抬高门槛的角度入手，呈现出节目的专业性。虽然"skr"似乎没有"freestyle"那样专业，但仍旧顺利地成为网络热词，带动一波关注。不过在制造话题点上，《中国新说唱》显然换了一种剪辑思路，它不再聚焦于选手关系的对抗性上，它从更大地维度去"考虑"观众。

首先是"中国风"。去年的中国风有Gai撑起半壁，但今年《中国新说唱》从节目宣传开始的那一刻，就开始更加用力地主打中国说唱，强调中国风。主题曲《天地》从形式包装和吴亦凡公演时的"太极"服装、中国民乐和舞美设计上都十分"中国风"。在制作人和选手的互动、几位华裔选手的歌词中也能明显地感觉到他们在努力将中国元素融进来。

中国风的出现弱化了说唱选手之间"地上"和"地下"之分带来的分歧，他们有了可以共同阐述的主题，甚至这个节目让他们被同一个目标所笼罩——让世界知道中国有自己的说唱音乐。矛盾被转移，冲突自然被弱化。

但是冲突还是要有的，但是如何将冲突合理化且合理化解。目前的五期节目中，有两次冲突和去年节目类似。一个是王以太被三组制作人三次淘汰后，选手艾热在舞台上直接向三组制作人发出质疑，认为王以太不该被淘汰。节目组以每组制作人一个复活名额的形式将王以太重回比赛。这和去年潘玮柏重新复活选手杨舒涵的情节很像。

还有一个冲突是Ice在复活"battle"环节选择了女生怼甜，并在"battle"时将对方咄咄逼人"diss"了一番。这个不太令人舒服行为被潘玮柏批评——"在一些状况里，要学会给别人尊重"。这之前对女rapper万妮达的强大气场，小青龙评价说"如果真的在作品上碰撞的话，我不能把她当女生看"，以及吴亦凡在"freestyle"淘汰环节表示，"我不可能因为她是一个女生，我就把更强的一个男生给淘汰了"，这些言论，也将去年通过选手Vava打的"女rapper在这个行业里不容易"的牌翻转过来，在中国版本的"ME TOO"运动的氛围余威下，呈现得更加"政治正确"。

上一期《中国新说唱》在微博热搜上露脸的是"吴亦凡和那吾克热在拍偶像剧吗?"吴亦凡在选择选手时,拒绝了让那吾克热加入自己的战队。第一轮流局之后,那吾克热在第二轮选择制作人时拒绝做出选择,吴亦凡便主动向他发问,"那吾克热,你还愿意来吗?"

最后,那吾克热还是顺利地加入吴亦凡战队。

通过后期采访和剪辑,这一段最后在节目中呈现出类似"偶像剧"的效果,在个人剪辑小剧场性质的短视频的盛行的当下,网友们自然也迅速接纳那吾克热和吴亦凡的这段小剧场演绎,轻巧地送上热门。

这样看来,直接开战的"diss"桥段消失之后,《中国新说唱》从更大的语境寻找与观众的联结——中国风、适当的"real"和对于女rapper形象的重新定义、对于流行文化的适当引导,这些都是节目"考虑"观众寻求的突破点。

德波在《景观社会评论》里说,"如果景观有三天的时间未对某事发表看法的话,那么,这件事就好像不复存在了一样。由于景观继续谈论的是另外的事,那么,简言之,另外那件事自此开始存在了。"

《中国新说唱》这个景观,它不再推崇"diss",热搜上不再有"diss",人们也会迅速遗忘在一年前网络硝烟的味道。同时它也像一面闪闪发亮的镜子,节目制造的话题点也折射出现在正在发生什么事情。

皮埃尔·布迪厄在《遏止野火》中谈论文化工业时提到,大众传媒生产统治者在控制文化发行时会与大众产生冲突,因为文化工业的大众生产由公众表决赞成,尤其是受世界各国的年轻人认可,因为年轻人更易受影响(消费这些产品不要求多少文化资本),还因为他们受一种"悖反的时髦"感染。

发源于纽约贫困黑人聚居区、追求"real"精神的说唱音乐可以说是皮埃尔·布迪厄这种不指向纯粹商业目的的文化生产的代表。《中国新说唱》背后的说唱音乐想要更安全地本土化,就不得不从年轻人入手,避免他们过多地被"悖反的时髦"所感染。可以看到第一期刚亮相就给到不少镜头的学霸人设清华的多雷和北大的孔令奇,他们的身份在试图消解过去人们对于地下rapper行为处事的印象。他们出身名校,背景优渥,显然是说唱音乐在中国合适的代言人。

制作人中，吴亦凡的加入也给节目带来了更多流量。张一兵在解读德波景观理论中的"视觉"一词，这样说："过去，我们还是通过操作具体的物质实在来改变世界，或者说当时我们的触觉尚能稳居特别的地位，而现今起决定性作用的已经是视觉了——必须让人看到。"吴亦凡的确让更多的人认识了说唱，认识了中国这样一群音乐人。当下想要安全地推广青年文化，就必须慎重地选择青年文化的代言人。

当然，说唱音乐也带动了与之相关的其他消费——代表着同样生活方式理念的潮牌也被越来越多的年轻人所接受——也许不是所有人都能说唱，但至少将潮牌穿在身上，"必须让人看到"。

波德莱尔有句话——"上帝造猫是为了满足我们抚摸老虎的欲望。"那么我们抚摸的是老虎还是猫，究竟重要吗？

选自"三联生活周刊"微信公众号（2018年8月16日）

《中国新说唱》的求生欲

尹子璇

到了2018年,《中国新说唱》只想活下去。

《中国新说唱》已经决赛录制完毕,播放也到了尾声,却在今年的综艺中一点水花都没有溅起来。在微博上的综艺话题榜单上,《中国新说唱》仅仅排名30,而在豆瓣评分也仅有4.2分。对比评分7.2分、热度非凡的《中国有嘻哈》,《中国新说唱》显得有些力不从心。

而打开爱奇艺,你会发现,《中国新说唱》是一款完全变形的综艺节目。

"中国风""peace and love""大众化"成了这一季的主旋律,然而,这些标签在某种程度上压抑了"Hip-Hop"文化的天性。

"Hip-Hop"文化的卖点带有原生的危险因素,但是《中国新说唱》却是一款充满爱与和平的综艺,可惜用户看《中国新说唱》却不仅仅是为了看中国风和正能量,这让奔着"Hip-Hop"来的观众产生了巨大的不适感。

而为了努力向市场的靠拢,"六进四"时邀请来自QQ音乐、酷狗音乐、网易云音乐、酷我音乐的四位评委从"市场"角度直接决定入选名额,但是挑选结果和评判标准却饱受诟病。

《中国有嘻哈》与《中国新说唱》

在我看来,"Hip-Hop"最适合的翻译是"嘻哈",比起"说唱""饶舌"来说,嘻哈体现了更多的文化内核。

张震岳曾表示:"嘻哈本身就是早期的黑人音乐,就是用蓝调、早期的R&B、爵士搭配出来的一种音乐,所以嘻哈是个很黑的东西。"

这种"很黑的"音乐本身充满了个性化,歌词中不乏对社会对他人的不满,甚至很多"Hip-Hop"音乐充满了脏话和怒骂。而相对应的,rapper也各有特色,商务说唱孙八一、语文老师鬼卞、花园宝宝艾福杰尼等选手就通过《中国有嘻哈》给观众留下了深刻印象。

从剧情上来说,"Underground"选手的看不起偶像、不高兴的时候直接怼评委,《中国有嘻哈》充满了足够多的冲突和故事;而从内容来说,Gai的《火锅底料》、小青龙的《time》、Vava的《Life is a struggle》都各有特色又充满态度。

而在幕后,爱奇艺方面表示为了这档节目公司投入了多达两亿元以上的资金,是目前纯网综艺平均成本的4—5倍;制作层面,爱奇艺出动了多家工作室,同时还涉及自制节目营销中心和后期制作中心两大部门;在7月—9月,爱奇艺所有头部内容的站内资源、传播资源,也都在给《中国有嘻哈》让路。同时,《中国有嘻哈》使用了四个总导演级别的人:《蒙面歌王》系列总导演车澈、《奔跑吧兄弟》三季总编剧岑俊义、《跨界歌王》总导演宫鹏以及作为总制片人的陈伟。

所以,随着一句"你有freestyle吗?"的发酵,这款节目迅速抓住了用户的眼球。在去年总决赛播放结束后,《中国有嘻哈》累计播放量29.9亿,直到现在,这个节目获得豆瓣评分7.2。

然而,《中国有嘻哈》的选手虽然获得了巨大的关注,却在节目结束后纷纷沉寂。

"嘻哈"这个词也一度被打入冷宫,"PG One事件"之后,Gai被动离开了《歌手》舞台,Vava成了《快乐大本营》的字体背景,《中国有嘻哈》的选手并没有爆发出应有的商业价值。

而2018年暑假,国家新闻出版广电总局更是颁布了"最严限秀令",要求严格评估暑期选秀类节目。

为了生存，《中国有嘻哈》化身《中国新说唱》，积极弘扬正能量，进入了今年的暑期档。

《中国新说唱》的失败

"新说唱"并不是"有嘻哈"的第二季，是爱奇艺方一直强调的事情。

而官方是这样描述《中国新说唱》与《中国有嘻哈》最大的不同，"节目想做的是在中国新时代下的这些新的说唱，属于中国的说唱的作品、说唱的风格、说唱的歌手和他们身上新的风貌，以及在这些年轻人当中所体现出来的真正的属于中国文化的那些新的风韵、新的情怀。"

在海选之前，节目组就曾表示选角不能有黑历史，不能有不良嗜好。根据《新说唱》发布会上的说法，为了选出"正能量选手"，海选阶段《中国新说唱》各大赛区的导演就将各赛区名单汇总到车澈手中，再对选手背景进行重重审查。

据了解，此次海选的体检也是毛发血液全方位检测，可见此次审查标准的严格。

所以，第一个出场的选手，是一名来自清华大学的学霸，节目也更强调"法律工作者""辣妈"等标签，整体调性都开始强调选手地域、职业的多元化。

不过，与2017年不同，本次邀请来了不少本就小有名气的rapper，活跃在台湾的金曲奖得主孔令奇，参加了不少音乐节的满舒克、万妮达，以及中国好声音第四季亚军陈梓童等。只是这些拥有名气的选手却并没有留到最后，也没有留下好听的歌曲或推动剧情，所以有网友评论他们更像是"过来跑一次通告"。

在歌词内容上，正能量、中国风成了今年最常见的内容，选手更多地开始讲述自己的家庭、爱、梦想。同时，选手之间的冲突也大幅度减弱，《中国有嘻哈》中地下和偶像rapper的矛盾也完全不见，互相支持互相点赞成了这一季最为常见的选手言论。针对这一点，官方的说法是："因为他们太相互理解，太"peace"了，他们是有共同的使命感的。如果不存在那样的基础，我也剪不出来那样的东西。"

而在比赛进程到"六进四"时，《中国新说唱》直接邀请来自QQ音乐、酷狗音乐、网易云音乐、酷我音乐的四位权威平台评委,将从选手是否更具备明星气质,作品是否更有流行性等维度对六强选手进行评判,并直接决定晋级四强的最终人选。

这一点从初心上来说是好的,只有当"Hip-Hop"被大众所接受,才能更好地发展。然而,四位评委的选择却受到了巨大的质疑。节目中,四位评委选择了更具有流行性的刘柏辛和周汤豪,淘汰了rapper艾热、王以太,潘玮柏、邓紫棋的不满几乎要溢出屏幕;另一制作人吴亦凡呛声表示:"他们是在选流行的人,而不是选流行的音乐"。而在各音乐平台上,用户纷纷到被淘汰的rapper歌曲下留言声援,叫板四位"权威评委"。

从内容上来说,《中国新说唱》有些令人失望,不仅仅失去了精彩性,也没有体现出"Hip-Hop"的魅力。在向政策和市场求和的同时,《中国新说唱》丧失了自我,4.2的豆瓣评分正好表达了观众对《中国新说唱》的态度。

而数据上更是如此,眼看《中国新说唱》就要收尾,在微博上的综艺话题榜单上,《中国新说唱》仅仅排名30,网综方面排名也不如刚推出的《奇葩说5》《奇遇人生》《奇妙的时光》等。

《中国新说唱》在《中国有嘻哈》的珠玉面前,显得黯然失色。

竞争愈发激烈,网综与台综各持半壁江山

2018年的综艺市场变化很大。

在过去,谈起综艺节目,大家想到的都是老牌IP《奔跑吧兄弟》《极限挑战》《中国好声音》等。台综拥有更大牌的明星,无论成本、人员、制作团队都是顶尖。

但是,去年视频平台上线了接近200部综艺节目,总播放量552亿次,同比增长20%,其中更是出现了比如《中国有嘻哈》《明日之子》等现象级综艺。

直到2018年,综艺已经完全摆脱了台综独霸市场的场景,可以称得上百花齐放。开年以来各种头部网综《偶像练习生》《创造101》《这!就是街舞》等节目在综艺市场爆火,甚至网综《明星大侦探》开始向台综发展。

猫眼数据显示,在2018年9月的综艺前十播放量排名里面,其中有五档综艺为视频平台自制。

而在市场上,根据击壤洞察的数据,2018年上半年电视综艺共计313当节目,有植入的达到206档,招商饱和度为66%,网综共计116档,招商饱和度达到62%。

网综正在飞速的发展,并日渐掌握了综艺市场的话语权。与网综相比,台综作为在电视台播出的节目,无论是在尺度、题材,还是时长等各方面都会受到更加严格的限制。而网综《明星大侦探》豆瓣评分三季平均超过9分,转战台综却仅获得5.8分的评分,就可以看出,更为自由的网综无论在内容上、尺度上都能更好地把握到了用户的审美点。

而面对百花齐放的市场,做综艺只会面对越来越激烈的竞争。

如何把握好政策与观众的兴趣点将成关键

2017年6月,广电总局印发《关于进一步加强网络视听节目创作播出管理的通知》,对一些网络视听节目中存在着的价值扭曲、娱乐至上、内容低俗、品质低劣、格调低下、语言失范等问题做出了批评,《奇葩大会》《火星情报局3》等节目也纷纷下架。

而随着审查的严格,如火如荼的网综也开始受到影响。在台综方面,《金星秀》停播、《极限挑战4》延期播放,即使是国家大力推广的文化类综艺节目《见字如面2》第二季也在一期后突遭下架。

面对政策监管,很多节目都悄然地变化着,《极限挑战》加入了不少的素人,或者说是比较脸熟但是叫不出名字的艺人,强行穿插在节目中;《奔跑吧》则是一直在向主旋律靠拢,去延安感受革命教育,去深圳感受国家的经济发展,去联合国进行演讲等。

而对于网综来说,特立独行的日子也已经一去不复返。《奇葩说》的内容"温柔"了许多,《这!就是街舞》人气选手高呼爱与和平……

其中,《中国新说唱》因为嘻哈二字经历了如此严格的限制,所以才在今年化身为五好青年,因为Hip-Hop无法像《极限挑战》《奔跑吧》那样向时政靠拢,所以只能在节目中弱化冲突,高呼和平,挥舞中国风的旗帜。

只是,《中国新说唱》在政策、市场、观众之间的平衡犯了巨大的错。

一朝被蛇咬,十年怕井绳。

接下来，如何把握好政策与观众的兴趣点，也将是各大综艺面临的最大难题。

　　　　选自"猎云网"微信公众号（2018年10月4日）

最爆裂的世代,他要你跪拜[1]

杨宸

来自喀什的艾热和来自乌鲁木齐的那吾克热一起站在舞台上,接受着一百位中国rapper的投票。一开始比分胶着,而后差距开始逐步拉大。与那吾克热同为吴亦凡战队四强的另外三人,最后都把票投给了艾热。镜头剪切,那吾克热(下称"那吾")的眼眶有些湿润。投票结束,艾热已基本锁定胜局。

几分钟后,艾热成了爱奇艺制作的嘻哈音乐(Hip-Hop Music)选秀《中国新说唱》(下称《新说唱》)的冠军。去年,当这个节目还叫作《中国有嘻哈》(下称《有嘻哈》)时,曾出现了"双冠军"这种小概率事件,而今年,则是大比分碾压。爱奇艺,会玩。

那吾狂热地喜爱美国殿堂级说唱歌手阿姆(Eminem),在这个节目中,他也被其制作人吴亦凡称为"中国的阿姆"。这既是对他说唱技巧的赞誉,也无形中增加了他的"黑点"。应该说,比赛结果并不只基于决赛的现场表现。毋宁说,它展现了被涂掉"文身"、正浮出"地表"的中国说唱圈子的某种姿态:即便身处"夹缝"之中,它仍然试图努力寻找那个有实力、有态度、能符合这个圈子的规则与期待的"代表"。这既是艰难的突围,也是

---

[1] 原文题为"最爆裂的世代,他要你跪拜:杨宸论《中国新说唱》"。

有限的抵抗。毕竟，在这个中国说唱乐急剧商业化和嬗变的时代里，艾热与那吾的胜负只是一个小事件，中国嘻哈真正要面对的，是《新说唱》所映射出的现实：那里有涂掉它"纹身"的"遮瑕膏"以及冒顶其声名的样OG（老炮儿、大佬）。

即使结果，被人打上马赛克

用各种方式遮挡选手的文身，在中国内地的综艺选秀节目中已然司空见惯。

早在2014年成都的地下说唱歌手谢帝（Shady）参加《中国好歌曲》时，就用长袖宽衣遮住了手臂上纹的阿姆头像。左后颈的文身虽然无法完全用衣物挡住，但也被遮瑕膏涂掉。一首《老子明天不上班》变成了《明天不上班》——像涂文身一样遮掉"老子"后，谢帝用方言说唱疯狂地弹舌猛进，一路杀进全国四强，节目结束，身价暴涨。三四年之后，凭借爱奇艺说唱选秀出道的中国地下rapper们，尽管赢得了比谢帝更广大的市场和粉丝群体，但他们的成功仍不过是"谢帝模式"的一次扩大再生产——这仿佛是中国嘻哈走向资本市场的唯一可能：遮掉"文身"，浮出地表。

继民谣之后，国内音乐市场与节目制作商们迅速找到了下一个"爆点"：嘻哈音乐。爱奇艺去年制作的超现象级说唱选秀《有嘻哈》已经证明了这片还未被大肆开垦的商业处女地的庞大。长期蛰伏地下啸聚地方的各说唱厂牌与视频网站、音乐平台、上星卫视一拍即合，随着Gai（《有嘻哈》双冠军之一）在湖南卫视的音乐竞赛节目《歌手》上凭说唱版《沧海一声笑》一炮打响，嘻哈音乐看似将成燎原之势席卷全国。然而，作为诞生于20世纪70年代纽约街头与贫民窟的舶来音乐类型，嘻哈音乐自身内含与携带的诸多矛盾性、冒犯性，显然不见容于国内的道德习惯甚至法律法规，因此，首先是《有嘻哈》的另一冠军PG One因"做头发吃饺子"等事件引发公众反感，继而被扒出歌词犯忌而惨遭封杀，然后是以在圈内人看来近乎羞耻的方式不断向主流意识形态靠拢的Gai突然被《歌手》退赛，一时间风声频传，刚刚冒头的国内嘻哈似乎又被一脚踹回了地下，谁也不知道这是凛冬将至抑或是春寒料峭。而作为第一个"吃螃蟹者"的爱奇艺却好像并没有被眼前的迷雾吓倒。于是，《中国有嘻哈》改名《中国新说唱》，市场还在，黑怕飘扬。

爱奇艺的决策是对的，毕竟，"谢帝模式"告诉我们，不就是再加一管"遮瑕膏"么？

派克特（PACT）——西安说唱厂牌NOUS的主理人、中国地下说唱"Battle"比赛"Iron Mic"的双冠王——今年作为选手参加了《新说唱》的比赛。与谢帝参赛时只在颈侧有文身不同，派克特在脖子正面文了非常显眼的图案。那是一个梅塔特隆立方体，派克特的第一张专辑曾把它当作封面。因此，某种程度上，这个文身可能有点"不忘初心"的味道。所以，当爱奇艺的强力遮瑕膏让这图案在镜头前消失得无影无踪，以至于这个有着神秘且凶悍文身的地下Battle之王在节目表演中竟然还显得有点萌时，这个细节的改变对于中国嘻哈的象征意味就显得相当浓郁了。在和热狗等人合作的《再见Hip-Hop》里，派克特唱道："但即使结果，被人打上马赛克，也照样解锁，因为最初的快乐。"这像是一种反向的乐观描述，因为恰恰是"最初的快乐"，被不可言说的"遮瑕膏"给涂掉了。

于是我们不难感受到《新说唱》相对于《有嘻哈》的诸多改变。《有嘻哈》所呈现的地下rapper的竞争更近于绿林好汉江湖草莽在一起开"天下第一武道会"，八仙过海，见招拆招，天干物燥，血影刀光。而《新说唱》就更像是说唱界的文艺汇演彩排，这里面，有校园节目，有女生节目，有情歌对唱节目，有少数民族节目，还有现场解说，选手们于一片其乐融融之中酝酿着一丝即将被面试的兴奋与紧张。其实，从第一位登场选手被安排为来自清华大学的校园歌手开始，这种语码的转换就已经显露无遗了。作为节目logo之一的"R！ch"（近似英文Rich）在正片中被特意强调为"丰富"，而不是"富有"或"有钱"。嘻哈歌词中常见的车子房子票子叶子马子，在节目中被彻底剔除干净，在《有嘻哈》中还能听到选手Bridge唱"我想坐在跑车里，想要一辆法拉利"，而《新说唱》的选手功夫胖就只能将"开上梦的法拉利"改成"拿出我的看家戏"。显然，凭借政策指挥棒，爱奇艺开始对嘻哈这种携带美国地区文化基因的音乐舶来品进行无害化改造。这种改造无疑是成功的。在《新说唱》之前，你恐怕不能想象，在一个以"Rich"为名的地下rapper比赛中，最流行的歌曲居然是以旋律取胜的男生情歌对唱（当然这首《星球坠落》确实很好听）。而这"文艺汇演",千言万语最后都汇成了一句话,或者说是被有意无意地收拢到了同一个主题当中,那就是"中国崛起"。因此,当曾长期生活在加拿大的制作人吴亦凡对着屏幕说出"自己的文化自信"几个字时,我相信许多观众都会不自觉地发出这样一句类似的感叹:一开口就知道老江湖了,"skr"。

当然,这显然不是吴亦凡的"锅"。爱奇艺CEO龚宇早就强调《新说唱》将"更加青春,更加时尚,更加中国",《新说唱》总导演车澈也指出中国说唱音乐的态度就是要把"家国情怀、对中国传统文化的致敬和理解"等放到音乐里面。因此,当吴亦凡在节目中扛起"中国风"大旗而备受质疑时,其实,大家对他的攻击都多少有些不痛不痒。毕竟,问题的关键不在于吴亦凡糅合了中国戏剧等元素、电音、英文说唱的嘻哈到底是不是"中国风",而在于当前什么样的"中国风"被意识形态所需要。显然,至少在这档节目里,被召唤的不是古风圈那种纵情古代辞藻的"中国风",也不是此前Gai那种虽诉诸中华家国意象(长江黄河等)但有着浓厚底层社会江湖气息的"中国风",而只能是吴亦凡式的杂糅各种中国元素和外国音乐元素的"走向世界"的国际化的"中国风"。可见,在对嘻哈进行无害化处理的同时,《新说唱》也正在对其进行本土化,其方式便是以"中国风"这一"强力遮瑕膏"将"崛起中的中国"这一形象涂抹到嘻哈音乐之上。但这里面被模糊掉的问题是,这个走向"世界"且被"世界"观看"中国"到底是怎样的"中国"?一个有趣的事实是,以唱红色rap且民族主义色彩浓郁的说唱组合"天府事变"在《新说唱》海选阶段便被淘汰,而在中国说唱圈风声鹤唳、《有嘻哈》选手频频被电视节目剪掉的当下,这个组合却成为近期唯一一个登上了上星卫视王牌节目(湖南卫视《快乐大本营》)的说唱组合——关于"中国","他们"似乎各有见地。

当然,这一切好像都跟中国嘻哈有关系,又好像没什么关系。毕竟,它必须面对的问题是,被涂上"遮瑕膏"的嘻哈还是嘻哈吗?这样的嘻哈又是怎样的嘻哈呢?

最爆裂的世代,他要你跪拜

《新说唱》最有争议和引发最多讨论的一场比赛发生在第九期全国"六进四"的节目中。主办方邀请了网易云、酷我、酷狗、QQ四大音乐平台的负责人来做现场评委。这几位评委的评判标准是歌曲的流行度、传唱度，再加上一些与中国音乐的结合度（也就是"中国风"），而且声称自己所代表的是各自平台上最广大用户群体的趣味。于是，在他们的评判下，便出现了实力派嘻哈歌手艾热被说唱功力远不如己的女rapper刘柏辛四比零淘汰，两轮比拼中偶像派说唱歌手周汤豪将两位地下说唱大将王以太、艾热一起淘汰的争议性结局。然而，从后来的观众反应、口碑评价和平台数据来看，艾热、王以太的歌曲表现都远远超过了刘柏辛、周汤豪。观众对这几位评委的选择十分不满，反应激烈，以至酷狗音乐的评委季声珊至今没有打开微博评论，酷我音乐的评委李笋则干脆承认自己被实际市场反响啪啪打脸。

且不去猜测四位评委是否拿了制作方的剧本，毕竟后来艾热在复活赛中一人拿下五杀全胜直接晋级决赛，丝毫未改变许多人预测的两个新疆人争夺冠军的结局。单从表面上看，这期节目清楚呈现了网络音乐平台在华语音乐界的重要话语权，以及商业市场与作为舶来品的嘻哈音乐之间似乎存在的龃龉。在那期比赛的现场发言中，代表地下rapper的制作人热狗就直言"说唱创作歌手考虑的永远不是市场"，甚至更亲近商业市场的制作人吴亦凡也对评审的结果表达了不认同。但是，从最后的结果来看，这一事件反映的只能是几位评审对于市场预期的判断失误（或假装失误），而非商业市场与"本质的嘻哈音乐"之间的分歧。

事实上，对于中国说唱乐而言，无论是近年的突然爆发，还是此前漫长的地下野蛮生长，网络播放平台都功不可没。媒介转换时代，华语唱片工业整体衰落，甚至说其崩溃也不为过，曾作为唱片业品质标杆的金曲奖风光不再，取而代之的则是网络播放平台的崛起。而网络平台的好处之一就在于，它不仅开辟了流量歌手的影响力秀场，也为众多地下音乐人提供了在小圈子交流、现场演出与比赛之外暗生自长的空间。许多地下rapper正是凭借自己在网络平台上流传的歌曲拥有了不少听众，而恰是这些听众成了近年中国嘻哈音乐能迅速火爆并飞速变现的重要基础。当然，嘻哈变现同时也意味着，它必须接受另一套法则——必须磨平自身棱角以适应更广大的市场。关于这一点，去听听Gai在海选时唱的《火锅底料》和后来作为火锅店洗脑神曲的《火锅底料》就明白了。

"最爆裂的世代，他要你跪拜。"说唱歌手热狗（MC Hotdog）在节目中如此唱道。

歌手与粉丝之间关系的改变，对说唱歌手包装、营销方式以及圈子内部创作生态的改变都是极其显著的。

这种商业力量的另一个代表则是作为节目制作人的偶像歌手吴亦凡。吴亦凡与爱奇艺的合作显然造就了一个双赢的局面。一方面，如果没有自带庞大流量的吴亦凡加盟，《有嘻哈》和《新说唱》都很难取得如此大的关注度和影响力；另一方面，借助节目对其形象的塑造和重新包装，吴亦凡完成了从一个不乏黑点的流量偶像到（至少看起来）专业水平过硬、又能引领潮流提携后进的"Young OG"的人设转型——在节目的制作人cypher（轮流说唱）中，吴亦凡毫不讳言自己对中国说唱的贡献："我闯的天地，说唱的普及，Freestyle的来历，拿出我简历，写着Young OG。"

吴亦凡的这个"新形象"无论在说唱圈子内部还是在普通网民那里，都引发了巨大的分歧。一边是众多地下rapper和反感吴亦凡及其粉丝群体的网民开始不遗余力地挖掘吴亦凡的"黑料"，诸如"你看这个面它又长又宽""bad girl"、干音、"加拿大电鳗"等材料和绰号应运而出，成为大众质疑吴亦凡真实唱功和说唱水平的重要证据和群嘲利器。其中地下rapper AR刘夫阳在节目播出期间"diss"吴亦凡的说唱《皇帝的新衣》更是综合了吴亦凡的所有黑点，可谓句句戳心字字见血，在圈内传播广泛。另一边，吴亦凡自己的粉丝不必说，与虎扑网友的大战便可见一斑。最值得注意的是，通过节目"浮出地表"、进入主流商业市场的许多说唱歌手也纷纷站出来力挺吴亦凡，陈说吴对中国说唱的贡献，批评倒吴网友不过是对中国嘻哈毫无贡献只会污言秽语的键盘侠，尽管，也是同样一群人，当他们还在"地下"的时候，对吴亦凡一直不屑一顾。而那吾克热之所以不受圈内人士和许多嘻哈听众待见，恐怕也与他对吴亦凡的"崇敬"密不可分。这泾渭分明的背后，自然有着心悦诚服的体认，但肯定也少不了各种现实考虑与利益纠葛。

无疑，商业资本的进入正在急剧地分化着中国的说唱歌手群体。"浮出地表"的前提是用"遮瑕膏"涂掉"文身"，曾经"老子命硬学不来弯腰"的地下rapper也必须服膺商业法则的规训，更重要的是，商业资本正逐步改变着嘻哈圈子内部的结构与生态。吴亦凡们所带来的，不仅是巨大的商业利益，更是一种流量明星、粉丝经济的运作方式。曾经默默无名的地下歌手突然间拥有了上百万可自我再生产的粉丝群体——歌手与粉丝之间关系的改变，对说唱歌手包装、营销方式以及圈子内部创作生态的改变都是极其显著的。这种改变既能推动小众的地下嘻哈音乐逐步走向商业化和"正规化"，也容易带来可怕的后果——对于PG One的被封杀，他的部分粉丝恐怕没少做出"贡献"。

就像《新说唱》的logo"R！ch"暗示的一样，其实嘻哈音乐在其发源地美国从来都是一门"生意"，也正是通过这门庞大的"生意"和不断的商业化，美国的嘻哈音乐才真正地走出了贫民窟，进入到上层社会进而波及诸多娱乐产业，甚至具有了有效介入政治议题的现实能力。当然，目前的中国说唱乐还看不到任何这方面的可能。但美国嘻哈的历史足以说明，商业化对这一音乐类型来说并不是一件坏事。

在决赛现场，受那吾感染的吴亦凡回应了圈内人和网民对他的非议——他绕过了对他实力的质疑，只是强调，自己推动中国嘻哈的发展，只有因为热爱。这番表白其实很真诚，然而它并不能降低中国说唱在商业化过程中必须遭遇的风险。重要的不是吴亦凡是"Young OG"还是"样OG"，重要的是中国嘻哈音乐不能在这个过程中把它自己变成了"样OG"。

因此，相信众多中国嘻哈乐迷们仍然对中国说唱的前景怀有希望，希望即便在用"遮瑕膏"涂掉"纹身"之后，身处夹缝的音乐或仍能借力而行，如同它在大洋彼岸诞生时那样，孕育出一批真正的屹立于地表的"Young OG"，而不只是躺在粉丝经济的账本上有样学样的"样OG"。否则，"浮出地表"的中国说唱音乐赢来的将不是新的"光荣"，而是真正的"寒冬"。

选自"ARTFORUM中文网"微信公众号（2018年10月8日）

延禧宫斗:"爽文化"中的全民狂欢

编者按：燃爆2018年暑期档的《延禧攻略》，一经播出就引发了收视狂潮，收官时全网总播放量更是高达150亿次。伴随着高播放量而来的是对于"爽文化""厚黑学"的热议和反思。

针对"爽文化"的释义，评论者们发出了不同声音：阿莫的《〈延禧攻略〉：跟着魏璎珞打怪升级，为什么我们这么想爽一回?》通过分析"爽文化"的快感套路，指出"爽文化"是麻醉剂，但也是孕育反抗现实世界欲望的土壤；与之相对的是，宗城的《怼天怼地的〈延禧攻略〉是一次对疲惫中国人的大型心理按摩》则认为"爽文化"只是安抚了现代都市人的集体情绪，而无力抗衡破碎森严的现实世界；高翔的《"爽文"为什么这么"爽"——剖析2018热播大剧的快感机制和审美幻觉》则从性别意识的角度，提出《延禧攻略》等"爽剧"中真爱话语失效和大女主设定，折射出了女性主体性建构和主体意识表达。

另一方面，微信转载"10万+"的非非马《延禧攻略：又一剂全民慢性毒药》一文和徐忠明的《延禧攻略：一本身体政治学文本》则从"厚黑学"角度进行解读：非非马认为剧中反映出职场斗争文化的属性，从而指出利益至上的认知和信任危机；而徐忠明则是从身体和政治的纠葛入手，揭示出其中呈现的阴暗人性和权力压迫。出于对这种"厚黑学"的一种反思意识，曾于里在《宫斗剧爆红背后：类型化、现实投射以及进退失据的女性意识》中则提出应该警惕这种"拟态环境"会使人将"虚假"斗争哲学投射到现实的可能。

《延禧攻略》：跟着魏璎珞打怪升级，为什么我们这么想爽一回？

阿莫

没有攻略，只有光环的爽剧制造

尽管《延禧攻略》有着大把支持者，但从网络评价上看，他们几乎都认同这部剧从剧情和立意上来看并不存在什么深度。比起曾经红极一时的《金枝欲孽》等宫廷剧，甚至几乎可以称得上是过于简单直白。以往引发收视和讨论热潮的宫斗剧，往往能将两个方面展现得淋漓尽致：一方面是你死我活、互相斗争的残酷世界，另一方面是机关算尽、玩弄权谋后依然无法避免的悲剧。为了权势拼尽一生的人最后除了权势一无所有，这是其最深刻的意义所在。但《延禧攻略》的剧情非常单纯，就是女主魏璎珞一路碾压反派的故事。在剧中，魏璎珞先是有皇后撑腰，又能获得皇上的青睐，并且全程还有高富帅富察傅恒暗中保驾护航，以至于每隔两三集甚至一集就能战胜一个反派，不断"打怪升级"，走上人生巅峰。

为了让这条平步青云的主线走得顺畅，《延禧攻略》在剧情上出现了诸多离奇的设定和逻辑的硬伤，例如：本应该等级森严、步步惊心的紫禁城中，作为一个宫女的女主角居然可以头头是道地谈论平等独立。皇上不仅是个爱妻如命的好男人，还总是奋斗在羞辱妃子的第一线：选秀女的目的仿佛不是为了给自己挑选妻妾，而是无缘无故地羞辱这些秀女。面对出身贵族的大家闺秀，皇帝不停吐槽，嫌弃这个丑，嫌弃那个黑，而且选到一半，竟然走了，把烂摊子扔给皇后。在御花园偶遇新晋的妃子在唱歌，皇帝不仅不夸赞怜惜妃子对自己的心意，反而狠狠羞辱了一通之后惩罚了她，让她通宵唱歌。莫名其妙的高贵妃，仿佛是为了当反派而当反派，专横跋扈得没有来由。皇帝惩罚她抄佛经，她居然敢抱怨皇帝，还敢明目张胆地闯进妃嫔宫里灌药"打胎"，光天化日下，公然谋害皇嗣。高贵妃无皇帝专宠，无子嗣，从没在皇帝面前努力表现争宠过，却在后宫处处得罪人，到底图什么？除此之外，女主角本身的个性和故事发展也非常不合逻辑。虽说女主是为了查清姐姐被害的真相才进宫的，并没有往上爬的心思，但她一进宫就处处高调，身处低位却心狠手辣从不留退路，恨不得把所有看不惯自己的人都灭了，简直生怕别人不知道她有多强的战斗力。就这样一只出头鸟，居然没有早早地横尸深宫，反而得到贵人青眼，步步高升，最终成为皇帝最宠爱的妃子，实在是令人匪夷所思。

类似上述剧情般不可思议的设定比比皆是，不难看出，整部剧都是围绕着女主的逆袭而发展，归根结底，其最大的卖点和弱点，都在一个"爽"字。这是近年来在网络文学上早已如火如荼的"爽文化"进军影视的重要尝试。

"爽"文化的流行与套路

"爽文"早已成为网络文学的一个重要的主流门类。一个"爽"字是赤裸的宣誓，表明快感生产成为当下网络文学核心的追求之一。而"爽"可以通过不同的手法被营造和体现出来。这些"爽点"在《延禧攻略》里都有体现：

首当其冲被凸显的是畅快感，主要表现为主角的发泄、报复或战斗等等。在被强力压制后，主角瞬间爆发，带来畅快与随心所欲的感受。比较典型的羞辱或轰杀对象往往是各种自以为是的强权，例如官二代、富二代、比主角地位高的上流阶层等等。从道义上，它是一种"惩恶扬善"，可以满足观众朴素的正义感；从情绪上，它是一种发泄，通过极端的举动释放出冲动和兽性；从实质上，它其实是一种用来摆脱现实中的憋屈，表达对突破与任意而为的渴望的疗伤。在《延禧攻略》中，畅快感是"爽"的主要来源，也是观众关注的焦点：往主角床上洒水的宫女被主角泼了一盆水；欺辱宫女的跋扈秀女被女主角用一招"步步生莲"赶出了宫，家族也遭连坐；因嫉妒而三番两次陷害女主角的三名秀女，也被她层层设套反杀，不是逐出宫，就是流放了宁古塔；甚至，侮辱女主角的怡亲王也被她坑进了宗人府，被革职查办。女主角干脆利落的复仇之路，让人大呼爽快。

另一个网文中重要的爽点，则是成就感或者优越感。主要表现为主角在逆境中不断奋斗与成功、让自我或集体不断强大，最后获得众人的羡慕、嫉妒和崇拜。在男性读者为主的小说中，这种设定更加典型。总是有主角成为英雄，拯救家族、国家乃至整个世界，环顾四野睥睨天下后宫满员的场景。在女性读者为主的小说中，虽然没有那么直接，却也逻辑相似，多以主角走向高位获得世俗意义上的成功为终结。《延禧攻略》的设定是女主角从一个小小的宫女变成高高在上的宠妃，思路脉络之典型可见一斑。

《延禧攻略》几乎套用了网络爽文最常见的要点和套路。即一个小人物，在等级森严的社会中，从被打压的阶层，经过种种意外和奇遇（这些奇遇般的好运被称为金手指），最后品尝成功的愉悦。等级的设定是为了明显地突出主人公成功的困难度和成就，金手指则一般是超能力或者小概率的好运事件，是为了让主人公的成功变得更加方便和合理而存在。仔细观察近年来流行的一些电视连续剧即可以发现，尽管没有像《延禧攻略》一样把"爽点"体现得如此明显，但也多遵循着类似的爽文套路。

改编自流潋紫《后宫·甄嬛传》的电视剧《甄嬛传》中。皇宫中有着嫔、妃、贵妃、皇后等森严的地位区隔（划分阶层），甄嬛在后宫中受到华妃、皇后等势力的排挤（经过打压），甄嬛不屈不挠，凭借着聪颖的头脑，在温太医、果亲王的帮助下（金手指）击败皇后、华妃，获得专宠，成为皇太后（成功的愉悦）。另一部大热门电视剧《花千骨》同样改编自网络小说。在《花千骨》中，有"初识、聆音、造化、飞升"等修仙阶段（划分阶层），花千骨中剧毒，变身妖神，还是男主人公的生死劫（经过打压），最后依靠洪荒之力（金手指），收获爱情和幸福（成功的愉悦）。

这些似曾相识的逻辑展现出的事实是，"爽文化"塑造的作品只是一种不断重复的刺激，尽管拥有着不同的面目和故事，但几乎都会落入无核心思想、无准确逻辑的快感海洋，任何深刻的人性探索都变得不再可能，因为饥渴的读者和观众所期待的，只是一个又一个"爽点"所带来的高潮。

我们为什么亟待一"爽"？

倘若要分析"爽文化"的广泛流行，则必须首先关注到时代背景所造成的典型读者或观众视角。本质为意淫的"爽文化"流行，与网络及其带来的沉浸（immersion）体验息息相关。由于在网络上，扮演角色和体验别种人生变得常见和熟悉，大量网民获得了强大的个体幻想能力和臆想理想自我与人生的心理土壤。在观看文化作品时，他们更容易具有代入感，设想自己在当时的情况下，自己如果是主人公，会怎么做。读者移情到主角，摆脱现实进行随心所欲的"想象性生活"是"爽文化"得以成立的基础。

正因为可以代入到主角身上，读者或者观众就可以依靠主角的经历获得相应快感。目前的"爽文"框架中，主人公由弱变强是最常见、最容易引起广大共鸣的快感来源。而且，为了让这种快感更加突出，主角在前期遭遇的挫折越大越好，之后再迎来意想不到的主角光环，"打脸"与"踩人"时，才能更加爽快。《猛龙过江》《机动风暴》《雄霸天下》等著名网络小说的作者骷髅精灵在微博上称这种"爽文"写作手法为"幽压暴走流"，即前期锻打为"压"；后期奋起为"暴走"。强烈的对比和差异蕴积了期待与名正言顺的宣泄，带来了配角们的意外、惊奇与膜拜……在这种层层堆叠，冲突夸张的快感生产模式中，折射出的是以暴制暴，以权压权的粗暴人生观。

更为狡猾的是，由于"爽文"的套路太过类似，剧情中的明示又太过显眼，读者或者观众在配角之前，就早早地能够确保主角的成功。于是主角和读者或观众成了洋洋得意的共谋，等待愚蠢的配角前来找死。看似儿戏的金手指就是主角永远保持优势，永远站在高位的凭证和基础，主角的成功之路固然曲折，但永远能通向光明的坦途。这种永远一帆风顺，永远高高在上的地位保障折射的正是现实生活中的安全感缺乏——由于没有任何万无一失的优势保障，这种想象只能在虚构作品中解决，把人生挫败变成成功之路上的注脚。

这也解释了为什么几乎所有爽文都把故事设定在异世界或者古代生

活：现实生活太多规则和法条……阶层的跨越太过艰难，主角很难肆意妄为。而只有在一个"人治"而非"法治"的世界中，主角才更容易依靠偶然的因素成功，例如依靠贵人鸡犬升天、杀伐敌人在三宫六院也显得更为正当。传统社会精神慰藉在如今进步的数字时代反复回响，是因为现代底层的无路可逃。

可以说，"爽文"是一剂快乐的麻醉剂，让那些在生活中挣扎喘息的人们，用短暂的自我意淫获得些许幸福。对于这种犬儒和逃避的娱乐方式，知识精英们一直充满警惕，在赫胥黎《美丽新世界》里，"快乐剂"成为腐蚀人心的社会毒药，电影《黑客帝国》中，"幻觉插管"是泯灭民智的技术手段。但如此理解"爽文"，似乎过于片面。在广阔的欲望空间中，生长起来的不只有极致的快感，也有对现实世界的回响和反抗。

回看《甄嬛传》《延禧攻略》《芈月传》等典型的"爽文化"标本，虽然确实充满服务于意淫的恶俗桥段和退步的时代背景，但"大女主"的设定也确实是具有性别革命意义的突进。在它们之外，还有不少网络"爽文"进行了"女尊""女强"等性别定位颠覆的激进想象。并且，在现实生活中越明显的不平等和痛楚，在这些意欲弥补的"爽文化"作品中就反转得越加明显。这就是为什么《延禧攻略》的皇帝被设定为一个"鉴婊专家"，一个个地去羞辱那些争奇斗艳的妃子，这也是为什么观众爱看一个小小的宫女能够平等地站在皇上身边——对尊重和平等的呼唤战胜了对历史的尊重和古代文化的喜爱。

那么，魏璎珞所见到的锦绣江山，是否能越过宫墙，真正地在现实世界被看见？也许每个观众心中，都有一丝隐隐的期待。

选自"新京报书评周刊"微信公众号（2018年8月15日）

宫斗剧爆红背后：类型化、
现实投射以及进退失据的女性意识

曾于里

于正的《延禧攻略》再次点燃了观众对于宫斗剧的热情，该剧自播出以来势如破竹，网播量一路走高，网络讨论度居高不下。一方面，《延禧攻略》很不"于正制作"，剧集整体质感还算过得去。另一方面，因为种种原因，古装剧长期缺席2018年卫视黄金档，各大视频网站推出的古装剧数量也少于往年，市场对于古装剧有着强劲的需求。这样的背景下，《延禧攻略》赶在暑期档播出，可谓是占尽了"天时地利"，它恰巧填补了市场的空档，也给观众"解了渴"。

不过，伴随着《延禧攻略》的走红到来的，是对宫斗剧价值取向的批评，即便《延禧攻略》的思想内核看上去"更现代"，也不能幸免。为何宫斗剧总是一边爆红，一边被骂？如果将宫斗剧作为一个文化样本，它的走红背后则隐藏着更多的信息。对此进行审视，能为宫斗剧的价值评判提供新的思路。

类型化：贯穿始终的"斗"

历史剧始终是中国电视剧最重要的类型之一，而中国古代的宫廷生活则是历史剧最重要的题材和表现内容。宫斗剧是历史剧的一个分支，往往以中国古代封建王朝为背景，将后宫嫔妃或女官等女性角色作为故事主体,以人物情感纠葛或政治权力倾轧为剧情主线。"斗"是宫斗剧的主要看点:钩心斗角、争风吃醋、相互算计、暗藏玄机、险象环生。

2004年,TVB制作的《金枝欲孽》播出后引起巨大轰动,掀起一股"金枝热"。该剧堪称宫斗剧的"始祖",精彩的剧情、经典的对白、精湛的演技及独特的风格是其取得高收视的重要原因。2006年亚视的《大清后宫》、2008年的《母仪天下》、2010年的《美人心计》等宫斗剧相继播出,反响也不错。但总体来看,宫斗剧的发展一直处于不温不火的状态。2011年,宫斗剧终于迎来了高潮。《宫锁心玉》《步步惊心》《倾世皇妃》《美人天下》《武则天秘史》《后宫·甄嬛传》等相继播出,掀起收视热潮,宫斗剧一时间炙手可热。在2011年至2013年的两三年内出现的宫斗剧达二十多部,而且几乎每部都能够成为热播剧。宫斗剧的持续走红引来了官方的批评,2013年之后制作播出的宫斗剧数量开始减少,但市场热度依旧不减,宫斗剧仍是最受中国观众欢迎的电视剧类型之一。2014年的《武媚娘传奇》,2015年的《芈月传》,2016年的《锦绣未央》,都是"剧王"。杀青于2017年的《巴清传》《如懿传》迟迟未能定档,但也始终是新闻焦点。

宫斗剧受市场欢迎,首先是因为它高度成熟的类型化。类型指的是媒介生产过程中逐步形成的一套被认可的套路和模式,它是观众喜好的一种结果,是"好看"经验的自然积累,是观众和制作方达成的一种隐形共识。影视圈会对一些成功的剧作进行类型复制和批量生产来满足观众的观剧喜好,从而实现商业价值的最大化。总之,类型能够切合多数观众的心理需求和期待视野,并由此保证了娱乐和商业、受众和梦工厂的双赢。

而宫斗剧的类型化要素,主要体现在古代宫廷的题材背景、陈设华丽夸张的布景、浮夸紧张的故事情节、强烈的故事悬念,人物之间的"斗"更是金科玉律、贯穿始终。从《金枝欲孽》到时下的《延禧攻略》,历史背景不断变化,但遍地是陷阱、处处是地狱的"斗"仍是相似的,比如在草药上动手脚伤害胎儿产妇的桥段就多次出现,妃嫔之间施苦肉计、打小报告、诬蔑、造谣生事等桥段也如出一辙。

当然,编剧为了保证剧集的新鲜感,也会适时地对"斗"进行推陈出新。比如《甄嬛传》《武媚娘传奇》《芈月传》,女主人公都有一个"黑化"过程,她们先是被欺压许久,最后为了生存不得不"斗";但到了《延禧攻略》，女主角一开始就"黑化"了。人不犯她，她不犯人，人若犯她，她直接就斩草除根。

"爽"：现实投射抑或投射现实

许多观众喜欢《延禧攻略》，正是因为它看起来实在太"爽"了。有网友称，该剧是"集爽文之大成"。无论是"爽文"还是"爽剧"，其特色都是让观众有代入感，满足观众的期待，宣泄观众的情绪。观众的自我代入和心理预期是——小人物能够逆袭，坏人会被惩处，自己牛×闪闪并且集万千宠爱于一身。现实生活中缺少什么，便幻想着在"爽文""爽剧"得到什么，这是很正常的心理。在一定程度上，宫斗剧与现实有一定的相关性。宫斗剧里的皇帝不仅是宫廷的最高权威，更是封建大家庭里掌握一切资源分配和利益分配的父权或夫权，宫廷女性必须竭力得到皇帝的悦纳，以赢得有限的资源。争宠上位是唯一途径，相互排挤自然不可避免。而现实生活中，由于社会资源与空间是有限的，但资源的分配又不总是公平正义，争夺随之发生。因此，不少观众便将宫斗剧视为现实生活某部分的投影。有人如此评价，宫斗剧都是古代版的《杜拉拉升职记》："女主角刚刚入宫，就好比一个刚毕业的大学生，通过父母的关系进入到一家很大企业。皇帝就是老总，各种等级的妃子就好比各种等级的同事……自己的能力被老板所赏识，却惹来了上司及同事的攻击。为了保全职位，在不断地工作中步步小心仔细，拉拢同事，建立自己的战线，开始反击，终于扳倒了最大的竞争对手，成了老板眼前的红人……"

《延禧攻略》播出后，也有不少营销号煞有介事地从中总结出了"职场法则"，看着魏璎珞一次次碾压恶人，观众也出了一口恶气。观众青睐宫斗剧，某种程度上是因为它是现实生活的某种投射。有些宫斗剧也很讨巧地把对现代社会的认知习惯和价值评判标准植入剧中，以古代宫廷女性的矛盾演绎现代冲突，观众在观剧过程中便获得了一次身临其境的心理代偿。

但也有人担忧，宫斗剧中的厚黑学、权谋论、等级秩序、"他人即地狱"等价值倾向，会对观众产生不良影响。这并非杞人忧天。沃尔特·李普曼在1922年出版的著作《公众舆论》，曾提出了"拟态环境"（Pseudo-environment）的概念。传播媒介（报刊、广播、电视、互联网）

通过对象征性事件（某些你所关注的事件）或信息进行选择、加工、重新加以结构化以后向人们提示环境（传播出的信息），这就是拟态环境。拟态环境对应的是现实环境，但不等同于现实环境，因为它对现实环境进行过选择、编辑和加工。但这些工序读者或观众往往看不到，因此他们会误将拟态环境视为现实环境。李普曼认为，拟态环境影响人对客观环境的认识，与此同时影响人的现实行为。换句话说，你接触到的信息影响着你在现实环境中的作为和行动。

因此，西尔弗斯通尖锐地指出："随着电视成为感觉体验的新类型，社会或文化便使它无所不能并且不受拘束。电视观众是电视的奴隶，受制于有着变革力量的传播媒介。"宫斗剧的确可能使观众混淆虚构世界与真实世界的界限，并将在电视中获得的"虚假的"斗争哲学和生命体验投射到现实中。

摆脱不了的枷锁：进退失据的女性意识

对宫斗剧的批评并不止于价值取向，其落后的女性意识也备受诟病。从本质上说，宫斗剧这一题材是很"落伍"的，它讲述的是许多女性为了得到一个男人——皇帝的宠爱而相互倾轧的故事。很难想象，在一个女权意识充分张扬的社会，宫斗剧这种题材会有如此广阔的市场。宫斗剧是古中国封建集权社会"夫为妻纲"的残余物，它重构了一个男性绝对主宰、女性绝对服从的世界。在这里，女性不具有主体性，无论年龄、无论出身、无论个性，她们只能依附于皇帝，皇帝决定着女性的权力范围和生活空间，因此她们一个个满腹心计、尔虞我诈，为取悦帝王获得恩宠而殚精竭虑。这样说并不是要用现在的标准去苛责古人，只是时下女性观众对于这种"夫为妻纲"定位的宫斗剧如此沉迷，津津乐道，乃至有种种角色代入的体验观感，有可能是她们潜意识中深受残余男权思想影响，对于这种依附性角色定位习焉不察。可以说，宫斗剧折射出女性难以摆脱传统社会对她们的角色定位，她们久而久之也"甘之如饴"了——只要最后女主角得到皇帝的宠爱，并成为"人上人"即可。比如《芈月传》《延禧攻略》等都塑造了一个正面形象的君王，将女主角与君王的恋爱包装成更为平等的两性关系。它本意是彰显现代意识，但在无形中，这是将爱情和皇权进行"同构",观众在沉迷于皇帝的纯情的同时,也在不知不觉中实现了对男权或皇权的认同和赞美。

当然,作为一种大众文化形式,宫斗剧所包含的女性诉求不是单一的,而是驳杂不纯,甚至可能是相互矛盾的。宫斗剧中也不乏女性意识的体现。相较于《延禧攻略》等,在与君王关系的处理中,《甄嬛传》的女性意识要走得更远。后宫的女人只能是作为性工具和生育工具存在的,一开始甄嬛对此也是认同的,但在经历一系列幻灭之后,她对这一价值产生动摇,并在皇帝的步步紧逼下展开"复仇"。她默许宁嫔给皇帝服用慢性毒药,并在皇帝将死之时,用妃嫔通奸之事激怒他,促成了他的死亡。这是宫斗剧中少见的真正令人振奋的时刻——高高在上不可一世的皇权最终跌落死去,女性的意志赢得片刻的张扬。只是这样的张扬,终究是片刻的。新王上任,甄嬛依旧小心揣度新王的心思,打消他的顾虑。并且,甄嬛为了赢得这个时刻付出了太多。她是以失去自己为代价的,她的纯真不再、爱情不再、友情不再,高处不胜寒;她的胜出之路,遵循的依旧是男权统治的秩序和规则,她得以转换为行使男权的"代父"形象而已。

因此,虽然一直有人批评说宫斗剧中的女性缺乏对皇权/男权的真正挑战,但这样的批评是站着说话不腰疼。甄嬛的境遇已经充分彰显了,在一个父权社会,女性无论抗争与否,都将处于无所不在的枷锁中。即便《延禧攻略》中的魏璎珞天不怕地不怕,但她也还是恪守着宫中的等级秩序,她的女性意识是真的,父权意识也是真的。宫斗剧女性意识的进退失据,根源不在于女性,而在于不平等的皇权/父权制的强硬、霸道和根深蒂固。从这个意义上看,即便《甄嬛传》《延禧攻略》的厚黑学值得警惕,但它体现的女性意识或许已经是种进步——即便身处枷锁,抗争仍是必要的。

选自"澎湃新闻网"(2018年8月16日)

"怼天怼地"的《延禧攻略》是一次
对疲惫中国人的大型心理按摩

宗城

"魏璎珞又赢了。"这两个月,一个小姑娘的"打怪升级"突然成为舆论焦点,这个小姑娘就是魏璎珞,她在正史里是乾隆朝的令妃,而在电视剧《延禧攻略》中,魏璎珞成为一个怼天怼地却能在后宫过五关斩六将的清奇人物,皇后欣赏她,皇帝爱上她,众嫔妃联合对付她,她却能把对手一个个收拾得服服帖帖。

《延禧攻略》女主的套路是以牙还牙,十倍奉还

这样不合逻辑的故事,却成为本年度最热门的剧目,《延禧攻略》不再只是一部流行剧,以它为代表,"爽文化"作为一种文化现象进入大众视野,它以网络上众多的"爽文"小说为基础,经过影视加工,成为今日国民重要的精神食粮。《延禧攻略》的走红是必然的。"爽"是它最大的特点,不费脑子,"怼天怼地",竭尽全力迎合观众的爽点。虽然都是关于主角的成功故事,但它不同于"玛丽苏"剧,后者的主角往往极力迎合男性,隐忍克制,而《延禧攻略》的套路是以牙还牙,十倍奉还。

魏璎珞被欺负一次,她能狠狠回击对手十倍的伤害,她本是一个小小宫女,却在宫里高调处事,面对帝后妃嫔也不改本色,这在历史上几乎是不可能的(历史上的令妃更多靠的是隐忍),但她很迎合现代观众的心理,尤其是随着城市化进程而产生的年轻市民，因为生活得过于压抑，从小接受的又是市场化、个人化的教育，他们内心的"怼劲儿"很强，而魏璎珞就唤醒了他们这一点。

这部剧的服装考究，但它的内核是现代的，它的人际交往、人物思维都是现代的，而清宫只是一层红绿色的纱，历史在此不过是一个陌生化的外衣。所以，今天的都市人看《延禧攻略》很有代入感，他们看魏璎珞，眼里是职场中理想的自己，现实里不能怼领导，不能成为人生赢家，那就在理想中实现，魏璎珞这种敢爱敢恨、一路开挂的模式，是一次取悦都市职场劳碌青年的大型按摩，正因如此，在臃肿的国产剧市场里，许多人下班以后，选择把时间贡献给了《延禧攻略》。

爽文化是"怼文化"

《延禧攻略》的爽文套路，可以追溯到曾经的港剧模式，《金枝欲孽》《寻秦记》《洗冤录》等，再早一点，就是金庸、黄易为代表的一批连载小说，虽然思想格局不一，但总体是主角一路打怪升级，走上人生巅峰，最后反省自我。语言是生活化的，剧情是单元式加一环扣一环，主角出身一般，但脑洞清奇，一定会有很多异性喜欢他，而统治者也必定会赏识他。这种故事，你说它肤浅，但又不是那么容易写，需要很强的节奏感和对观众心理的把握。

其实，爽文化换一个角度想，也是"怼文化"，它的特点是爱憎分明，绝不隐忍，遇见不爽不平之人之事，就大大方方怼过去。"怼"已经深入今天的影视娱乐工业，甚至成为一个节目是否吸引人的关键，近年来的《中国有嘻哈》《这就是街舞》《奇葩说》《十三邀》乃至这一部《延禧攻略》，对"怼"的利用都恰到好处，观众爱看有人有脸的人物互怼，喜欢他们打破体面，展现所谓的"真性情"，从中，观众获得一种代入感，仿佛负责怼人的不是角色，而是观众自己的分身，通过"怼"这一行为，观众现实中的怨气被抒发，由此得到一种精神的快感。因此，"怼文化"得以愉悦大众。

光靠"怼"，现实的困境当然无法解决，但大部分普通观众只求一个短暂的精神愉悦，正是因为现实太无力、秩序太僵化，他们才会把自己的热情托付于虚幻的"怼",从中享有主人翁的快感,有趣的是,这些"爽文"里,主角也大部分是底层或平民出身,一步步向皇亲贵族发起挑战。

《延禧攻略》体现了一种流行的集体情绪

自然,《延禧攻略》这样的故事思想不深,局限于流行文化的浅薄,但大众看剧,追求的深度本就有限,更多人只图个轻松惬意,所以哪怕学院派看不起这样的流行剧,《延禧攻略》依然成为大众的热门话题。这种景象似曾相识,多年以前的《还珠格格》《甄嬛传》,都曾如此,而《延禧攻略》是在宫斗剧中开辟了一个新的分叉,可以预见,未来会有大量电视剧延续这条道路,"怼天怼地"将会成为宫斗剧新的热门景观。

有趣的是,金庸武侠小说和港剧崛起的背景,是香港快速发展成一个高度商业化的现代都市,劳碌、紊乱、阶层分化、众人皆有一朝翻身的逆袭梦想,此情此景,和今天的内地都市生活异曲同工。《延禧攻略》是时代的产物,它所反映的,是一种流行的集体情绪。这个情绪的关键点就是"累",不只是身体的累,还有精神的累,所以人们总是盼望着底层崛起、快意恩仇的故事。但这些故事终究只是过把瘾就好的药剂,兴奋过后,回到现实,等待观众的,仍是一个支离破碎又秩序森严的世界,一个连魏璎珞也无可奈何的世界。

选自"沸腾"微信公众号(2018年8月18日)

《延禧攻略》：又一剂全民慢性毒药①

非非马

作为2018年度现象级"神剧"，《延禧攻略》已经火到没法忽视的地步。截至本文发稿时间为止，已播出的62集剧集，总播放量达109.6亿次。数亿观众在追的"全民剧"，播次轻松突破女主演之一佘诗曼期待的百亿。上个周末，带着好奇打开它看看，结果发现这就是一个"毒剧"啊，一则它不断制造的强戏剧冲突，会让你情不自禁一集追一集，犹如"吸毒"上瘾一般；二则，剧中人物一个比一个阴毒，人性的恶在紫禁城这个封建封闭、极度变态压抑的体系里得到了最大程度的激发。

这其实是一部充满"bug"（缺陷）的剧——从剧情编织到主题与人设，从表演风格到推进节奏。但相对于评价这部剧的剧情编织与制作水准本身，我更想说的是，这100亿次播放量折射出的社会集体心理"bug"与当下的社会文化症候。

（一）

自2002年香港无线推出《金枝欲孽》火遍华语地区之后，以后宫妃嫔宫闱内斗为主题的"宫斗剧"，作为一个新剧种被正式叫开。从《步步惊

---

① 初次发表题为《"毒剧"延禧攻略》；微信公众号"非非马日记"2018年8月21日。

心》到全民热播的《甄嬛传》，宫斗剧在整个华语地区的受宠热播已成现象。近年来也并未见颓势，去年有大火的《芈月传》，今年有"神剧"《延禧攻略》，而卖出13亿人民币版权天价的《如懿传》如今正面对撞《延禧攻略》，眼见着又将在社交媒体掀起一轮轮话题。多年前，中国男女老少观众痴迷于横冲直撞不守规矩加靠"傻白甜"收获大"boss"恩宠的"小燕子"，而今时势变迁，人们越来越喜欢有智谋、有心计，能玩转规矩、利用规则却又超越规则，擅以恶制恶的"黑莲花版小燕子"。

因为，各种版本的"×××不相信眼泪"，以及的确普遍存在的"办公室政治"，都在"教育"大家，小燕子的"胜出"在现实社会基本不具备可复制性，"甄嬛式"的崛起，才被认为更有现实可复制和可借鉴的意义。所以，当年《甄嬛传》一度被视作清宫版的《杜拉拉升职记》，有评论点评：甄嬛刚刚入宫，好比刚毕业的大学生，通过父母的关系进入大企业。为了保全职位，她小心翼翼、拉拢同事，建立自己的战线，然后一步步反击，最终扳倒最大竞争对手，成为老板眼前的红人。而今，在各种自媒体的造势之下，《延禧攻略》也被当作"职场攻略"在做各种解读。

不论是影视作品，还是文学作品，之所以能畅销，一定是因为它挠中了受众的爽点、痒点，甚至是痛点，深度契合与满足了受众的某一种或者多种心理需求。《延禧攻略》会被视作"职场厚黑学"指南，无疑是因为它的确提供了当下社会里被广泛认可的一些"价值指导"。"以古说今"，"在历史里翻出点现代意义"，这本就是这部剧主创的一个出发点。紫禁城、后宫，固然是个过于极致的环境，但皇帝可不就很像一个企业的董事长、一个单位的一把手？搞定大"boss"，获得职场作为与晋升所需要的各种内部资源，以及在竞争中胜出同僚，获得大"boss"的认可，不多少也像后宫嫔妃们使出八百般武艺争宠？当然不可完全类比，但相似度颇高。

我闺蜜几年前曾和我说，她的"boss""提点"她去认真看《甄嬛传》，一直很抗拒的她终于在两三年之后看了这部剧，她说现在终于明白为什么"boss"会让她看这个剧了，也理解了她的种种职场遭遇是为什么，她"boss"和同事们各种行为背后的逻辑是什么。她在和一群看《甄嬛传》的人共事，每个看《甄嬛传》的同事，已经在有意或者无意之间，在现实与剧集之间划起了等号。而她，却是这个体系里，唯一没看《甄嬛传》的人，她的思考与行事逻辑，已经显得"太特立独行""不明白事儿"。

我闺蜜的故事，当然不是个例。今天，那么多人津津乐道于将《延禧攻略》当作"职场指南"来看，这就是广泛的群众基础啊。《延禧攻略》的热销背后，反映了中国相当比例的一个群体，对职场斗争（竞争）属性的普遍认知。巨大的利益冲突之下，人性、正义、原则，不再黑白分明，变成了不同层次的灰色，人与人之间的信任，受到极大考验。人们更选择相信永恒的利益。而再放大一些，整个社会都在经历信任严重缺失的危机。市场化的影视作品为了畅销，要满足市场需求，把握最广大的目标受众心理与情绪，而一个社会的主流价值观、文化心理的形成，却又是经由这些主流文艺作品之手共同塑造。这是一个互为因果的链条。

每一部电影，每一部剧都不啻一次对受众"洗脑"，用英文讲，就是"propaganda"（本义：宣传）。"propaganda"无处不在，东西皆然。但选择什么内容去"propaganda"，取决于主创的动机，觉悟与认知水平。

（二）

我个人其实特别遗憾、也觉得很怪诞，到了2018的今天了，中国的主流屏幕上还充斥着此起彼伏的"奴才"声、"磕头"声，还有那么多观众自觉不自觉地沉浸于此，从这样的剧里寻找所谓"营养"。《延禧攻略》被当作职场指南来解读，有广泛的现实基础，可然而，悖论却是，大boss独裁、集权，一人定生死、定前途的企业，分明是病态的企业，必然会豢养一批卑躬屈膝、趋炎附势的员工，一如紫禁城里的各色妃嫔、太监，这样的企业毫不现代，在现代商业社会里根本没有竞争力，早晚会被淘汰。作为员工，在这样的前现代企业里，费尽心机讨了大"boss"的欢心，被提拔并干掉了同僚，晋升到高位，又如何？如果一个企业里，每一个层级的"boss"更看重所谓忠心超过业绩，需要下属时时刻刻表忠诚、甚至谄媚讨好；如果一个"boss"刻意在"群臣"之间制造矛盾以便于自己控制；如果……好吧，这样的企业，其实不如趁早离开。

封建时代的嫔妃们，当然没有选择。但今天的观众和主创，却是有选择权的。只是遗憾的是，几乎所有的宫斗剧，都是默认了这套既有体系与游戏规则，逆袭之路都是先掌握那套游戏规则，然后在这个体系里掌握一定权力,具有一定影响力(对终极大"boss"的),然后再用计谋甚至是阴谋,除掉对手,甚至是终极大"boss"本人——通常也都被描述为恶的小人。这符合现实里大多数人的生存策略。只不过历史的进步,很难由这些人做出。因为通常到了最后,在体制中受益的既得利益者,都会掉转身来维护这个庇护了自己、让自己获益的体系。

(三)

《延禧攻略》不只是被作为"职场厚黑指南"在解读,还有很多女性类公号和情感类公号,津津乐道地将它拆解为"撩汉指南"。魏璎珞成功"撩"到富察傅恒和终极大"boss"皇上的伎俩,被当作了追男教材。"若即若离""欲拒还迎""适度的、看似不经意的肢体接触""仅限于两人的秘密称呼"……出了10万以上的条目。不可否认,嫁给高富帅至今仍是很多女孩子心里的梦想,渴望、巩固高富帅专一、忠诚的爱情,几乎是某些女性的毕生追求。所以,《延禧攻略》能如此畅销,还因为它投其所好地满足了很多粉红少女心。如果没有小帅哥富察傅恒对魏璎珞忠贞执着的爱情,没有风流倜傥、权倾天下的乾隆被魏璎珞迷得团团转,恐怕这个大剧,会损失不少女性粉丝。2017年的数据,女性观众占观众比高达53.8%。而很多电视台则公开喊出"得女性观众得收视率"的口号。

在剧情设计上,《延禧攻略》显然充分考虑了这点。让看厚黑的人看厚黑,让看爱情的人也不失望。如果魏璎珞的特立独行做自己,不是以收获两枚高富帅作为"表彰",对于女观众的吸引力恐怕要削弱大半。"社会我魏姐"魏璎珞的确是一个很有人格魅力的女性形象,但无论她的个性被设计得多独特、多鲜明,在当时的历史语境下多有现代性,她的两段爱情,最终仍是逃不脱"霸道总裁爱上我"的套路。换句话说,只要结果是"霸道总裁爱上我",不是"社会我魏姐"的人设,换一个比如高贵、冷艳、犀利甚至心机重的女主角形象,好比金南珠,也一样会有一众女性观众追捧。

国产剧里绝大部分爱情戏的设计,都是让女性受众群体做爱情美梦的。怎么嫁个高富帅,是当下婚恋市场与相关价值观输出中的主流话题。人设、能力、性格、套路和伎俩,都变成了得到爱情、嫁得好的工具啊!

《延禧攻略》剧情发展到后面，魏璎珞的确是真的爱上了乾隆，而她能够在万紫千红中脱颖而出且收了乾隆的心，在这个剧里，是被作为她一项突出的"个人成就"被展出的。魏璎珞看似在挑战旧制度旧体系，时不时地在剧中挑战男权、父权、皇权，但可笑的是，观众之所以看得爽，恰是因为她以反叛之姿最终获得了乾隆所代表的各种男性权力的认可、接纳。这依然是以服务于男权社会的奖赏机制在驯化女性。

看看多年前的美剧《傲骨贤妻》吧，在这部剧里也有爱情戏，可女主的爱情却不是作为她的一个重要奖赏出现的，也不是她"逆袭"成就的一部分。再看这两年大热的美剧《使女的故事》、英剧《名姝》，不由叹息，我们的绝大部分国产电视剧都太缺乏现实批判意识，太迎合市场。从多年前《渴望》中的贤良媳妇刘慧芳，到二十年前的反叛小燕子，到今日"黑莲花版的小燕子"魏璎珞，万变不离其宗，归根结底是迎合了男权中心主流文化的女性偏好。男权体系培养出的男性对女性最大的偏好是什么？外貌或个性都可千差万别，所谓姹紫嫣红，但最核心、终极的偏好是，在精神内核深处，迎合、仰视男性，在生活里服务于男性的利益，做男性需要女性做的事。我们国产剧中体现出的现代女性意识，进步太有限，而一些很核心的根本观念，则几乎没有任何前进。

我尤其觉得不适的是，到今天了，中国电视剧还在津津乐道于表现妻妾成群，展现一夫多妻体制下的各色女人们如何去争某个男人的宠，研究什么样的女人能赢，什么样的女人会输。自《延禧攻略》第58集开始，好几集的戏份都在呈现魏璎珞如何挽回乾隆的心。一向倔强有个性的她，也在面对情敌顺嫔时也说出了这样的担心："天真到不染尘埃的女人最可怕，因为最容易得到男人的心，尤其是皇上这样复杂的男人。"其实，最终无论赢的那位是谁，是何资质天赋性格，去探讨一个女人如何在一众女人的竞争中独得丈夫的爱，这本就已经输了。影视剧是会潜移默化地影响一个社会的意识形态的，"看习惯了"这种剧的观众，通常首先就默认了一个前提："一夫多妻体制"的正当化，而你一旦在这个体制里，就必须要想办法赢。这恐怕是中国社会存在如此多的"一夫多妻事实婚姻"的文化基础。那些男人觉得这是中国古已有之的传统，那些女人也觉得这很天经地义。

我曾看到过一个很出名的女性公众大号赫然在标题里写杰奎琳·肯尼迪有正室范儿。什么年代了，还在用"正室范儿"这样的前现代语汇来作为对一个女性的褒奖用语？这不就是默认"一夫多妻"的正当化与合理化吗？严重点说，这样的自媒体文章、《延禧攻略》这样的电视剧，都是大众通俗文化里的慢性精神毒药，可数亿观众却看得如此津津有味。真是很遗憾。

这些，是我关于《延禧攻略》更想说的话。

（四）

后记

最后，要承认，从制作角度言，《延禧攻略》的确有不少进步，比如它的美学呈现。它从商业角度说也是成功的，一些套路中的微创新，强烈的戏剧冲突，都能牢牢抓住观众，但它"bug"也不少。比方说表演，剧中的坏人，在揭开"黑化"的谜底之后，基本都是一看即知的坏，表演十分脸谱化；很多时候配角们叽叽喳喳的嚼舌台词、夸张表演的风格，让人恍惚穿越回20世纪，有些段落的节奏拖冗到让人直想按快进。如果不按快进看，这样一部70集电视剧，要消耗大约3150分钟，共52.5个小时观看，这已经超过一周的工作日上班时间了。想想真是耗不起啊……

我知道我们读者里，也有不少在追这部剧，作为一名用一个周末就快进刷完50集的"中毒"观众，我其实特别能理解，而且，我看魏璎珞和皇帝之间的对手戏，也是蛮津津有味的，只不过，我会在看的时候也不断提醒自己，多一点批判性的思考。

好吧，希望剧迷们别怪我这瓢冷水泼下哈……

选自"奴隶社会"微信公众号（2018年8月23日）

"爽文"为什么这么"爽"
——剖析2018热播大剧的快感机制和审美幻觉

高翔

从2012年资本大肆进入网络文学界，到2014年成为"IP元年"，以网络小说为主体的IP改编成为中国电视剧生产的核心机制之一。而在具体的生产过程中，资本以急功近利的逐利性投入IP剧目生产，建构出"大IP"加"流量明星"这一屡试不爽的模式，而内容生产却被置于相对次要的位置。这其中以《盗墓笔记》最为典型，虽然收获无数吐槽，却由于显著的IP效应（包括原著IP和明星IP），获得了空前的关注度和点击量，开启了网剧点击量的"数字狂奔"时代。从2014年至今，《古剑奇谭》《盗墓笔记》《微微一笑很倾城》等大IP剧始终占据显著优势，而"大IP剧"也因此高烧不退，其制作热潮一直延续至今。

然而，在很大程度上，2018似乎成了大IP剧的"折戟之年"。在2018年暑假，《如懿传》《凰权·奕天下》《武动乾坤》等备受期待的大IP剧都未能取得预期成绩，并陷入颇多争议之中。这固然是因为，国家对于现实主义剧目的提倡对以古装、玄幻为主的大IP剧造成了政策上的冲击；但更为重要的是，在IP剧生产经过一段时间的发酵之后，资本视野中简单的流量逻辑不能再一统天下。IP剧开始具备进行内容建构的高度自觉，这种建构并非是如同《太子妃升职记》那样仅仅从叙事内容上对于时代情感的敏锐调动，以"雷剧"的面目来取得轰动效应；而是以"正剧"风格完成的整体性美学建构，从而彰显出当代的美学特质。

伦理嬗变：从白莲花到黑莲花

自21世纪以来，中国社会发生着深刻的变化，首当其冲的就是伦理的嬗变。影视剧新的美学建构，首先表现在对于新的时代伦理的呼应，暑假的大热剧《延禧攻略》典型地体现了这一点。自21世纪第一个十年以来，以女性视角为主体的宫廷剧成为一大热门，早期的《宫锁心玉》《步步惊心》带有穿越元素，虽然剧情穿插了宫廷斗争，但依然以女主与多为男性的爱恋纠葛为主题，并试图在复杂的权力场域中建构真爱话语。尽管此类文本具有颇为新鲜的叙事元素，但依然延循了传统的爱情伦理。其特别之处，无外乎在消费主义和网络媒介的话语空间中将对于真爱的想象进一步浪漫化、夸张化，并塑造出"玛丽苏"这一代有"yy"特质的女性主体形象。

而之后的《甄嬛传》《芈月传》《武媚娘传奇》等宫斗剧则大为不同，技术性的宫斗成为文本的核心内容，大女主的胜利成为故事的核心主题，并一点点吞噬了真爱话语的意义空间。在《甄嬛传》中，甄嬛历经两位男性之后对于爱情的理想终于破灭，并以登上权力巅峰这一决定性胜利彻底将爱情话语解构。

相对于充满幻想色彩的宫廷"玛丽苏"剧，宫斗剧的真爱话语走向崩塌的原因恰恰在于，宫斗剧呼应了21世纪以来的社会迁延，反映了女性伦理在时代语境的深刻变化：残酷而比拼智力的宫斗，象征的是（女性）竞争日趋激烈的办公室政治；皇帝的身份，暧昧暗示着办公室权力体系之上、主导性的男权话语；而舍弃爱情掌控权力的自我选择，恰恰对应着日趋流行的当代女性生存逻辑：在个体化社会的逻辑中，个体已经充分原子化，独立自主、竞争力强大成为个体最大的美德；而由于当代社会的空前流动性和普遍的诱惑机制，依附男性则充满了不稳定性和不安全感。

必须看到，这一全新的个体伦理颠覆了传统对于爱情的言说和想象，并表现出极其复杂的意涵：一方面，它赋予了女性更为独立的品质和精神，呼应了女性自我意识的崛起。事实上，宫斗剧本身就是"大女主剧"的核心作品类型，是女性主体性的建构和主体意识的表达。但另一方面，对于美好爱情想象的失落和鲜明的个人主义导致了男女关系的矛盾和错乱。

在当下中国的话语场域中，诸如"绿茶婊""直男癌"之类话语的广泛盛行，以及女权主义引发的广泛争议，清晰显现出男性和女性在时代语境中深刻的伦理冲突。而这一新的伦理问题在宫斗剧中亦有典型呈现：相对于具有流行性和超前性的网络文化，相对保守的影视剧制作采取了更为传统的叙事方式，着力于塑造那种缺乏攻击性、无条件善良的人物。这种人物塑造方式自琼瑶始已成为一种叙事传统，只是在与强调女性自强自立的个体化伦理格格不入的今天，这种单纯善良、缺乏斗争意愿和能力，只能靠男性拯救的人物形象已经与时代伦理格格不入，遂成为带有嘲讽意义的"白莲花"。

以宫斗剧为核心的大女主塑造中一方面总是给予女性这样一个道德基点，另一方面又必须进入女性获取胜利的斗争语境；于是，"白莲花"必须经过特定的蜕变，成为全新的具有强大斗争能力和意志的形象，这就是所谓"黑化"，"白莲花"的"黑化"遂成为大女主剧的经典叙事套路。在这里，女主的黑化过程不仅是一种叙事机制，更加是女性从温柔驯良的传统伦理走向独立强大的个体伦理的文化表征，象征着在当代语境中女性对于传统男权伦理的精神摆脱。

在此意义上，《延禧攻略》显现出它的独特性，从入宫动机上来说，魏璎珞肩负着复仇的使命，这决定了宫斗主题从一开始就占据了文本的核心能指。而魏璎珞聪明狠辣，杀伐果决的心性，颠覆了"白莲花"这一经典的女性"出厂设定"。如果说相比于自由、开放和敏锐的网络媒介，影视剧媒介在美学上相对保守和滞后；那么，魏璎珞的形象，说明了影视剧开始摆脱"白莲花"的道德外衣，以"黑莲花"的形象呼应着新的时代伦理。而从"白莲花"向"黑莲花"的转换中，两性伦理彻底得到了反转。

正如魏璎珞的个性所显现的那样，女性不再依附男性，也不再对爱情抱有幻想，这表现在魏璎珞一开始就对男性和爱情带来的救赎可能嗤之以鼻。而故事也在不断地"呼应"这一点：魏璎珞与傅恒有情却只能错过，而其与皇帝的爱情不仅在内容上被皇帝的多情所解构，在结构上也被她与富察皇后的友情所解构。最终，文本的真爱意指淹没在"大猪蹄子"的喧嚣声中。而相比于被悬空的爱情，魏璎珞的耿直强硬、有仇必报的个性，事实上更为瞩目。

比起白莲花的被迫"黑化",魏璎珞式"黑莲花"主动出击,快意恩仇,寄托的正是在充满风险和危机的当代社会中,人们对于生存困境进行"暴力解决"的理想。然而,正如魏璎珞过于直露的个性气质与厚黑的宫斗语境的疏离所引发的不合理感受那样,现实生活中的作为压抑机制的风险和危机无法根除,这决定了魏璎珞的"延禧攻略"依然带有浓厚的"爽文"气质,而只能成为一个情感释放的快感机制,而这恰恰是《延禧攻略》得以大火的深刻原因。

技术操持:玄幻修仙的自我想象

在对于时代伦理的敏锐表现之外,"技术"构成了影响影视剧成败的又一关键因素。这里的技术首先指的是形式层面的具体技术要素的运用。在2018年暑假的大热剧集中,《延禧攻略》的服化道(服装、化妆、道具)和对于色调的运用,《香蜜沉沉烬如霜》(下文称香蜜)的特效,都显示了技术层面支持对于剧集成功的巨大支撑作用。自大IP剧盛行以来,由于IP原著和流量明星的高额成本,使得特效等技术因素总是不尽如人意,《延禧攻略》和《香蜜》的成功,无疑说明了建立在粉丝文化基础上的"流量逻辑"在逐渐消退,剧集本身的技术水准成了愈发重要的因素。

然而更为重要的是,在以网络小说为典型文本中,技术不仅表现为外在的形式要素,更是一种内在的叙事方式,这是对于当代社会广泛的"技术化"现象的深刻表征。这种技术化指的是,当代个体不但面临着由科学话语和数理逻辑支持的广阔外部语境,而且就个体生存而言,无论从学校生涯的考试技术,还是进入职场以后的工作手段,乃至个体所必备的健康、理财等各种生活技能,在日趋专业化和竞争激烈的时代语境中,生活本身就成了一种技术化的操持。与之相对应,这种技术化语境,在敏锐的网络小说中得到了象征性的表达。

如果说盛行不衰的"宫斗文""宅斗文"指涉着当代女性在职场、家庭复杂人际、人伦关系中进行的技术性操持;那么,玄幻修仙文所着力建构的修仙世界就对应着当代男性的技术化空间。无论是修仙文中所建构的严谨的修仙层级,还是对于修仙门派、修行知识的强调,都呼应着升学、工作等广泛的技术化事物,切合了技术化时代的现实逻辑。而玄幻修仙文将修仙世界描述为一个争夺资源，弱肉强食的世界，更暗含了当代激烈的生存竞争。

就此而言，正如同宫斗文以技术性的宫斗作为核心主题，并将爱情话语逐渐解构一样；玄幻修仙文的核心能指也在于修炼本身，而其他的叙事元素都处于附属的位置。在所有的玄幻修仙文中，体系和修炼等级的划定（几乎等于世界观的设定）乃是这一"异托邦"的前提和基础，而故事本身也演变为主人公一步步跃升至修仙顶峰的修炼史。从当代文化审美结构上来看，作为男性气质浓厚的文类，在很大程度上玄幻修仙文可以视为对以金庸为代表的武侠小说的结构性发展（尽管从文学成就上不一定是发展）。相对于武侠小说，玄幻小说的主题嬗变恰恰对应了当代社会的"技术化"症候。

如果说传统武侠的特质在于"武"（武功获取）和"侠"（英雄人格建构）的结合，前者只是达成后者的条件；那么在玄幻修仙小说中，"生存"与"修炼"就是唯一的合法性伦理，其中再无建构"英雄人格"的必然意指。正如同《凡人修仙传》的主人公韩立所显现的那样，其性格特质就是谨小慎微，明哲保身，而这种性格保证了他修行之路的顺畅，其远离风险的"韩跑跑"特性更是对应了当代个体面对社会风险的普遍犬儒策略。就此意义而言，技术化本身就是新的伦理。

比之于各方条件铸就的对于女性向（对应女生频道文本）影视IP相对成功的生产，正是对于"技术化"的认识并不充分，导致了"大男主"作品普遍的失败现状。如果说泛滥成灾的以金庸作品为主的武侠IP改编，体现了资本逻辑的保守僵化和从业者美学认知的严重滞后的话；那么，热衷于以传统武侠剧的美学范式来处理玄幻修仙剧的经验，则是IP潮流中这种"认知滞后"的更深入表现。

与《延禧攻略》对于宫斗的推陈出新相比，被给予厚望的《武动乾坤》的失败堪称一个症候性事件。尽管张黎导演试图为这部作品注入更多的现实品质和正剧品格，然而其过度写实的武打风格（玄幻修仙的"修炼"概念恰恰是超越身体的）、混乱的力量体系（这一点对玄幻修仙文至关重要）、过度张扬和外放的主人公性格，都体现出张黎导演未能准确把握玄幻修仙文的技术化内涵。而此前的《莽荒纪》的失败同样如此，其对于人物情感的过度用力和俗套的故事类型显示出了极其传统的武侠剧叙事风格，却未能看到玄幻修仙文中的主人公是一个"事业向"的人物形象。可以说，相比于《甄嬛传》《延禧攻略》在技术化时代对于女性生活的呼应；玄幻修仙文的IP转换还缺乏深刻的技术自觉。

意义延拓：网络IP的自我超越

如果从世界眼光来把握中国影视剧的生产，笔者认为存在两个层次；第一个层次就是能够像美剧、韩剧那样，进行更加专业化的生产，这也是"技术化"时代的文化症候。以网络小说为主的IP改编，首先需要充分理解原IP的美学特质，尤其是网络文学对于当代社会心理的广泛影射；在此基础上，对于网络IP的改编才能具有高度的自觉。

当下IP剧改编的乱象，例如资本逻辑的过分渗入，大男主IP的失败，尤其是原著党和制片方之间的强烈冲突，都是因为，IP改编尚未达到较为专业的程度。而2018年暑假的《媚者无疆》《香蜜沉沉烬如霜》，都一度取得了不弱于甚至超越原著的评价（参考豆瓣评分），说明了IP制作专业性的显著提升。

在此基础上，IP剧制作还应该有更高的美学诉求，即更深刻的现实指向和意义表达。在以网络小说为核心的IP剧制作中，这种对于意义感的追求理应得到重视。这是因为，如上所论，一方面，IP剧用特定的大女主伦理、技术化内涵等呼应着当代社会心理的变化，显现了特定的现实涵义；另一方面，网络小说往往对这些现实意涵采用了幻想式的解决方式，无论是"大女主"在宫斗、宅斗的胜利，还是玄幻网络小说中男主的一次次逆袭，网络小说总是以乌托邦形式完成对于现实困厄的想象性解决，并最终将文本演化为一种快感获取的带入模式，生成了表征现实而又反叛现实的"虚拟现实"，并由此成为消费主义语境中快感获取这一核心意识形态的能指链环中的一部分。

2018年暑假的两部大热剧《延禧攻略》和《香蜜》都可以称为"大女主文本"，其结构上的对应关系表明了网络小说的这种快感机制：《延禧攻略》表征了在爱情丧失救赎魔力的语境中，大女主"一路开挂"的狂暴胜利；而《香蜜》则以"三生三世"这一经典设定为背景，来对真爱进行夸张化的想象,从而使"缺爱"的当代个体获得对于爱情的想象性满足。二者恰恰从结构上满足了当代女性关于"事业"和"爱情"的隐秘渴望,尽管两部剧的受众不一定相同。

　　就此而言,IP剧理应获得一定的意义扩张。这种意义指的是突破网络小说惯常的"yy"套路,赋予其在"爽文"之外的更深层次意义。唯有如此,当代IP制作才能摆脱其进行快感满足的简单机制,显现出更为深刻的精神意蕴。《甄嬛传》对于残酷宫廷泯灭真爱的批判,《延禧攻略》中魏璎珞的正义感和反叛精神,都在一定程度上体现了这一点。而2018年暑假相对小众的《夜天子》《疯人院》事实上有着更为出色的表达。从印度现实主义电影的崛起,到《我不是药神》的火爆荧屏;电影产业已经显现了这一走向更深的社会含义的美学趋势,而电视剧制作理应有着同样的追求。

　　　　　　　　选自"探索与争鸣杂志"微信公众号(2018年9月1日)

《延禧攻略》：一本身体政治学文本

徐忠明

清代中国的政治，是以皇帝为中心而被建构与展开的。气势宏伟的紫禁城，乃是皇帝活动的主要空间，它被分为内廷与外朝。内廷，是指皇帝自然身体的活动场所；外朝，则是皇帝政治（制度）身体的活动场所，经由皇城、外城，以至省府州县的治所，构成了一张全国性的统治网络。在男权中心与严格维护两性秩序的帝制中国，可以生活在紫禁城的人，主要包括年轻皇子、后妃、宫女、太监；获准出入紫禁城的人，则有内务府敬事房、内阁、军机处的官员，以及宫廷侍卫。紫禁城的空间划分，既是政治的，也是性别的。

目前所见也颇为流行的讲述清代宫廷故事的影视作品，大致可分两种类型：一是外朝政治，如《康熙皇朝》《雍正皇朝》等，这是一个男人的政治空间；二是内廷生活，如《还珠格格》《延禧攻略》等，这是一个以女性为中心的生活世界。

刚刚播完的《延禧攻略》，引起了观剧者的广泛关注，豆瓣得分也不低，7.2分，一时间还成了网络热搜话题——剧情评点、人物索隐、演员八卦，等等。同一部作品，可以有不同的读法和评价。从《延禧攻略》中，人们既可以读出生存压力与生存竞争的惨烈故事，也可以读出美女如云、花团锦簇的后宫生活，实际上是一个尔虞我诈的争斗场所。据我看来，

《延禧攻略》可谓是一个地道的"身体政治学"样本，宫中女性除了运用权谋机诈的心智，尚有以身体为武器的实践。在皇帝面前，也可以说是"弱者的武器"。

本片的叙事线索，主要是自然身体与政治身体之间产生的复杂纠葛。

第一集开篇的一个场景，即是诈术与身体的叙事，具有非常明显的预示功能。参加选秀的名门出身的乌雅小姐，被包衣出身的绣房宫女吉祥弄湿了衣服，引起了一场小冲突。剧中画面是这样的，吉祥因冒犯乌雅小姐而匍匐在地，道歉求饶；但乌雅小姐则昂首挺立，不只恶言斥责吉祥，而且扇了吉祥一记耳光，又用木底鞋子碾压吉祥之手，以致鲜血淋漓。由此我们看到了不同身体之间的冲撞，即高贵身体对于卑贱身体实施的话语暴力与身体暴力。这种暴力之所以可能，是因为施暴者与受暴者在政治身份上的落差。至于引发冲突与化解冲突的原因，乃是机谋。具体而言，吉祥手提的水桶之所以脱落，并泼水弄湿了乌雅的衣服，是秀女锦绣故意使坏；同样是秀女的魏璎珞，之所以能够化解冲突，除了巧言解释和劝解，还用香粉涂抹在乌雅刻了莲花的木制鞋底上，使其能够在地面上留下美丽的莲花纹样。也正是这一伪造"步步生莲"的小把戏，使乌雅受到了皇帝的训斥，并失去了获选的机会。

本剧女主角魏璎珞之所以入宫，是为了替姐姐魏璎宁（因避讳而改名阿满）复仇。魏璎宁也是一个心灵手巧的绣房宫女，先是遭到乾隆之弟和亲王弘昼强暴，继而又被和亲王之母裕太妃勒死灭口，因为亲王强奸宫女是丑事，如果声扬出去，将会影响亲王的名声。这同样是一个关于高贵身体对于卑贱身体施暴的故事，它隐含了政治与身体之间的冲突。

在第七十集中，魏璎珞之所以中尸毒而命在旦夕，是为了救五阿哥；傅恒之所以中瘴气之毒而死亡，是为了救魏璎珞。得救的五阿哥，可能成为未来的皇帝；被救的魏璎珞，则晋升为令贵妃，成为后宫中的第一号实权人物，因为乌拉那拉皇后除了保留皇后的身份，已经被边缘化而不再掌管后宫事务。可以这么说，魏璎珞和傅恒舍己救人的行为，均非单纯的救生，而是为了拯救作为政治载体的身体。

上述故事，只不过是《延禧攻略》关于"身体政治学"叙事的四个片段。事实上，本剧是一个全面展现"身体政治学"的文本。说它全面，不仅是指这一主题贯穿全剧始终,并且是指故事叙述的各色人等,均呈现出身体与政治之间难以拆解的纠葛。

在后宫中居于支配地位的皇帝,拥有两个身体——自然身体与政治(制度)身体。因为生育,皇帝获得了自然身体;由于继承,皇帝获得了政治身体。在《延禧攻略》中,乾隆皇帝之所以能够支配和享用后宫女性的身体,无疑是他拥有政治身体所赋予的权力。这个承载权力的政治身体,放大了皇帝自然身体的能量,并且导致了后宫女性之间的竞争。

根据清代定制,后宫嫔妃共有八个等级:一个皇后、一个皇贵妃、两个贵妃、三到四个妃、五到六个嫔,接下来是贵人、常在与答应,没有固定的人数,她们生活在紫禁城,并有接触皇帝的机会,还有提供各种生活服务的人数众多的宫女和太监。在这个基本上由女性构成的生活世界,皇帝可以通过自己的喜好选择施与恩宠的女性;然而,这些女性能否得到皇帝的临幸和恩宠,则要依靠自己的身体(美貌)与才华,即性的吸引力。换句话说,这些生活在皇帝身边的女性,若想得到皇帝的临幸和恩宠,就必然会施展各自的攻略,展开激烈的竞争。朱剑飞在《中国空间策略:帝都北京》一书中说:是"她们共同培养了皇帝的巨大的阴茎的身体。"这个"拥有巨大阴茎的身体",通过享用后宫女人,既获得了身体的愉悦——本剧将其视为皇帝借以放松身体紧张的一种方式,又进行着身体的生产。

通观《延禧攻略》讲述的身体竞争,大致包括以下三个方面。

一是施展身体魅力,以邀皇帝宠信。比如,高贵妃为了保养容貌,用牛乳洗澡;为了邀宠,她还经常在庭院中轻歌曼舞;最后出场的顺嫔,虽说是天生丽质,但也要施展能歌善舞的本领。至于乌拉那拉氏皇后,因掉发和脸部皱纹而产生的对于色衰的焦虑,则可以从反面佐证,后宫女性对于身体的关注和呵护。后宫女性的身体,特别是身体的性吸引力,乃是她们获得皇帝临幸和恩宠的资本。若失去了身体这个资本,那就离被冷落不远了。

二是通过生育皇子,来提升和巩固名位。例如美貌聪慧、地位稳固的富察皇后,在第一个皇子九龄夭折、第二个皇子胎死腹中之后,仍要通过服食尔晴提供的生子秘方,足见生育皇子对于宫中女性有多么的重要。不幸的是,虽然富察氏诞下了皇子,但却遭到了暗算;由于失去第三个皇子造成的悲痛，以及得知乾隆与尔晴之间发生性关系的打击，富察皇后以自杀的方式结束了自己的生命。自然身体死了，作为政治身体的皇后之位也空缺了，顶补这一空缺的是娴妃乌拉那拉氏。又如富察皇后的闺蜜、爱慕傅恒的纯妃，则是一个具有双面意义的有趣例子。起初，在得知皇帝要来临幸的那日，纯妃用冷水洗澡使自己感冒，躲避了皇帝的临幸；后来，在娴妃的唆使下，纯妃又采取了积极措施，由此既邀得了乾隆恩宠，又生下了皇子，自己的名位也得到了巩固。有趣的是，《延禧攻略》围绕皇后嫔妃的生育叙事，仅仅讲皇子而不提格格。显然，这不是一般的"重男轻女"教条所能解释的，而是因为皇子关乎皇位的继承；也就是说，生育皇子是一个严肃的政治问题，而非单纯的生育问题。

在令贵妃魏璎珞与乌拉那拉皇后之间达成"和平"协议之后的十年，后宫也维持了风平浪静的十年。然而随着皇子的渐渐长达成人，这种和平就打破了，新一轮争夺皇位继承人身份的斗争又开始了。五阿哥被炸伤了腿、四阿哥差点被毒死、十五阿哥也遭到了暗算。皇子身体的生产，是一种政治；伤毁和谋杀皇子的身体，同样是一种政治。

三是"性"的阻断与接触：尔晴的故事。与乌拉那拉氏、纯妃的"黑化"转变一样，尔晴也是一个前后判若两人的角色。在登场之初，尔晴不但有着姣好的面容和身段，而且性情也很温婉，说话轻声细语；但是随着剧情的展开，尔晴险毒辣的性格逐渐浮出水面，容貌也变得恶俗起来，说话甚是粗鄙。对尔晴来说，能够成为名门贵族之子、政治前程一片锦绣的富察·傅恒之嫡妻，是一件让她欢天喜地的事情。可是，尔晴的婚姻生活并不幸福，因为傅恒仍深爱着魏璎珞，以致被冷落了。与傅恒性关系的阻断，使尔晴产生了强烈的报复心理，不惜假冒宫女，借着给乾隆送"醒酒汤"的机会，与皇帝发生了性关系，并且怀了身孕，在婆家诞下了福康安。对傅恒来说，皇帝赐婚是一种具有政治意味的约束；尔晴与皇帝发生性关系而生下孩子，尽管只是自然身体之间的亲密接触，但皇帝毕竟是一种政治的存在，从而构成了另一种约束。在这种情况下，傅恒"休妻"的意图就落空了。可见，尔晴的身体、性关系与生育，都沾染了浓厚的政治色彩。

在《延禧攻略》中，涉及"身体政治学"的场景非常之多。比如，通过阉割技术制造太监，即制造一种"非男非女"的身体，使他们得以穿梭于男人与女人之间，从而打破了阴阳两性之间的自然界限和政治区隔。又如，通过名目繁多的宫规戒律，以约束宫中各色人等的身体；通过随时随地、无刻不有的跪拜礼仪，以规训他们的身体，驯服他们的心灵，并且建构高贵者与卑贱者之间的支配关系；通过对于犯错之人实施鞭杖，以惩罚他们的身体，使他们驯服于暴力的支配；通过空间上的隔离措施，惩罚失宠的嫔妃，等等。所有这些，都是政治对于身体的规训与控制，也是自然身体对于政治身体的臣服。在本剧中，还有几个经常出现的人物——太医。他们以特殊的技能服务于皇帝与宫中女性，特别是后宫女性的身体与身体的生产。当然，负责接生的是产婆，而非男性的太医。

　　《延禧攻略》叙述的身体，既是权力斗争的资本，也是施展"攻略"的工具；既可以成为权力操控的对象，也可以成为操控权力的主体。

　　观看《延禧攻略》，令我产生一种拔凉拔凉的感觉，因为看不到大写挺拔的人。在"奴婢该死，皇上圣明"的话语框架下，我们看到只是那些跪拜匍匐、口称该死、遭受暴力鞭杖的卑躬屈膝的身体，甚至随时皆有可能被摘取项上脑袋的身体；即使贵为皇子，也同样有可能遭到活埋、烧死、毒毙的身体。另外，太多的计谋攻略，太多的世态炎凉，也让人有种刺骨的寒冷，人性太过阴暗，真情太少流露。花团锦簇之中，生存仍大不易。

选自"雅理读书"微信公众号（2018年9月2日）

"娘炮"当道：
性别气质的当代迷思

编者按：2018年9月1日晚，由中央电视台制作的公益节目《开学第一课》一经播出便引发热议。舆论的关注点从强制观看、插播广告逐步转移到对节目内容的讨论，央视邀请到的助力偶像被认为"娘里娘气"，可能影响到青少年的正常审美心理。有观点从"阳刚气质"的角度严厉批评近来"娘炮"风盛行，"性别气质"的讨论逐渐成为舆论焦点。

新华社评论员文章《"娘炮"之风当休矣！》认为"娘炮"风超出了价值多元的界限，是娱乐消费文化制造出来的病态审美，应当被遏止。贾小凡在《随意辱骂"娘炮"，并不能让人显得阳刚》中正面回应了流行已久的"娘炮误国论"，认为这是一种刻板印象，审美应是个体权利，而一些讨论中强调的所谓"男性气质"却常常成为男权意识的粗鄙掩饰。飞剑客文章《娘炮还是阳刚，互联网的性别气质战争》认为"性别气质"的讨论是消费主义的有意建构，同时重申了"阳刚"之气在现代民族国家建构中不可或缺的作用，不能以价值多元为由将其轻易否定。

"娘炮"之风展现了近年来消费和性别结构变动的一个侧面。阿莫的文章《偶像产业中的男性形象：消费细分下"娘炮"的崛起》回顾了荧幕中男性形象的历史变迁，在消费主义盛行的当下，"娘炮"成了迎合观众口味的审美符号。在题为《小鲜肉·耽美·性别困境》访谈文章中，戴锦华在"阳刚"与"娘炮"二元话语对立之外，分析了近年来性别审美现象背后的资本运作逻辑；当下阶层和性别结构的新变动，使得文化表征呈现出更为复杂的局面，需要在更广阔的视野中进行理解。

随意辱骂"娘炮",并不能让人显得阳刚

贾小凡

(一)

上周末,央视的《开学第一课》引发众怒,没想到除了强制观看、迟到并插播15分钟商业广告这几个槽点之外,还节外生枝。

因为节目组邀请了几位当红偶像明星助力,不少家长和旁观者对此感到不满。

他们辱骂这些明星"不男不女",指责央视的节目这样做是传播不正确的审美观,给孩子带来不良影响,会让下一代"越来越娘"。

网传央视制片人的朋友圈里,针对这些指责是这样回复的:我们也反感这些小鲜肉,可还是要硬着头皮去跟领导请求,谁让你家孩子就喜欢看这样的。

言语中其实也是存在着对这类明星的不屑,以及指责现在的孩子喜欢他们是家长教育的失职。

结果这场全国家长和央视之间的风波,莫名就围绕"娘炮"男性开辟了一个新的战场。

我们的社会,特别是年轻女性,受到日韩流行文化影响,近年对纤细清秀型男明星的审美偏好,是不争的事实。

女性的权利意识觉醒,伴随着她们在审美消费上掌握了更多的主动

权。在这股浪潮中，这些年轻的男孩处在一个尴尬的境地。

一方面，他们在粉丝中可以呼风唤雨，就像高晓松谈亚洲偶像文化时所说，享受着女粉丝对他们狂热的追捧与保护欲。一方面，他们又要承受着秉持传统观念之人毫不客气的讽刺、调侃，甚至谩骂和侮辱。

像这次成了靶子的朱正廷，其实他只是这股潮流中一个很普通的个体，刚好赶上了集体发泄，就承受了许多来自网友的恶意。

这种对"娘炮"的斥责，并不止于小鲜肉明星。

它经常被扩展到生活中。那些体型纤弱、长相秀气、比一般男生更爱打扮的男性，也统一被斥为"娘炮""娘娘腔"。它显然不只是人们对娱乐圈现象的怨气，而是长久以来观念的冲撞。

(二)

阴柔审美的出现，本应当成为一种契机，推动社会学会尊重多元的选择、多元的自我。不管男人、女人，想打扮成什么样子，想以什么方式展示自己的魅力，每个人都该有遵从内心的权利，不受别人指指点点。

即便对它保持警惕，也应该是基于这样的理由：逐利的娱乐圈正在对这种潮流过分迎合，身处其中的年轻明星未必能从心所欲。这种审美不该成为新一种需要被刻意迎合的潮流，反过来束缚了真正多元、自由的审美。

如今商家热衷于让小鲜肉代言彩妆，一窝蜂地让他们都走浓妆、阴柔路线。

不过，每个人都有不喜欢某个男性或某类人选择化妆、打扮自己的权利，很难有人做到完全控制住这种个人好恶，完全不产生任何偏见。

然而我们的舆论场中对"娘炮"的斥责，早已由个人好恶上升到了不由分说的价值判断。

当一些人嘲讽、辱骂另一些人"娘"，他们在说什么？

有人看不惯的"娘"，是长相精致，在妆容和穿衣打扮上比一般男性花费更多心思，整体气质偏"女性化"。有人看不惯的"娘"，是身为男性却举止不够豪放，比如动作扭捏，说话语调偏软，情绪敏感丰富，等等。

这种观念所推崇的男性该有的气质，与以上特点截然相反：长相硬朗甚至粗糙，通过外在形象散发荷尔蒙，性情刚烈豪迈，等等。

对哪种类型的外表有所偏爱和取向本无可厚非，但舆论往往理所应当地变成这样的断言："因为他外在看起来这样，所以他一定是个没胆量、弱不禁风、扛不起事儿的软蛋。"

问题是，从一个人或精致或粗糙的外表，是否就能看出一个人的见识、修养、性格、道德等等多方面的品质？如果能，那世间为何还存在"道貌岸然""人面兽心"这样从生活经验积累而来的词语？

从外表女性化就推断这样的男生一定存在某种人格缺陷，那也太低估人的复杂了。这样的断言和谩骂，除了自以为是的刻板印象，没有任何根据可言。

相应的，女性也受到这种"外表定人"的伤害——比如李宇春、曾轶可，因为长相和打扮"爷们儿"，就无端被嘲弄了许多年。当人们轻浮地喊她们春哥、曾哥并施以各种恶意，她们的为人和对待事业上的优点，仅因为这样就遭到无视和否认。

后来人们要时间证明才知道，无论是当年长相柔美的张国荣，还是后来长相爷们儿的李宇春，他们应该得到社会怎样的评价，和外表没有任何关系。

人们开始了解，性别的行为举止是被规训出来的。只要不符合传统印象中男人和女人该有的样子，哪怕你没有做错任何事，都得不到应有的尊重。

可是真正决定一个人的为人和价值的，仅仅是一个男人脸上有没有粉底和眼线，一个女人留不留长发、穿不穿裙子吗？

停留在从外表判断一个人的品格并肆意辱骂的思维，这其中体现出的反智和不成熟才是真正值得担忧的问题。

（三）

除了在外表的个人选择上进行批判，我们的社会还常常陷入对所谓"阳刚气质"的执着，默认某些特质是"正常男性"必须拥有或必须不能有的。它已经体现在对下一代教育的担忧中。

在类似的新闻报道中，人们眼中小男孩引人担忧的特点往往是这样的：遇事爱哭，说话细声细气，性格内向腼腆，不爱参加活动……

焦急的家长和老师们认为这些年仅六七岁的孩子已经遭遇莫大的危机,却并未想着耐心引导,看到每个孩子性格中的闪光点:性格内向、心思敏感不见得就是容不下的错误啊。

对待成年男性,这样的衡量标准更是变本加厉。

成年男性不能情绪丰富,不能心思细腻,遇事不能掉一滴眼泪,压力很大也不能表现出脆弱,哪怕怕晒都不能抹防晒霜不能打伞……任何与所谓女性气质相关的事情都不能沾边,才能不负了"钢铁直男"的美称。

我们对人的品格、品质评价的标准,是否正在变得单一化?好像只有符合某个与性别相配的标准,才算是流水线上合格的产品。这和包容多元的现代价值观,还有很大的差距。

更可怕的是,那种对所谓阳刚、男性气质的误解,正让一些人洋洋得意。

2017年曾经有这样一则社会新闻引发争议:在山东某企业的年会上,一位男性高管当众抱起男扮女装的反串演员后恶意撒手,导致对方重重摔在地上,却引来满堂喝彩。

或许他是在表达自己对"娘炮"反串演员的不屑,展示自己更为优越的刚猛与力量。可是在任何一个文明人眼里看来,他明明展示的只是粗鄙而已。

这个摔完人还十分自豪的男高管,就像如今被误解的阳刚气质的缩影,好像男人的存在就是为了展示力量和力量带来的霸权。

人们眼中的纯爷们儿,越来越被理解为吃喝嫖赌,聚众干架,抽烟喝酒,甚至打得老婆乖乖听话……这些非常表层的东西,构成了某个人群中对阳刚和爷们儿的理解。

这被歪曲的阳刚,一定程度上来自性别规范对男性的严格要求:男人必须时刻以充满力量和权威的形象示人。久而久之,这样的性别规范被歪曲成了在任何事情上都无视别人的尊严,通过在他人身上施加权威来展示自己的强大,殊不知暴露的只是用粗鄙掩饰的虚弱。

可是当一个"传统"的男人所属的群体就是持这样的价值观,他也只能不停地用这种方式博得同类的认同,和在人群中的归属感。

仔细想想,在这样的男权思想中,男人的自我又真的得到尊重了吗?

（四）

家长对"娘炮"之风的担忧，是害怕自己孩子的成长受到"歪风"影响。可是，与其问我们的社会需要培养出什么样的男人，不如直接问需要培养出什么样的人。

这几年的新闻中可以看到，许多地方都开始推行有针对性的性别教育。比如2016年，上海曾推出国内首本小学男生性别教材，希望"让祖国的未来拥有更多阳光、阳刚的男儿郎"。

想培养出积极向上、阳光勇敢的孩子，并没有什么问题。然而人们深挖这本教材后却发现，它里面有些要教授的东西，并没有必要拿性别区分。

怎样把学习变成一种有趣的活动？男子汉如何表达爱？生活中要不要讲哥们义气？为什么要有投资和理财的意识？人是大自然中普通的一员吗？怎样与自然界的同伴们相处？

正确的学习方法，优秀的品德，生活的常识，爱人爱己，这是社会的期待中每个孩子都应该长成的样子吧。

事实上，如今与"刻板阳刚"越来越背道而驰的价值观，正是这样在衡量自己与他人的。

正在被人抛弃的品质，是素质低下，是不尊重他人，是虚伪、轻浮、不负责任，是任何能暴露一个人精神之空虚与肮脏的东西，它们绝非谁是男人谁是女人、化不化妆、翘不翘兰花指能定义。

而与之相反，无论男人女人，与其对别人的生活指指点点、恶意满满，不如着眼于自身，努力克服人性的弱点，拨开社会的偏见，做更好的自己。

拿几个小鲜肉去批判"少年娘则中国娘"，只是偷换概念——把炮火对准社会流行文化表层现象上的个体，不过只是宣泄民粹主义和极端爱国情绪的暴力罢了。

真那么关心年轻人的前途，不如去问一问教育体系，问一问公共设施的建设，问一问社会的价值观希望把一代又一代青少年培养成什么样的人？

它是需要社会共同努力的事情，绝非痛批几个年轻明星、嘲讽现在女孩子的眼光就能解决的。

此时看来,《海贼王》里的角色冯克雷虽然身为异装癖人妖,说的却是在现实中十分有力的大实话:"走上男人之道也好,走上女人之道也好,决不能偏离人之道"。

男人也好,女人也好,挣脱了性别带来的不必要的枷锁之后,所要做的不过是做个真正的"人"。

选自"看天下"微信公众号(2018年9月3日)

"娘炮"之风当休矣!

辛识平

清代名士龚自珍曾借助"病梅"的隐喻,对病态审美造成的不良社会后果表达忧思。

让他没想到的是,在互联网时代的流行文化中,类似"病梅"一般的审美趣味依然很有市场。

"油头粉面A4腰,矫揉造作兰花指",这句顺口溜描述的正是时下某些所谓"小鲜肉"偶像令人错愕的形象与做派。

当越来越多的"娘炮"及其言行刷屏霸屏,成为一些人热捧、哄抬的对象,人们对这种"辣眼睛"的反常现象不断表达担忧和反思。

与出于艺术表现考虑的"反串""异装"不同,当下流行的"娘炮风",是一种刻意强化并扭曲呈现的"人设":

他们看起来性别模糊却妆容精致,长身玉立却如弱柳扶风,动辄把"讨厌""吓死宝宝了""小拳拳捶你胸口"挂在嘴边;

他们既在电影电视中这样演,在综艺节目和日常生活中也同样"入戏"……

由"嫩"到"美"进而"娘",这种病态审美的递进耐人寻味。"娘炮"不是一天养成的,它是"颜值消费"和眼球经济跑偏的结果,更是文娱圈子奢靡浮夸之风的新变种。

借助各种匪夷所思的造星运动,"花样美男"被捧成了"流量小生","靠脸吃饭"变成了"颜值正义",资本冲动和浮躁风气推波助澜,硬生生把"小鲜肉"弄成了"小鲜花",把"孟特"裁成了"孟特娇"。

开放多元的社会,审美自可参差多态,各得其所。然而,凡事都应有度,越过底线就会走向反面——不是审美,而是"审丑"。

热捧"小鲜肉"、渲染"娘炮风"的娱乐造势传递出让人担忧的倾向:

在"论美貌你是赢不了我"的喧嚣中,"演员的自我修养"显得无足重轻,一些人演技很烂却拿着天价片酬,各种任性都被惯出来了;

在"娱乐至上""流量为王"的误区中,一些影视作品、网络平台、综艺节目刻意迎合低俗口味,消费各种"奇葩""怪咖",为博眼球甚至不惜挑战社会公序良俗,散发着猎奇、拜金、颓废的气息。

以文化人,更在育人。"娘炮"现象之所以引发公众反感,还因为这种病态文化对青少年的负面影响不可低估。

青少年是国家的未来,网络上"少年娘则国娘"的批评尽管不无戏谑,但一个社会和国家的流行文化拥抱什么、拒绝什么、传播什么,确乎是关系国家未来的大事。培养担当民族复兴大任的时代新人,需要抵制不良文化的侵蚀,更需要优秀文化的滋养。

学者尼尔·波兹曼曾在其著作《娱乐至死》中告诫人们:毁掉我们的,不是我们所憎恨的东西,而恰恰是我们所"热爱"的东西。面对眼花缭乱的各种"泛娱乐化"现象,重温和思考这种理性之声,很有必要,也很有价值。

选自"新华网"(2018年9月6日)

偶像产业中的男性形象：
消费细分下"娘炮"的崛起

阿莫

　　打扮精致的男星因为出现在一档面向青少年的节目而站在了风口浪尖。现在的男明星是否太过"娘炮"，缺少阳刚气质变成了热门话题。随着话题的逐步发酵，既有对于当代男性气质逐步丧失的愤懑，也有关于到底何为男性气质，拒绝性别刻板印象的探讨，但鲜见对偶像文化工业相关的议论。

　　偶像变"娘"并非从今天开始。英国著名电影学者理查·戴尔在其著名专著《明星》中提出了明星形象的概念，他认为明星是一种"被构建的个体"，其形象由媒介文本——促销、宣传、影片、影评等一起组合建构而成，同时也结合了大众的趣味和评价。从"阳刚"到"阴柔"，男星形象的变化，既能看到文化工业如何深刻地影响和改变身体认知和审美，也能展现社会性别气质认知的变迁与焦虑。

精致男孩的荧幕诞生

　　因此，目前聚焦于"娘炮"的讨论很多是围绕着突破性别形象的话题而来，但我们可以发现，20世纪60年代的华丽派摇滚明星在性别开放上做的努力和突破（留长发，穿裙子，涂抹鲜艳的口红，歌唱双性恋等）比现在的男星更多。目前走入大众目光下，广受欢迎的偶像，更多的是那些活跃于舞台和影视作品中的"花美男"们。花美男的逐步流行，并非是伴随着性别形象的演变而变化，而是偶像工业打造精致身体消费的副产品。

早期的电视剧和电影，是"大叔们"的天下，这些男演员年纪不一定很大，但穿衣打扮都偏成熟稳重，并且往往五官粗犷阳刚，肩膀宽厚，身材高壮结实，是传统观念中帅气男性的样板。《追捕》（1976年）中的高仓健，可谓是彼时男性偶像的典型代表。这种审美对男性的整体的风格要求多过于具体的五官或身体规范。当人们谈起一个男明星的时候，往往用"帅""酷""有魅力"等整体而笼统的词汇去评价，而不会具体分析其五官，妆容，身体部位等。

接下来，电视剧和电影中的男性偶像形象逐渐变化。一开始，只是出现一些打扮得体，风度翩翩的白马王子形象，与过于不修边幅的粗犷硬汉形象形成区别，满足另一种审美需求，但基本还是在传统的男性审美框架内（留短发，衣着举止并不风骚暴露）。例如1980至1990年代风靡一时的港台奶油小生，如小虎队、林志颖等，往往时髦英俊，参与荷尔蒙四射的唱跳表演和偶像剧演出。这一时期，男明星开始出现实力派和偶像派之分的说法。其中，"偶像派"多被视为带有一些贬义，被视为没有能力的表现。因此从早年的媒体报道中常常看到，某某偶像派试图转向实力派的宣言，仿佛摆脱"靠脸吃饭"才是明星正途。比如，因出演《神雕侠侣》、凭借俊美形象一炮走红的古天乐，很快便以晒黑的方式，摆脱了媒体贴给他"奶油小生"的标签，开始拓宽自己的戏路。

之后，随着人们对于身体的追求日益增加，年轻健美的身体作为一种提供愉悦和自我表达的载体开始盛行。越是接近于完美的形象，身体越是拥有更高的交换价值。电视剧和电影中越来越常见对男星身体的特写，带来观众的凝视，意图吸引更多的关注和消费。于是，精致的花美男就此诞生。

人们对于花美男有着严格的外貌要求，顾名思义，就是"花"和"美"：花一样的年纪，五官精致，皮肤水嫩，唇红齿白，服装打扮也比较注重时尚。花美男身材不能过分魁梧雄壮或者肥胖臃肿，而是高挑纤细，匀称有力。穿衣显瘦，脱衣有肉是最佳状态。

《流星花园》中长发飘飘的F4是早年花美男的突出代表。他们剪着不规则的刘海，穿着夸张花哨的衬衫，最顶上的扣子不扣露出胸膛，并愿意积极佩戴饰品（项链、戒指等）。这在当时的社会环境中，是极大的男性审美冲击。一度，无数男性青年都开始模仿这些潮流的打扮。后来，花美男文化陆续进步和演变，从舞台上到电视剧日渐蓬勃。偶像产业极为发达的韩国所生产出来的电视剧在审美近似的东亚地区广受好评，剧中建构的各式高颜值大长腿的帅气男性成为吸引众多女性观众牢牢坐在电视机前收看的一大动力。韩国偶像剧对于男主角外形的打造几乎360度无死角：五官、身高、体重、服饰、发型、妆容甚至是不为人注意的腿毛、腋毛，都要进行管理和修饰，突破了人们对于"阳刚之气"的刻板印象。到如今，穿着突出身体线条的紧身衣裤，画眼线，涂粉底的男性明星已经成为常见的流行形象之一。他们的五官、衣着、妆容打扮也越来越容易得到关注和讨论。

男性身体被精心分割成一个个没有情感的器官——额头、眉毛、眼睛、鼻子、嘴唇、下巴、手、腿……媒体乐此不疲地对男明星的各个身体细节品头论足，"媒体选出拥有最美眼睛的男星TOP10""盘点嘴唇最让人想接吻的男明星""十大长腿男星代表"等新闻标题层出不穷，解剖般的方式使男性身体的任何一个部位都未逃过观众的打量。哪位男明星最会打扮，哪位男明星最能展现自己身材优点的话题也随之层出不穷。于是，鹿晗的刘海和黄子韬的眼线，都数度成为网络热点。有网友戏称，正如鹿晗在古装剧中也无法放弃额角刘海，黄子韬则到哪里都必须带着眼线生活。

可以看出，对男星审美的转变是伴随着对男性身体外表的重视和消费发展起来的。这样的氛围下，人们对身体观赏渴望也越来越强烈。知名偶像剧《太阳的后裔》中，主演宋仲基赤裸上身在健身房锻炼的场面，在播出当晚便成为微博热点话题，超过剧情成为最大的爆点。弹幕网站上，一旦出现"小鲜肉"，视频弹幕被各种身体崇拜的语言所环绕："暂停一下，我要舔个屏""妈妈问我为什么要跪着看""弹幕太多我看不见脸了"……"舔屏"作为一种戏谑的对身体的迷恋的说法，深刻展现了视觉时代下对于身体审美的追求和带有欲望式的观看——身体早成为追逐的焦点。

如今的偶像派和实力派的说法已经过时，外貌出众的男星们开始被称为"流量小生"。虽然男星本人偶尔也会声称好的作品才是最重要的，但不可否认的是，在这个"颜值至上"的年代，维持形象是他们事业的重心之一。他们热衷于自拍和形象管理,愿意展示自己的身体魅力,甚至愿意分享护肤心得。偶像已经从原来的不愿承认到现在的主动面对,并积极把俊朗的外表当作自身竞争力的一部分。男性偶像们比社会大多数男性提前来到了女人们早已习以为常的世界:一个身体时时被审视和消费的世界。

但这也意味着,当前的男星必须体会许多女性日常面对的身体焦虑。对身体的标准越来越严苛,定义了什么样的身体是美的或丑的,瘦的或胖的,要求他们为自己看起来的样子负责任。这种理想化的超真实形象泛滥的结果是真正的身体和虚构的身体之间的差异被抹杀,身体的管理和修饰被追捧。男明星们不得不通过健身、衣着打扮、美容手术等来改变自己:健身房成为明星自拍或者电视剧想象中的常见场景,在《偶像练习生》等节目中,选手互相赞美妆容,在演唱会前,为了维持身材,很多偶像往往只吃鸡胸肉和蔬菜……肥胖、赘肉、脱发都被看作是"没有自制力,不能良好管理自己身体"的标志。发福的男明星一旦出现在机场照或者街拍中,就会受到广泛嘲讽和"残了"的感叹。而在另一批人眼中,这种身体焦虑成了男明星"娘"的依据——他们依旧认为,被审视的身体是只属于女性的特质。

男女权力倒错?虚假的颠覆与反叛

通过平等的身体审视,"男色"时代的消费看似已经成为女权进步和两性公平的关键之一。当代著名的女性主义电影理论家、导演、制片人劳拉·穆尔维在她著名的论文《视觉快感与叙事电影》中认为,男性观众通过两种方式来获得对女性凝视的快感。一种是认同电影中的男性角色,通过男性角色的目光,来满足力比多的投注;另外一种是作为电影院里的观众,通过认同摄像机直接将欲望的目光投射到女性角色身上。通过凝视电影中的女性角色就成了男性观众的欲望对象。因此,对于女性主义来说,批判"男性凝视"是一大任务,而建立对于男性的凝视也是反抗的重点。如果能够重建一种观看方式就意味着拥有了话语权,发出自己的声音,拥有自己的影响力和主体地位。

这种观看所具备的对传统的反叛性和颠覆性不可否认,但是另一个很显然的事实是:大部分的偶像剧和偶像崇拜,生产出来的是传统的男女关系，传统的男女社会形象。大众在讨论外表精致，梳妆打扮的男星时，往往否决他们的男性身份，称呼他们为"娘炮"，并认为他们的性取向多半是同性恋（认为打扮是由于取向或者性别身份造成）。但事实是，这些"娘炮"基本在偶像剧中饰演的都是非常明确的异性恋。

美国社会学者R.W.康奈尔在其著作《男性气质》中谈到，"和异性恋的图景相比，同性恋男性气质是高级和现代的。"因此，不少偶像剧中和舞台上的花美男穿衣打扮风格和男同性恋者颇为相似也许只是一种"时髦"和"高级"的体现，用来作为其身份地位的辅佐。虽然他们看上去秀气漂亮，实则往往在影视作品中设定为有强大力量的男性。甚至有很多影视作品会出现传统的英雄救美的老套戏码。与之相对，女主角多半是需要宠溺呵护的弱势对象，需要男主角在其日常中疼爱有加，遇到危难时拯救和帮助。由此可见，许多女性们欣赏的只是外表看起来柔弱的花美男，她们仍然希望屏幕中的男主角在性格上表现出强硬、力量，甚至是霸道气质，这和传统父权社会中的"男子气概"并没有真正的审美冲突，区别只是在外表的偏好上，她们依旧是"传统男人"的簇拥者。

当然，也有另一批受众偏好与之相反的男性性格形象。如今，没有攻击性、温柔、可爱、天真甚至有些腼腆等"非传统男性气质"的性格形象塑造在偶像男星中也越来越常见。明星产业中，这类形象塑造主要回应的是粉丝们情感上的需求，是对他们现实生活的缺乏与焦虑的补足，投射的是许多女性所希望在现实生活中看到却未能看到的理想男性应当具有的性格和品质。

观察TF Boys、刘昊然、吴磊等弟弟型的偶像，不难发现，他们在公众形象上都有共同的特点：感情经历单纯，性格坦率，与粉丝之间距离感弱，卖萌自黑接地气，保持积极向上的心态……这些塑造出的性格特征被粉丝当作"真实"的性格所接受，并以此为基础不断的对偶像进行美化和幻想，最终得出的是一种具有少年心性的年轻男性形象。这种性格形象从很多很多具有特色的爱称中也可见一斑"地主家的傻儿子""呆萌弟弟""跟女生说话会脸红"等等都表达了女性粉丝对于难得一见的纯洁美好的男性的渴求。

尤其是，一方面这些偶像正处于娱乐圈中央，大红大紫，但却依旧是青涩单纯，感情经历空白的害羞少年。这种台上台下反差极大的性格设定被称作"反差萌"，即因为这样的性格反差反而给人新鲜感，赢得更多的关注和喜爱。并且由于偶像构建出来的形象是单纯、善良、美好的，所以有容易受到伤害，需要保护的感觉。这种"保护欲"是女性粉丝愿意付出的一大原因。其中最典型的莫过于少年偶像团体TF Boys，他们的女性粉丝被称为"亲妈粉""阿姨粉"以及"姐姐粉"，意为将明星当作长不大的孩子去喜欢和保护。以其中一个粉丝在网上的发言为例 "总有成人攻击他们，但他们并没有做错什么，谦谦有礼，温润如玉。我觉得应该做点什么，就开始跟身边人撕，于是我渐渐成了粉……"为了保护自己的偶像，粉丝们往往不惜一掷千金，她们比拼演唱会售票数量，顶帖人数，电影销售成绩，生日庆典礼物等等，目的是用自己的力量帮助复杂的娱乐圈中岌岌可危的弱小偶像。在"粉丝说了算"的权力结构中，粉丝感到自己才是掌控者，掏钱也就更加心甘情愿。

  显然，虽然这种"强—弱"的关系基本是构建在想象之上。粉丝作为整体对偶像的影响力也许算是巨大，但个人力量却不值一提，拥有雄厚财力的偶像显然比粉丝强大太多，他们的公众形象也多来自经纪公司的宣传。这种颠覆传统男女地位、形象的经历基本都是偶像产业所塑造的梦境。

  在业内，韩国最大的造星公司SM公司以及日本著名的男子偶像公司杰尼斯都热爱打造具有清新纯洁气质的少年男星，其中许多人在出道初期以气质腼腆，以可爱著称，该形象一直可以延续到他们中年为止。各大偶像选秀节目中，"弟弟"层出不穷地开始出现，希望获得"姐姐们"慷慨解囊。除此之外，其他虽然年纪已经远不能被称为"弟弟"，但外表还具有少年气息，能够勉强装嫩的男星，也积极地开始示弱，希望分一杯羹。"姐姐"们再也难以分清，到底谁才是心中的那个少年——正如把身体焦虑带给了男性一般，如今这一系统，狡猾地把另一种焦虑带给了在男性身上进行感情消费的女性。当她们发现"人设崩坏"，美梦成空时，往往只能哀叹着说出那句网络流传许久的至理名言"真情实感地追星是要遭到报应的"。但下一刻，她们又奋不顾身地投入下一份真情实感之中。

  偶像产业塑造的"阴柔"男星，正是在如此复杂的环境下茁壮生长起来：身体消费的扩大化和女性性欲的崛起，现实中两性关系的焦虑和对完美对象的意淫……未来的青少年们会走向何处？没有人知道，但似乎无论哪一种性别，倘若希冀在这资金庞大，面目模糊的文化产业中找到安慰、自由和平等，都不过是痴心妄想。

　　　　　　　　　　　选自"澎湃新闻"微信公众号（2018年9月7日）

小鲜肉·耽美·性别困境[①]

戴锦华

"造就"：在您看来，"小鲜肉"为什么会成为当下的娱乐潮流？

戴锦华：我觉得这是一个非常广义的，在社会多重层面的变化之下形成的潮流，而不单纯是一个娱乐层面的问题。

一方面，今天这种青春偶像，所谓"小鲜肉"的兴起，跟全球流行文化工业的走向有关，追根溯源其实是日本文化逆袭的结果，对吧？从日本动漫，到日本人对于樱花、对于青春、对于生命、美、爱和死亡之间的那种，不好意思，我要说很病态的纠结，这样的一种东西返销欧美，再经过欧美影响到全世界，造成了全球青春偶像越来越年轻化的现象。

年轻就意味着某一种美，某一种可观赏性，但通常它不单只指男性，也包括了女性。而与腐文化相关的，以性征不鲜明或者"中性"（这里的"中性"是需要加个引号的）为特点的这样一种稚嫩的美、娇嫩的美，只是青春偶像中的一小部分，并不是全部。

另一方面来自整个全球劳动力结构的改变。当下，全球的劳动力市场正在向第三世界外移，所谓的发达国家，包括中国今天的大城市，很多人都是非物质生产的劳动者，都是数码劳工，就业市场对劳动力的需求开始改变，劳动力年龄结构总体的下降。所以，当下人们的青春崇拜中，还包

[①] 原题为"北大教授戴锦华：当代中国，能和男性平起平坐的女性，都是花木兰"。

含了某种对衰老和被淘汰的恐惧。

"造就"：您如何解读小鲜肉"娘化"引起的争议？

戴锦华："小鲜肉"并不等同于"娘炮"。所谓的"娘炮"，这个词更为人所熟悉的说法，叫"娘娘腔"，广义上，人们经常把阳刚气质不那么显著的男性称为"娘娘腔"（我认为这是一种对男性的压迫）；此外，"娘炮"这个词里还包含了对气质阴柔的男同性恋者的歧视。

而攻击这种文化和消费这种文化的人，完全不是同一个群体。他们的阶级结构，生存方式，文化立场几乎完全不同，攻击者本身可能具有道德保守主义，所以我觉得很难把他们真的放在一起来讨论。这个问题的背后也并不单纯是关于进步或倒退，解放或压抑的争议，而是有更复杂的社会政治经济因素在里面。

很多网剧的编剧跟我讲，网剧一度有两种定型化的角色是必须存在的——剩女和娘炮。剩女作为邪恶的变态的角色，娘炮作为可爱的，穿针引线的角色。这样的设置几乎是硬性规定，如果不这样，他们的剧本就不会被采用。所以说，这个问题没有那么简单和清晰。

从另一个角度上说，我其实对于人们对小鲜肉的攻击也有认同。我认同是因为，我觉得这样的一种所谓"颜即正义""萌即真理"的文化现象的流行，几乎抽空内容，粉丝对偶像的要求，仅仅是他的脸，仅仅是他在场，好像那就足够了。

"造就"："小鲜肉"消费文化的崛起，是否意味着当代女性地位的上升？

戴锦华：大概不是这样的层次。毫无疑问，它象征着女性在数码时代的文化结构当中的地位上升，但是我要质疑的不是上升不上升，我要质疑的是"女性"。

这是哪些女性？我觉得这里的"女性"是社会群体的概念，不是性别上的概念，不能混为一谈。说白了，这里的"女性"指的是有消费能力的女性，而没有消费能力的女性——根本就不存在。

我老喜欢引用副司令马科斯的说法——今天的世界地图是经济版图，不买不卖的人就从地图上掉下去了。（副司令马科斯：2006年，戴锦华主持翻译了墨西哥印第安原住民运动——萨帕塔运动的领袖"副司令马科斯"（Subcomandante Marcos）的文集《蒙面骑士》，为国人认知世界带来了一种新的可能性。"副司令马科斯"是个重叠身份极多的人,他用一个化名坦率反对全球化、资本主义和新自由主义,故而有"格瓦拉第二"之称)。

因为今天的领头科学是统计学,你在统计学的意义上不存在,你在社会学的意义上就不存在,也就是所谓的"弃民"。(弃民:结构意义上的绝对剩余劳动力,资本主义经济学、统计学意义上的多余人)

所以我们在这儿说的女性,是有消费能力和消费欲望的女性,这个歧视可能是阶级的,可能是地域的,可能是年龄的……再退一步说,在当下中国都市女性普遍就业的环境下,即使是有消费能力的女性,其实也只是商家眼中的"上帝"。她们所具有的"权力",不过是通过消费实现的。然后我们忽略了现实,在这儿说女性的消费能力如何,女性的主体位置如何,女性的欲望如何,我觉得很成问题,很有谎言效果。

"造就":如何看待《延禧攻略》这类宫斗戏、大女主戏的流行?

戴锦华:这类的作品我看得不够多,所以不大有发言权。如果你单纯在女性形象意义上,问我对具体某一个大女主的看法,那我只能支持,对吧?因为这是一个正面的女性形象,强大的女性形象,区别于传统的女性形象,区别于邪恶和柔弱女性形象。

但是我面对这些大女主作品的心情是复杂的。最关键的地方就在于这些作品更换了角色的性别身份,但是丝毫没有改变故事的权力逻辑。在这种情况下,这些女人面对的仍然是文化上的花木兰式境遇。就是你要登场,你就只能化装成一个男人。这里当然不是指外在的化妆,而是内在逻辑的置换,女性不再代表着另外一种逻辑,或者是逻辑之外的逻辑。

如果女性只是男性的另一个版本,而且是在逻辑上没有差异的版本,那我觉得,它就不那么新鲜,也不那么有价值。我一直寄希望于女性的生命经验所累积的历史,能够成为另外一种资源,成为面对由男性主导的现代文明的一种完全不同的力量,以便给我们打开可能性。

我想提醒大家,想象不必那么单一,想象应该有更多的路径和更多的打开空间。

"造就":相对来说,您更倾向耽美文化对社会带来的不同价值?

戴锦华:很有意思的是,在我和所谓的腐女们,一些耽美的作者大神的交流和对话中,我发现,耽美虽然也包含在广义的言情中,但是它比言情更特别的地方在于，它在尝试为社会提供一种修复性力量。

这个修复性力量就是，在连接个体的基础上重新建立一种个体与社会的连接，或者说个体对社会的承担。我觉得这是一种很有意思的亚文化，它在尝试直面今天这个网络时代的宅男宅女们所面临的个人主义绝境。

我用"个人主义绝境"这样一个词，我觉得，"宅生存"真的为人们提供了前所未有的个人自由。但是自由的人们前所未有地被束缚在全球性的经济结构之中（简单地说，包括全球物流系统，全球电商系统，全球的金融资本，岌岌可危的安全……），像极了吊在树上的一个个小小的蜂巢；而另外一方面呢，绝对的个人主义生存，本身并没有改变人类是高度社会化和组织化的事实。所以我把它称之为"个人主义绝境"。

耽美文化艰难地试图去建立起亲密关系，进而由此来恢复社会性，在这样的层面上，我觉得就很有趣，很有趣。

"造就"：美国著名心理学家菲利普·津巴多提出"雄性衰落"一词，认为当代男性正在衰落，男性面临危机，您如何看待？

戴锦华：这种说法，描述了一种事实，但是可能也遮蔽了一种事实。

我觉得可能重要的不在于雄性衰落而在于我说新的生产结构、新的生产方式，以及生活方式的改变。（雄性衰落：美国著名心理学家菲利普·津巴多提出的观点，雄性正在衰落，男孩面临危机。在高科技飞速发展的环境背景下，学业成绩下降、社交技能匮乏、药物滥用、沉迷游戏和色情片等现象在男孩身上屡见不鲜）

曾经我们说在网上没有人知道你是不是一条狗，我认为现在是：在网上，没有人在乎你是男人还是女人。不是说网络没有性别文化，其实网络有更赤裸，更直接的性歧视文化，但是在网络上，你是男人还是女人，仅仅取决于你自己的标注，没有人会深究你究竟是不是。在这个意义上，性别扮演就变为了一种基本事实，当你标注的时候，意味着一个自我设定的人设，一个关于你自己的人设。我觉得这是一个原因。

另一方面就是由于资本结构、劳动力结构、生产方式等等的变化，传统的劳动分工中对阳刚气质的要求，不再是一个充分必要的东西；包括互联网和虚拟现实技术的发展，这一切使得性别差异本身似乎变得不是那么重要了。具体到中国的现实，我同意一些年轻学者的观点，就是说，持续两代人的独生子女政策,在某种程度上模糊了性别区隔。直观地说,就是通常的"望子成龙"的期盼,也会寄托到女性身上,甚至是望女成龙,不只是望女成凤。

但是我说"雄性衰落"又没有意义的一个原因,就在于我们这么说的时候,我们把视野划定在发达国家、发达地区、大城市。当你放眼全球,那些在大田里耕作,在流水线上生产,在矿山里做奴工的人,完全没有改变,劳动分工和压迫结构当中的性别差异、性别分工完全没有改变,也不可能改变。这个现实可能被忽略,但并非不存在。

所以每当人们说"世界上……"的时候,我总是很矫情地追问:哪个世界?哪种女性?哪种男性?真的应该问的。我一直就认为,讨论性别问题,一定不要用那种线性的、向量结构的角度去看进步还是倒退……有时候在社会总体进步的时候,性别议题在倒退,有时候在性别议题非常前卫的时候,整个社会陷于一种非常胶着,甚至倒退的状态。尤其是,把女性问题当作一个社会进步的一个标尺,是会犯错的。

"造就":为什么说把女性问题当作衡量社会进步的标准会犯错的?

戴锦华:你以为性别状态非常好的地方,社会就是进步的吗?人们整体就处于解放状态吗?然后当性别议题开始恶化的时候,社会就整体在恶化吗?有相关性,但并不永远正相关。

简单来说,从1980年代至1990年代起,中国社会开始进入新时期,社会整体处于进步状态,如果我们把个人权利,把物质生活,把经济发展都作为尺度的话,我觉得毫无疑问社会是处在一个进步的状态之中。但你要看在1980年代成长起来的人,他们后来的状态是什么,他们的性别意识是什么,他们性别的生存状态是什么。

如果我们真的去做细分的话,女性个体也同样分享着这个进步,因为这时候,她有权利选择做家庭主妇还是做职业妇女,她自由了,她真的自由了。可是我经历过那个时期,我看到很多选择去做家庭主妇的女性,后来不外乎是两种结果,两个大的趋势:一个是在幸福的无聊之后,重新回到职场;另外一种很悲惨,就是她们最终走向最古老的女性命运——成为被遗弃者。那个自由是有代价的。做一个职业妇女,付出的是一种代价,我的母亲一代经历过,我经历过,我的孩子们也在经历着;但是,做一个

《倾城之恋》之中的白流苏,要付出什么代价,那是白流苏们才知道的。

"造就":当代女性发展是否出现了第三种逻辑?

戴锦华:我给你的回答,大概不是振奋人心的。女性那种别样的力量,那种由她们自己的生命经验,甚至是身体经验产生的独特资源,经常直到社会出现绝对危机和无助状态的时候才得到发挥。

我常举的一个例子,民选村干部制度在农村普遍实行了以后,我自己做过很多实地观察。我负责任地说,我看到的现象是,只要那个地方还有一点可分配的资源存在,选出来的都是男村委会主任;在那些完全没有资源,村干部只是一个绝对服务性、牺牲性的角色,同时需要极大地通过情感、邻里社群的关系来连接村民的地方,选出来的都是女村委会主任。

在世界范围内,你会看到当一个国家的政治陷于危机的时候,女总统就出现了,女总理就当选了。很有意思。就是说,人们只有在主流逻辑陷于极度危机的时候,才会选择女性角色。本质上其实是寄希望于她们那个不一样的资源和力量。那种正面的,整个社会认知到的,女性群体自觉的,这样一种独立的逻辑,到今天为止,我还没有看到。

这让我非常矛盾。因为我并不希望危机整体爆发,以便女性挺身而出来挽救危亡,我丝毫不希望。

"造就":您如何定义女性主义?

戴锦华:对于我来说,女性主义就是乌托邦。它最真切的意义就是解放。我觉得女性的彻底解放,一定是人的解放,同时是男性的解放。

我所说的乌托邦,是建立在一个很个人主义的前提之下,就是尊重差异。从尊重男女两性的差异——仅仅只是差异,而不是优劣——开始到更进一步,是尊重男性与男性之间的差异,女性与女性之间的差异。我真的经常认为,个体之间的差异,远大于性别之间的差异。

"造就":当代女性如何才能选择真实?

戴锦华:如果说真实的选择,或者说选择真实的话,我觉得这后面有个很大的哲学问题,就是认识你自己,就是"我到底要什么"。

回答这个问题,常常需要我们倾尽一生的时间,而当我们有了答案的时候,常常又太晚了。比如说,我最早听到那个"宁肯坐在宝马后面哭,不坐在自行车上面笑"的时候,我当时,真的有一个非常朴素的痛心。幸福和微笑，永远是人生的终极追求，有人居然以此为代价，去换取诸如财富这样的东西？

但是对我更大的打击还不是来自这个新闻，来自我的一个年轻同事的回应，她说："坐在自行车后面，你笑得出来吗？"这个话真的让我觉得痛了！让我觉得痛了！我觉得这才是至痛的洗脑！

你坐在爱人的自行车后面，即使经历狂风，即使经历沙尘暴，你就笑不出来吗？反正我是这样笑着度过我的青春和爱情的，我知道那种甜蜜多么历久弥新。但是如果就因为这样，你就体验不到幸福，你就笑不出来，那才是可怕。所以，最大的问题在这儿——什么是真实？我们有没有愿望和能力去认识真实？我们有没有愿望和能力去承担真实？

有一个特别朴素的词，叫求仁得仁。当你坐在自行车后面笑的时候，你要接受的是"贫贱夫妻百事哀"，可是当你坐在宝马后面哭的时候，你可能接受的是张爱玲所说的"批发式的性工作者的命运"。你想好了吗？你选好了吗？

这还只是在两性、婚姻和家庭层面上的选择。而今天，我觉得更大的问题，还在于选择太多，以至于人们无从选择。所以，在我们还能够选择的时候选吧。在你还年轻的时候选，在你还有机会犯错的时候选。我，即使在这个年龄，如果有需要，我也还是会选的。

后记：小鲜肉"娘炮"争议纷纷，大女主、宫斗戏的流行，性别气质与女性话题再度成了社会热点，在互联网唇枪舌剑之中，理智分析往往被迫让位于观点立场，讨论沦为旗帜鲜明的互相攻击。这次戴锦华老师的受访，其观点对于当下社会流行文化有着锐乎寻常的观察与思考，她不局限于问题本身，也不急于定论，而是更愿意为我们打开一个全新的视角，重新审视性别问题背后所集结的资本、商业、社会结构多重因素纠结的真相。

而更难得可贵的是，在解析之中，她本身所自带的人文情怀慈悲之心显露其中。本次《造就WOMEN》，戴锦华作为《造就WOMEN》特邀嘉宾，对当下社会性别与女性议题，无疑是给出了更深层次的追问与反思。

选自"造就"微信公众号（2018年9月16日）

"邪不压正":
隐语时代的能指游戏

编者按：2018年7月13日，借壳张北海小说《侠隐》的新片《邪不压正》正式上映，但这部饱受期待的电影却没有带来市场票房上的惊喜，口碑也从开画的8.2分下降至7.2分，观众评价两极分化。一方面，影片靠许晴臀和彭于晏腹肌带动了热议。另一方面，复仇之路上隐喻着的革命话语与当下社会文化之间的张力，也引起不少电影批评者的解读。

李道新的《升降之间的生之魅惑——〈邪不压正〉的俯仰美学与姜文的深微性灵》指出，升降镜头的运用完成了姜文对个体成长历程的美好表达和理想主义气质的塑造。梅雪风的《姜文为什么越来越难懂了？》则认为《邪不压正》充斥着虚无精神，其中"正""邪"人物角色的设定暗含着宏大理想与荒诞世界之间的相互对抗与消解。

熊成帅的《〈邪不压正〉与当代中国人的"三个爸爸"》指出，三种父子关系背后精神传统的对立冲突，既是新人"李天然"行动茫然的根由，也是当下文化症候的构成质素。褚汉辰的《〈邪不压正〉：姜文的野望》认为，影片末尾李天然穿着传统中国人长褂的形象，代表着失父之后的成长新生与精神独立。开寅的《真事隐去，假语村言——〈邪不压正〉和隐语时代的华语电影》则认为，新人"李天然"的穿着是含混的、错位的，展现了姜文对"群氓形象"的戏谑与批判。

《邪不压正》：姜文的野望

褚汉辰

电影《邪不压正》改编自小说《侠隐》，作者是张艾嘉的叔叔张北海，这位在北京生活到十三岁后迁往台湾，在台北生活不到二十年后又定居纽约，接着在联合国工作了二十多年的老人，被张艾嘉称为"中国最后一个嬉皮士"，在《侠隐》这本书里你看到的，也正是张北海本人骨子里的旧民国气质，以及桀骜不驯的西洋做派。

但到了改编电影《邪不压正》这里，《侠隐》对旧时北京的情意结几乎都不在了，转而是姜文对北京、民国乃至人生和社会的理解。

是的，就如同之前的姜文作品一样，《邪不压正》的缺点很明显：时代风貌表现不足、有些对白设计带了点中年老男人的油腻幽默感、血腥镜头和性暗示稍显直白（当然，用姜文自己的话说，那都是明示了），以及最明显的"姜文式审美"会让部分观众感觉到不舒服，然而笔者觉得，这些都不妨碍它成为一部优秀的作品。

姜文在访谈中说，为了赚钱和泡妞拍片那不叫搞电影，《邪不压正》的确让人看到了灵魂，以及55岁的姜文依然旺盛到每一秒镜头都不会浪费的表达欲。

而本文，将会带着你将这些表达逐字逐句拆解开来，让你瞧明白这部《邪不压正》。

（一）旧时王谢堂前燕

《邪不压正》有几条故事线安排：从主线故事来看，分为明线和暗线：明线是李天然（彭于晏/饰）对杀父仇人——自己的师兄、如今的北平市警察局长朱潜龙（廖凡/饰）和日本特务头子根本一郎（泽田谦也/饰）的复仇，暗线则是蓝青峰（姜文/饰）为抗日下的一盘棋，以及各方势力在角逐过程中的明争暗斗。

除了明线和暗线，电影还有明喻和暗喻，明喻相信各位都看得出——每个角色都代指了北洋政府时期的不同势力，而这里所说的，是电影中形形色色的暗喻。

电影中蓝家宅子，位于东城区内务部街胡同11号，这也是片中出现的诸多"师出有名"的地址里唯一真实可考的，姜文长大的部队大院位于此地，它还是道光皇帝六公主寿恩固伦公主府。然而在电影里被提及更多的，则是"这是曹雪芹写《红楼梦》的地方"。

不管是《红楼梦》的贾家还是现实中的曹家，相信各位已经很熟悉："眼看他起高楼，眼看他宴宾客，眼看他楼塌了。"李天然最初回国，其养父美国医生亨得勒告诉他，这样的宅子蓝先生还有十一处，然而片中无数次提及曹雪芹早已暗示了蓝青峰最后的命运。

我们看到的也的确如此，当蓝青峰带着女儿回到府邸，发现门旁已经被朱潜龙挂上了"北平市警察局"的标牌。再大的家业，在乱世之中也无完卵可存。

蓝青峰给朱潜龙的"太爷爷"朱元璋画像，蓝自己的嘴里说出的来源，是从溥仪那里拿到的。电影中对皇权的稀释比比皆是：旧时王公贵族的府邸成了蓝家大宅，溥仪收藏的画像可以被轻易拿到，而交际花凤仪（许晴/饰）则更直接，在关巧红的裁缝铺里定做了龙袍。

"旧时王谢堂前燕，飞入寻常百姓家。"甭管这些物件的真假，片中很明显的寓意，是旧王朝的覆灭和乱世的开启，而姜文也是通过这些象征着封建王朝的物品，狡黠地表达出了这一时代背景。

而《邪不压正》虽然减少了《侠隐》中张北海的怀乡情愫，但构图上也颇具北京色彩，除了李天然身轻如燕地穿行在屋顶上的场景，哪怕是打斗的场面都运用了对称性构图。对于对称性的考究不仅仅是姜文的趣味，也是一种京味，彭于晏在访谈中说，一件军服剧组设计本身是45度角，服装阿姨做得平了一些，就要被拿去重新来过，可见电影在细节方面，的确下了心思。

除此之外，还有姜文骑着二八自行车去打醋时用京剧腔唱的《Jingle Bells》，挂在猪肉店门口的被吹了气的猪尿泡，李天然吃的豌豆黄，和壁炉上挂着的北京烤鸭。都是姜文对老北京的还原与再塑造。

（二）万国城头吹画角

1937年7月，北平发生了一件骇人听闻的杀人案件，英国女孩帕梅拉·维纳惨死在狐狸塔下，这名年仅十九岁的少女被发现时金黄色的头发沾满了血污，而她的头盖骨被敲碎，心脏、肾脏、肝脏和膀胱均被割走。一名六十岁的白人男子闻讯后赶来，看到这一幕当场昏厥。他正是死者的父亲，英国外交官爱德华·维纳。

在《邪不压正》中，这一幕被完全还原了，甚至连帕梅拉的名字和缺失的器官都一成不变被移植到了电影中来，只是为了故事的连贯性，女孩的国籍被换成了美国。

这一事件后来被法国作家保罗·法兰奇改编成纪实侦探小说《午夜北平：英国外交官女儿喋血北平的梦魇》，还获了爱伦坡奖，小说里也如实描绘了西方各国势力与中国政府、军阀和抗日志士在北平盘根错节的关系。《邪不压正》将这一事件作为支线，除了增加了叙事的可信度，还带出了彼时北平的波谲云诡和暗潮汹涌的政治氛围。

而更为直接的表述，是亨得勒带着李天然骑驴穿梭在北平市郊，当日军官兵开着坦克气势汹汹地逼近时，亨得勒只需要一本护照便挡住了他们的去路，日本军官虽然叫嚣着要把坦克开进华盛顿，但却不敢越雷池半步，一队人只能缓缓地跟在两只驴后面。

电影中姜文用蓝青峰和朱潜龙的台词说，蒋政府是通过游说的方式统一的全中国，每个股东还都各怀鬼胎呢，更何况外国势力在中国的割据？

片中对这一幕最直接的展现是六国饭店中的群戏。六国饭店位于东交民巷，于1905年由英、美、德、法、日、俄六国合资，这也正是它名称的由来。片中蓝青峰、朱潜龙、亨得勒和根本一郎一起吃饭时暗潮涌动，表面的气势上看来他们都被朱潜龙的气势完全压住，然而打了凤仪一巴掌的北平警察局长，却差点被来自法国的大堂经理请了出去，足以见得中国人在这里的地位，即便被扶上高位也只是西方的棋子和傀儡。

而说到朱潜龙，这个名字其实也很有意思：朱是明朝皇帝的姓，而潜龙则直接表明了他的身份——他本人自诩的民间太子，当然他在片头便和根本一郎说了自己并非原本就叫这个，朱潜龙说自己早已不跟师父姓了，现在姓朱。在片中，他一直想趁乱夺权、反清复明，过程中他拜师却又亲手杀掉了自己师父全家，他妄图利用日本人的势力，却在从蓝青峰那里能得到好处时同意帮他刺杀根本一郎，还没完，当得知李天然在蓝青峰手里时，他又马上倒戈威逼利诱蓝青峰了。

其实，这也不难联想到北洋时期甚至1928年之后那些搞出复辟帝制闹剧的军阀们，当姜文拿朱元璋的画像当诱饵利用朱潜龙时，两人如同做健腹轮般的跪地动作，也成了本片让人最轻松的笑点之一。

现实和影片情节交织的，还有关巧红（周韵 饰）身边的潘公公，在片中他被设定为溥仪的帝师庄士敦身边的人，如今在京城第一裁缝关大娘身边打杂，看起来也只会写影评和修摩托车，完全处于浑浑噩噩的糊涂状态，虽然在片中这个人物甚至连功能性角色都算不上，但也为影片的魔幻现实主义增色了一些。

而我觉得，最值得玩味的，还是朱潜龙在枪毙了顶包帕梅拉案的几个"凶手"之后对助手说的话：日本人交给他们领事馆自己处理，高丽人带回警察局揍一顿。

（三）平生端有活国计

在《侠隐》的小说中，蓝青峰的设定是前朝武官，而到了电影里则变成了参与了辛亥抗清的革命志士，片中他说武昌只是开了几枪，实际上这天下都是南边的小诸葛和西边的老西子打下来的。

蓝青峰口中的这些一起打天下哥们儿非常明显，"小诸葛"是桂系将领的代表人物白崇禧，"老西子"则是在山西雄霸一方的阎锡山，但蓝青峰本人更有意思，他的原型其实是《侠隐》作者张北海的父亲张子奇。

张子奇的经历并不如片中那般传奇，但他的确参加了辛亥革命的山西起义，孙连仲、宋哲元乃至冯玉祥等知名将领也是张子奇的朋友。张北海在采访中说，他的一块知名品牌腕表还是冯玉祥送的。

张北海对于姜文的改编电影给予了完全自由的创作空间，所以当姜文的助理在见到张北海时，也开玩笑地说"北海老师，姜文要演你的爸爸了"。

片中出现的爱国人士不止主角几位，很多历史人物是以非常姜文式的调侃出现在片中。直接调侃的是爱把自己做过的事情都写进日记的蒋公。而间接调侃是通过一颗肾脏——李天然来到北平之后表面的身份是协和医院的产科医生，他就职之前面对宣誓的是一颗肾脏，当他提出疑惑时，协和医院的院长说那是他割错的一个肾脏，不小心把病人的病肾留在了体内，那位病人不久后便不治身亡了。

历史上也确有其事，这位病人便是戊戌变法的代表人物梁启超，割掉他肾脏的也是时任协和院长的刘瑞恒，只不过那次事件发生后，刘瑞恒便被辞掉了工作。

片中角色与历史原型多少有些出入，但与其口述生平较为一致的是关巧红的原型施剑翘，她的父亲被孙传芳杀害，将首级悬挂于蚌埠火车站，施剑翘向哥哥和第一任丈夫恳求为父亲报仇时都遭到拒绝，决心雪恨的施剑翘苦练枪法，最终将孙传芳刺杀于天津。

根本一郎和朱潜龙想要逼蓝青峰就范，除了阻止李天然的复仇之外，更大的目的是为了让他交出手中的王牌——张将军，张自忠。

1937年"七七事变"爆发之后的8月6日，张自忠带着副官在东交民巷的德国医院里避风头，并在《北平晨报》发表声明，将所有代理职务辞去。8月8日，北平沦陷。不久后张自忠便在掩护下逃离了北平。电影对这一段历史进行了演绎，被折磨得只剩一口气的蓝青峰还是把张将军护送到了六国饭店，帮助他离开北平。

把这么多仁人志士聚集到影片里，却又不像庄士敦、溥仪或曹雪芹那样，直接将这些人物的真名带出，甚至你连魔幻现实主义的戏谑都几乎感受不到，姜文在访谈中也表明了创作意图。

"我觉得历史是不能割裂的，我们历史上有一些悲剧发生，作为一个中国人，这件事情是不能够轻易过去的。现在所谓娱乐至上真是一种糊涂的做法，也是一种"loser"的做法，不娱乐就不能活吗？很多事儿就是不能娱乐。"

他还说，如今的中国青少年开始会玩了、不勤奋了，他觉得不能忘本，都是农民的孩子，应该吃点苦。

《邪不压正》的快意恩仇只是表面上的故事，通过把影片的主角都设定为真实存在的抗日志士，姜文想要通过电影传达给年轻一辈的东西也可见一斑。

（四）世上英雄本无主

这一部分，我们不谈历史，只说电影。

作为姜文民国三部曲的最后一部，《邪不压正》和《让子弹飞》《一步之遥》一脉相承。

《让子弹飞》是不甘，不甘于抛头颅、洒热血的革命成果被篡夺，几个兄弟踏上一条不归途，与旧势力拼一死战。而结尾踏上上海的火车也在孕育着希望。

《一步之遥》是迷失，大城市的种种纸醉金迷与乱象，最终演化为一场选美活动上差点害死马走日的闹剧，这让人不免怀疑：我们从前的努力是有意义的吗？

《邪不压正》则给出了答案：有意义。

同张麻子、马走日一样，蓝青峰是个为达目的愿意付出一切代价的人。他自己也说，李天然在他心中可能只是有着"天赐大恨"，可以被利用的工具，他十五年的伙伴和助手亨得勒在阻挠他利用李天然的计划时也被他亲手杀死，而为了抗日，他也可以联络汉奸朱潜龙甚至是日本特务根本一郎，再用朱潜龙杀掉根本一郎，条件是交换李天然——可以想见，如果朱潜龙答应下来，那么李天然也是难逃一死。

但只要为了抗日，蓝青峰可以牺牲掉所有，甚至包括他自己的生命。

姜文内心认同的价值观也是如此吗？未必。

虽然他本人仍担主演，但片中对于主题的表达无疑放在了李天然的身上。他背负着国仇家恨，这种仇恨也让他把自己的复仇放在了第一位，心甘情愿地被蓝青峰利用。然而青年人的莽撞和热烈，注定了事情不会这么顺利地进行，而抽丝剥茧中，李天然也发现了自己孤立无援的境地：自己心目中的父亲惨死在朱潜龙的枪口之下，养父亨得勒只不过想让他回美国过安生日子，而喊了多次爸爸的中国上级，其实一直把他本人当作一盘大棋的棋子。

国难当头，这一盘大棋显然是走不下去了，反而率性而为的青年才能闯出一条路来——当蓝青峰二十年的谋篇布局、几次革命的功勋在日本人的屠刀下显得不值一提时，再将这局棋进行下去，反而显得失去了意义。

不如就干他一场吧！

姜文在出席《邪不压正》的活动时，也多次重提了中国是一头睡狮的比喻。是的，当这头狮子醒过来，必然是莽撞的、冲动的、不计后果的。而蓝青峰也在与朱潜龙互掷手雷、被拔掉三十二颗牙齿时，已不知不觉地同李天然一起冲入到了风暴的中心。

李天然最后一次喊蓝青峰爸爸，得到的回答是，不用喊我爸爸，你可以去找自己的儿子了。

完成了国家和个人层面的复仇、同时又失去了三个父亲和挚爱的李天然，最后冲向了房顶，他高呼关巧红的名字，但对方默默走了，并不应他。

李天然站在房顶，他眼前的是澄澈蓝天之下的北京城，这一幕像极了《阳光灿烂的日子》主角们站在房顶上的场景，同时也暗合本片片名《邪不压正》——李天然终于站在了离天空最近的地方，脱掉了西装、白大褂、和服，穿上了属于中国人自己的长袍大褂。

那片天空，是男主角李天然失去了所有之后，才真正要开启的属于他自己的人生，也是《让子弹飞》《一步之遥》和《邪不压正》的民国三部曲最终章给我们的希冀。

当然，也是姜文的野望。

选自"澎湃有戏"微信公众号（2018年7月14日）

《邪不压正》与当代中国人的"三个爸爸"

熊成帅

《邪不压正》上映前,姜文与许知远对谈。许知远问姜文,为何你的电影始终在处理历史?你对历史的迷恋是怎么来的?姜文给了一个十分精辟的回答:"历史对你来说,是一个可借助的东西。但你表达的一定不是历史本身。"

《邪不压正》的故事发生在"七七事变"这样一个关键的历史时刻,但正如姜文所说,电影并不是在表达历史。李天然的复仇、寻父与身份抉择,并非是一个20世纪的历史事件,而是当下中国正在发生和将要发生的故事。

李天然特殊的成长经历,使得他拥有了师父、美国人亨德勒和蓝青峰三个精神"父亲"。这三个高度象征性的父亲形象,承载了三种并不相容的精神传统。李天然不断找寻/找到父亲的过程,也是他自我确证和自我成长的过程。

李天然的师父,一个中国传统社会中的地主,被日本人的枪打败了。师父一家被灭门,象征着地主阶层治下的传统中国,被列强彻底毁灭。从这场浩劫中死里逃生的年轻一代,再也不可能成长为一个传统的中国人。李天然唯有改头换面,才能继续生存下去。

在故事展开的时候,李天然的师父已经死去了十五年。十五年的美国教育，把李天然变成了一个现代人。他时时刻刻提醒自己，要为师父报仇。在象征意义上，他是要为那个被列强毁灭的传统中国报仇雪耻。但他也意识到，报仇不可能让师父复活，那个传统中国已经远去了。十五年过去，作为李天然养父的师父，那个传统中国，早已成为了一个念想和符号，而并非是实在的所指。

初回北平，李天然成了一个"美国人"。在协和医院当医生的李天然，无疑是许许多多新中产的投影。在1980年代后成长的年轻一代，和李天然一样，大多在美国文化的熏陶下长大。"美国爸爸"这个词，更是一度和"香蕉人"（认同美国文化的黄种人）关联在一起。美国爸爸要他将仇杀案诉诸法律，要他忘却传统中国这个父亲，要他将灭门之仇、民族之恨，理解为创伤应激障碍。但李天然毕竟不是香蕉人，他无法忘记他的师父。但他也不知道该如何报仇，因为他有任务在身——来自新父亲的任务。

身份暧昧、注定要受到诸多解读的蓝青峰，在我看来，是现代中国的建立者，是一个左翼革命者。蓝青峰要抗日，但他却不相信蒋介石。在1937年的中国，除了国民党，还有别的抗日力量吗？只有延安的工农政权。他要朱潜龙投靠"我们"，在觥筹交错间，"我们"被解释成了辛亥革命的元老，但是，"我们"这个词语真正呼应的，是"普罗大众"，是"proletariat"（无产阶级）。蓝青峰的人，都以黄包车夫的面貌出现。在近代史上，中共地下党很早就在北平组织黄包车夫罢工。黄包车夫作为北平城里最贫穷的劳动者，是典型的无产阶级。

所以，当日本人控制了北平城后，根本一郎在蓝青峰眼前，像演戏般屠杀黄包车夫，正是在炫耀军国主义碾压底层劳动者的力量。此时，摇晃飘忽的镜头语言，蓝青峰目瞪口呆的绝望表情，表现出蓝青峰的绝望之感。熟悉左翼革命历史的人会明白，这不仅仅表示蓝青峰的计划失败了，这更是左翼革命者所信赖的群众力量的失败。在随后赶来的记者的扭曲报道中，更是将历史记忆随意改写，将底层人民抗日的历史颠倒为成为汉奸的历史。

作为工农政权代表的蓝青峰，必然要"杀掉"李天然的美国爸爸。亨德勒对李天然感情至深，可他也随时流露出对中国人的鄙视。蓝青峰养了他们十五年，但是他依旧充满优越感地说，"中国人和日本人，都只是猴子。"他无法理解蓝青峰让两个孩子为国牺牲的举动,甚至以此来侮辱蓝青峰。毛泽东形容司徒雷登说:"平素装着爱美国也爱中国,颇能迷惑一部分中国人。"蓝青峰杀掉亨德勒,正是1949年司徒雷登回国事件的同构。

对于蓝青峰这一代人来说,为了让中国能继续存在,牺牲自己、孩子、下属都在所不惜。但作为他的孩子的李天然未必这么想。

李天然要为传统中国复仇,但他却不知道仇人不仅是根本一郎和朱潜龙。武侠故事、复仇传奇,在姜文这里被推到了更高的高度:对于一个遭受侵略和压迫的民族来说,仇人究竟是谁?蓝青峰知道,他们的仇人并非根本一郎和朱潜龙两个人,而是整个日本军国主义和中国的汉奸群体。这不仅是李天然个人的仇恨,这是国仇家恨。

李天然的三个父亲,一个是仅仅剩下符号和一些念想的、由地主所代表的传统中国,一个是文明却又残忍的美国爸爸(这个美国爸爸是靠中国人养活的),一个是代表着20世纪革命传统的蓝青峰,正是今天的中国人面对的三个精神传统。在1980年代以来的历史中,这三个精神父亲彼此碰撞,纠缠不清。每一个中国人,都身处这三个传统之中。电影将复杂的历史,浓缩于简单的复仇故事中,在把故事讲好的同时,还能清晰展现出三种传统的冲突与立场。姜文不凡!

在电影临近结尾,李天然原谅了蓝青峰,他告别了美国爸爸,开始理解革命者蓝青峰。蓝青峰在车上,"驾车涕泗流",哭得一塌糊涂。在某种意义上,这是为《让子弹飞》里孤独的、遭遇背叛的革命者张牧之流的泪。

还是要重复福柯的那句话:"重要的是讲述神话的年代,而非神话所讲述的年代。"但如果按照主流的叙事,处在崛起时刻的中国,并非适合讲述1937年的故事,或许讲述1945年会更正常一些。如果不是为历史感伤,究竟还有什么样的现实,会让失败的、极度悲情的蓝青峰在今天这样一个时刻被再现呢?

在电影中,虽然杀了根本一郎和朱潜龙,但是李天然不可能阻止北平沦陷,也不可能阻止汉奸、伪军遍地。李天然依然无法让人们相信,是朱潜龙杀了他的师父一家。而蓝青峰,也会被新的日本军官污蔑为汉奸。也就是说,他们的历史,实际上依旧是被抹黑、颠倒、篡改的历史。李天然依旧要以狗的姿态,跪倒在长城下。

在今天中国人的三个精神父亲中，作为革命传统的蓝青峰，和影片里一样，同样是被颠倒了历史，涂改了记忆的形象。背靠着蓝青峰这样的革命者长大的一代人，却颇为认同美国爸爸的身份。更吊诡的是，已经失去了实际所指的那个传统中国，正在被怀念和宣传。

　　《邪不压正》以含蓄的方式提醒我们，这是一个国家崛起的时刻，同时也是一个国际共产主义运动低潮的时刻，是一个工人和农民被夺权、污蔑和压迫的时刻。正是在这样一个双重时刻，蓝青峰号啕大哭，不知道如何面对自己的失败。而新的战士李天然，才刚刚开始理解蓝青峰的追求和理想，依旧还站在房顶，不知何去何从，不知如何行动。

选自"土逗公社"（2018年7月14日）

姜文为什么越来越难懂了？

梅雪风

在姜文导演的六部电影中，前三部其实是现实主义的姜文，他既是在批判，也是在关怀，虽然这种关怀充满了一种智商上的优越感。只是，他骨子里那种巨大的虚无感，最终让姜文的电影发生了巨变。

（一）

在谈《邪不压正》之前，需要回顾一下姜文的作品。

在姜文导演的六部作品中，其实可以非常清晰地分为两个部分。一部分是《阳光灿烂的日子》《鬼子来了》《太阳照常升起》。另一部分，则是最近的《让子弹飞》《一步之遥》《邪不压正》。

在这前三部戏里，我们能清晰地看到姜文的诉求。他的看法与惯常大众的基本印象完全相悖，而这也是姜文从始至终都如此珍贵的原因。

《阳光灿烂的日子》是对正统文革叙事的反动，它向我们展示了一个青春期的文革，那种漫天飘荡的荷尔蒙，与那种革命宏大叙事大气候互相感染，互相支撑，一起构建出一个真实的乌托邦幻象。

《鬼子来了》是对正统抗日叙事的解构，它向我们展示了一个更精明也更猥琐的人民形象，那种能将软弱与自私化为合理和高贵的智慧，那种机关算计的推卸责任和自欺欺人。它是对我们的革命叙事中最纯洁的人民这个词汇的完全颠覆，也正是这种颠覆，才让我们离1940年代的那场战败更近了些。

《太阳照常升起》则是对1949年以后整个历史的另类叙述，它如此简省却又精确地重构出理想主义在新中国成立初期怎样朝气蓬勃，怎样肆无忌惮的燃烧，而到了1976年以后又怎么样黯然破灭。只不过是他用了一个倒叙的方式，让我们先看到了破灭，这才让最后影片的主人公们在新疆的狂欢场景，显得如此的动人如此的惊心动魄。

简而言之，前三部电影，姜文都是有"敌人"的，他对中国人重要精神问题的关注，让他的电影即使他的风格再跳脱，他仍然是站在大地之上的，他在现实的影响之下和主导之下跳舞，即使是大家认为看不懂的《太阳照常升起》，也是如此。

在这三部电影中，我们能看到一种越来越庞大、也越来越明澈的悲观。

在《阳光灿烂的日子》当中，这是一个小男孩努力的融入集体，努力地想证明自己和别人不一样，最终他发觉，他仍然被这个集体所抛弃。他仍然没有出息，不能够留住任何他所想要的，女人也好，尊严也好，他只是一个软蛋。而影片最后，那个"傻子"在街上说喊出那句嘹亮的"傻×"，这是对他们这一代人的定性：他们当时的那种自豪骄傲，也只不过是浮云。而马小军情不自禁地、顽固地篡改和美化记忆的努力，则是姜文对历史最深刻的不信任。

《鬼子来了》的悲观，在于马大山他们费尽心思，试图不把责任引到自己身上，还自作聪明地想占点日本人的便宜。最终都是搬起石头砸了自己的脚，他们都成为日本人屠刀下的冤魂。这是一种和鲁迅同源的怒其不争的愤慨。

《太阳照常升起》的悲观，来源于我们曾如此毫无保留地相信，曾如此热情地投入到一个伟大的开天辟地的新梦想里面去，为了这个目的，很多人放弃优渥的生活，去到那无人愿去的远方。最终，光芒散去，也不过是一地鸡毛，也不过是满眼疮痍。

这一阶段的姜文，其实是现实主义的姜文，他既是在批判，也是在关怀，虽然这种关怀充满了一种智商上的优越感。只是，他骨子里那种巨大的虚无感，最终让姜文的电影发生了巨变。

（二）

在姜文随后的民国三部曲里，他之前对民众怒其不争的讽刺，变成了一种全然厌恶的嘲讽。无论是在《让子弹飞》中那连张麻子坐的椅子都要抢走的暴民，还是《一步之遥》中只愿意听先奸后杀的色情故事而不愿意听真相的群氓，他们都不再是活生生的人，而只是些让人作呕的符号。他之前对于真实历史的追索，也就变成了封闭的造作的世界，变成了一场场闹剧式的狂欢。

或者说，在他的前三部电影里，姜文还是有些想不透的地方，他觉得，人怎么能这么自私与愚蠢，理想怎么会这样消散，他还有种痛感。而他的民国三部曲，这种痛感已经消失了，变成了一种旁观的尖锐的冷笑，在这个时候，他更多的是一种戏谑。或者说的再刻薄一点——有时候，他只是一种更高级的"肥婆掉在阴沟里"的调笑。

从影片的人物设置，我们也能看出这种变化。

在他的前三部电影里，人物都是普通人，都是历史的人质，或者说受害者，他们当然有他们的缺陷，但他们还是时代的一部分，他们随着巨大的梦狂欢，也随着巨梦的破碎而梦碎。

但在民国三部曲中，历史在前三部戏中的庄重形象被打破了，它不再是那个硕大无朋肃穆庄严的希腊悲剧式的存在，而是一个任人打扮的小丑形象。在《让子弹飞》中，所谓剿匪只是上层用来瓜分民脂民膏的奇技淫巧。《一步之遥》之中，所谓的花国选举，也不过是上层的纨绔子弟用来洗钱的工具。而在最新的这部《邪不压正》当中，抗日、革命也只是个人野心的一个工具。宏大叙事在姜文这儿完全消解掉了所有严肃性，剩下的只是丑态百出。

而他的主人公，也由前三部中局中人变成了翻云覆雨指点江山的做局人。无论是《让子弹飞》中的张麻子、老汤、黄四郎，还是《一步之遥》中的马走日、项飞田、武七，或者是最新的《邪不压正》中的蓝青峰、朱潜龙等。而这些权力的操盘手们，有一个共同的名字，叫作骗子。

说了这么多，想说的是，姜文潜意识里超常的敏感与较真，也就是乌托邦情结的破产，让他陷入了一种纯然的虚无主义，这种虚无主义催生出的是一种惯性的愤怒。当世界白茫茫一片，在丧失了对具体事物的具体批判之后，姜文的态度就是机关枪似的无差别扫射。

这种虚无在《一步之遥》和这部《邪不压正》中尤其显眼。为什么《一步之遥》开头那场舞蹈绚烂却显得冗长？因为它的叙事功能近乎为零，它完全是在借着这样一个机会，借着姜文和葛优的口，对当下的各种恶俗的现象，做一个脱口秀式的批评批判。而在这部《邪不压正》中也同样如此。比如"洋人爸爸"到中国不守交通规则，协和医院的大夫对着一个误摘的好肾脏宣誓，还有对蒋介石写日记的讽刺，其实都是无助于剧情的随兴而起，它更多的是一个时评式的批注，但姜文却如此的津津乐道。

而姜文最令人绝望的地方在于他对这些骗子们的描写。

《一步之遥》里面的马走日，自认为是个大混蛋，却在自己蒙受不白之冤的时候，基于面子不愿向伍大帅求援。只有当不良演员大肆糟蹋他的名声时，才不顾危险地出来制止，最终身陷囹圄。他，远比他想象的要纯洁。姜文的潜台词很简单——这些骗子都比这个世界高贵。

（三）

《邪不压正》在基本气质上延续了《一步之遥》，蓝青峰与朱潜龙他们进行着不着四六的阴谋，就像马走日与项飞田办了一场不着四六的花国选举一样。他们的不着四六，是这个不着四六的世界的分身。

但在人物设定上，主角李天然，却与《让子弹飞》《一步之遥》完全不同，他更像是从《阳光灿烂的日子》中穿越过来的马小军，他像马小军一样外表凶猛，内里懦弱，嘴里的叫嚣，其实都是为了让别人相信自己假装的英勇。这是一个个体面对庞大时代时的茫然四顾。

李天然带着一种姜文《阳光灿烂的日子》《太阳照常升起》似的明晃晃得刺眼的伤感，而蓝青峰和朱潜龙则带着《让子弹飞》《一步之遥》似的尽皆过火的反讽癫狂。李天然身上所带出的伤感与浪漫，本质上是在说，即使这个世界虚空一片，但仍然忍不住去爱，这是姜文早期电影的底色。蓝青峰和朱潜龙身上的荒谬，本质上因为这个世界即使看起来堂皇壮阔，其实根本不值一提荒唐可笑，这是姜文前两部民国电影的基调。

姜文用屋顶上、屋顶下区隔开了这两个世界。但悲哀的是，这两个世界是互相抵消的。

就像在姜文的前三部电影中，他不会在哀叹理想不在或者理想消失的同时，讽刺理想本身。而在《一步之遥》《让子弹飞》中，他也不会在调笑所谓上层建筑是坨狗屎的时候，却对上层建筑心生敬意。

所以这部电影成了姜文所有电影中最分裂的一部戏。李天然的戏份是在接纳这个世界，而蓝青峰和朱潜龙的戏份却是在消解这个世界。李天然的戏份是对一种宏大的肯定，而蓝青峰和朱潜龙的戏份则是对宏大的弃绝。

要拍出这个世界的虚假荒诞，就要消解它的严肃性，那些屁股、印章等东西是有效的，那些剧情逻辑的怪异也是有效的，因为它就是要让这个世界出丑。但要拍出李天然选择的艰难，要拍出他内心的彷徨，就要增加这个世界的质感，增加它的庄重。这时，他因为被很无厘头地打了一针鸦片，又很无厘头地被唐小姐打了一针催产素，就显得过于荒诞不经，而他的任务的虚无缥缈、他所面对的阴谋的荒腔走板，人物关系的莫名其妙，则让他的世界根本经不起推敲。

这是旧姜文与新姜文的战争，是他本性里的温柔与理性里的绝望的对抗。所以姜文这次是在建一座空中之城，他建起了屋顶上的皇皇世界，却拆掉了所有下面支撑屋顶的墙壁，还假装它没有坍塌。

这是一部拥有强悍精神力的电影，但也是一部经不住推敲的电影。就像片中李天然裸体穿着披风在屋顶奔跑跳跃，做着他的侠客梦。这是属于姜文的辩证法，我们最傻×的时候，也是我们最牛×的时候，或者说我们最牛×时，其实也最傻×。

选自"每日人物"微信公众号（2018年7月15日）

"真事隐去,假语村言"
——《邪不压正》和隐语时代的华语电影

开寅

《邪不压正》演到三分之二处,日本特务根本一郎拉着美国势力代理人蓝青峰坐进露天茶座谈判。二人笑里藏刀剑拔弩张,根本挑衅蓝青峰:你信不信我让你的人当街死(不知为何,蓝青峰承包了北平城里的所有人力车夫,把他们都发展成了马仔一样的手下)。蓝发愣的功夫,三个日本浪人登上黄包车,掏枪从背后射击,三个车夫应声倒地。

这事儿还不算完。

跑来一个中国警察,带着两个女记者。警察大声报出三人的姓名,给每人后面都加了一个干脆利落的定语:"汉奸!"记者们兴高采烈地拍照,警察向根本立正敬礼:"报告根本先生,击毙了三个汉奸!"根本一郎得意扬扬起来。

这是《邪不压正》里最荒诞的一幕。它几乎完全跳脱了剧情,将影片瞬间之内的微观真实可信度降为零。但它同时又以凌厉的方式打破了第四面墙,向银幕前的人甩出和现实紧紧扣联的一连串问题:到底谁是汉奸?又是谁让抓的汉奸?历史上究竟是谁有权力给别人戴上汉奸的帽子?这么做究竟又是为了什么?

这个时候的姜文已经不在乎剧情是否连贯,人物行为动机是否合理,让他嗨起来的是，可以借着剧中人物的身份和背景，以编好了码的暗语、用带着讥讽的口吻，向观众提出这些充满挑衅意味直戳人心的问题——能否看懂《邪不压正》的关键，已经不在于是否明白了剧情或者对人物产生了共鸣，而在于是否关注到这些问题之于社会历史政治现实的意义。换句话说，姜文用密码写了篇议论文，套了一个复仇情节剧的外壳，好让它可以勉强变成一个故事片，"糊弄"一下观众。

我们诟病他不会讲故事，但他很可能压根就没打算老老实实讲这个从通俗读物里摘出来的"民国侠客行"传奇。他的目的是在影片放映过程中，不断地按下暂停键，打破第四面墙，向观众一个个抛出这些他觉得有意思的、挑衅的、无法回答甚至不知答案为何的问题。

任何一个正常的电影导演都知道这是自毁长城，但姜文却因为创造了这样一个"绵里藏针、声东击西，甚至是指桑骂槐"的隐语系统而乐在其中。

（一）

从1990年代开始，直接指涉政治和历史现实的华语电影数量急剧下降。取而代之的，是被植入影片正常叙事中的一套平行隐语系统。它们甚至不是比喻，因为在这样的表述中，本体和喻体都不被明显地呈现，不具备相当政治素质和知识储备的观众，甚至完全失去了把它们与现实对位的能力。这样的影片实际上开创了一个"真事隐去，假语村言"的华语电影隐语时代。

在这方面玩的最得心应手的，是杜琪峰领衔下的"银河映像"。

可以算作其开山之作的《一个字头的诞生》，表面上讲的是一伙香港"屌丝"在中国内地和台湾分别开启了一段万劫不复的荒诞冒险，其实却代表了彼时那一部分香港人对这块弹丸之地未来走向的内心困惑。

在接下来银河映像出品很多作品中，如《暗花》《大只佬》《黑社会》（一、二集）、《毒战》，都包含了强烈的地缘政治暗示，在其中我们几乎不能寻得显性的线索，以之与外在现实进行联系比对，而只能通过电影和现实之间相同的运作模式进行类比，而意会其中所传达的思想信号。

另一位香港电影中的隐语专家是邱礼涛。

除了在《选老顶》中以黑社会选老坐而发生的帮派冲突来映照某种社会进程之外，谁又能解释清楚在《拆弹专家》中，他让身缠红黄两色炸药引线的年轻警察原地爆炸是什么意思？在新近上映的《泄密者》中代号为"VR23"的病毒又代表着什么？甚至连《一念无明》和《踏血寻梅》这样非常严肃的艺术制作，仔细体味其所传达的人物关系和思想感情，也都能找到对社会大框架问题的隐含切入点。

在内地电影中，改编自话剧的《驴得水》堪称是历史隐语表达的巅峰之作。它通过设置在民国山村的一场教育骗局，把中国知识分子的历史心路历程和内心困惑统统装了进去，用巧妙而充满荒诞的喜悲剧将其浓缩呈现。

当然，从2000年以来，一直坚持不懈地在影片中埋入对国民性思考与讽刺性隐语的电影人，在中国内地，唯有姜文。

（二）

《鬼子来了》中的马大三和村民们胆小、怯懦、犹豫又轻信，在是非本分明的民族大义前，却陷入了自保心态下的陷阱，是愚昧无知还是天真善良，姜文用马大三被自己人砍下了脑袋的荒诞结局回答了这个问题。

这看似是一个建立在微观视角上的日据时期的荒诞剧，但那个神秘的"我"、村民和日本侵略者之间却构建了某种历史政治架构下的权力图谱，而村民在这个架构中处在最被动、卑微而被双面夹击的尴尬位置上，这是不是对群氓一种充满悲悯口吻的类比式描述？

姜文在《让子弹飞》中再次描述了权力领导者和群氓之间的互动关系。

影片的主角张麻子表面上是一个冒领官衔的土匪，但却在实践中成长为一个调动组织群众发起一场小型革命的高手。

《让子弹飞》的故事模式，恰恰就是我国历史上不断被发动的各式革命的微观模型。影片中的这场革命，成王败寇成为其衡量"英雄"的标准，但"真相"为何，却被人忽略而如堕五里雾中。

这大概是为什么在随后的《一步之遥》里，他把曾经轰动一时的"阎瑞生"案改编成了一次对于"真相"的歪曲史，以群氓在权力煽动下的喧嚣狂欢和对于真相的碾压和糟改，来反衬"真相"本身的悲剧性孤独。

在上述几部影片中，姜文本质上都保持了对国民性充满嘲讽意味的探究和侧面描述。虽然他从未在影片中公开挑明这样以小见大、从微观透视全局的意图，但是明眼人依然能清晰地体会到，他对"群氓"的整体性认知带着戏谑意味的呈现。

无论我们对于他的新片《邪不压正》有着怎样的不解和不满，毫无疑问的是，他依然借着这个旧北平传奇故事的载体，进行着他对"群氓"补完式的特性描述。

（三）

在银河映像的《暗花》《毒战》《大只佬》以及《一个字头的诞生》中，由杜琪峰和韦家辉领衔的创作团队，发展出一种特殊的隐语式表述方式：他们以某一个角色作为现实中具有共性的人群的代表，将后者的特性经过概括提炼而植入影片的人物身上。《驴得水》在本质上也采取了同样的方法来暗指历史和现实。以此来看待《邪不压正》的人物设置，姜文的用意便会清晰许多。

在某种程度上，民国初年的中国处在一种指导性思想的混乱之中，各种针锋相对的思潮和行动模式被传入，进而被奉为"救国之道"，但国家并未因此而强大起来，反而被各种政治势力所渗透，被列强不断侵扰并滑向半殖民地。

在此过程中，包括无数文化名人在内的中国人都曾反复扪心自问并尝试回答：问题到底出在哪儿？

《邪不压正》里的主角李天然便被设置成了这样一个混搭的身份：他不知道自己的亲生父母是谁，自幼跟着民间师父学功夫，在美国长大接受教育，他满嘴洋文认了一位外国大夫当"爸爸"，但心怀的却是纯中国式的复仇怒火。但一到真正的实践阶段，这个能飞檐走壁躲避子弹，并且已经认准了仇人所在并随时可以对其倾泻怒火的"侠客"，却变得三心二意起来。

他完全没有自己的准主意，盲从、犹豫并轻易被欲望所诱惑，被身边的各色人等政治势力支来使去，心甘情愿地成为政治阴谋棋盘上一颗被人拨弄摆放的棋子。而"复仇"则成了高高悬挂可望但不想及的一个念想，口头念叨但并不必真正付诸行动的行动。

同样的，自认为胸怀大计的蓝青峰，身兼着中国人和美国代理人的两个身份，置北平城外大兵压境的日本兵于不顾，以典型的两面派手法玩起了"太极"，目的只在于借各方势力的冲突获得自己最充足的活动空间。

这一大一小俩自以为聪明的"糊涂蛋"起劲儿地在北平城里做起了让人眼花缭乱的无用功，让个人仇恨和野心的膨胀远远盖过了国家的安危存亡。

这，就是姜文在《邪不压正》的隐语系统中刻画出的群氓形象。

（四）

当我们看到美国医生可以用一张小小的美利坚护照，就阻挡住了横行的日本坦克的时候，会意识到这是怎样一个充满荒诞感的"弱肉强食"世界；当我们看到虐杀师父的朱潜龙把李天然诬陷为凶手，又为其立了个在师父面前永远站不起来的跪像的时候，继而就会意识到要颠倒那个已经"黑白颠倒"的世界该是多么的困难，这并不仅仅是手刃仇人一尝快意就可以清洗的谎言；更不用提当蓝青峰被互相勾结的警察局长朱潜龙和日本特务根本一郎"砌"在墙里之际发出的"这么黑，怎么分得清哪天是哪天"的感叹。

姜文最后给了复仇成功的李天然一个含混不清身份错位的形象：这样一个外表美国化了的中国孩子，穿着中式白长衫，却内套着日本和服裤子站在房檐顶端亮相。

他个人的大仇已报，但北平城却已陷于敌手，他迫不及待地想找到下一个"爸爸"，但却被杀死他上一个"爸爸"的蓝青峰告知：无"爸"可寻了，再多的"爸"也不管用了，你得自己忽悠别人当你的儿子了。

在1930年代，北平城就是在这样一群钩心斗角、自以为是、各自为战又是非真假善恶难辨的势力手中坠落下去，被留给了扛着真枪实弹一门心思想侵略中国的日本兵。

还好，姜文在影片中总是给我们留下一丝希望：以民国女侠施剑翘为原型的关巧红绝尘而去，留给了李天然一个充满着理想主义希望的期待，但他是否能理解这个期待的含义，只能看他个人的造化了。

（五）

姜文始终和他影片中的人物保持了一个冷峻的距离。

我们很难看出他对这些隐语系统中的人物是默默赞同还是心怀蔑视，对他们的行为是由衷赞赏地乐在其中还是冷嘲热讽地深恶痛绝。也许二者兼而有之，他既在理性上清晰明辨他们的本质，又忍不住在感性上沉醉其中。这是个人成长过程中无法抹去的烙印所致。

不过对于他的影片来说，如此多的暗示、隐喻和声东击西，让这些作品无可避免地破碎成了片段。

想说的太多，又习惯于保持一个凌驾于人物之上的姿态，其实是剥离了观众代入共情的可能。不具备如是思考能力或者知识背景的观看者会抱怨"尴尬、看不懂、如坐针毡"。

最终，被《邪不压正》所勾引起兴趣的，是这些着迷于解读观点和论据的"书呆子"，以及被姜文疯狂童话式表述所一直感染的铁粉们。

它所不能满足的，其实是那些想看热闹却不得要领而一头雾水的"路人"。这是不是也恰好契合了《邪不压正》为"群氓"所描画的隐语式肖像呢？

选自"枪稿"微信公众号（2018年7月17日）

升降之间的生之魅惑
——《邪不压正》的俯仰美学与姜文的深微性灵

李道新

在《沟口健二的世界》一书中，日本电影史学家佐藤忠男曾经指出，导演有两种类型，一种是以摄影机为中心进行工作的导演，另一种是以表演者为中心进行工作的导演；小津安二郎属于前者，沟口健二则属于后者。以表演者为中心进行工作的沟口健二，因酷爱升降摄影，形成了一种独特的、对人与人之间的关系进行价值判断的俯仰美学[①]。

时至今日，两种类型的电影导演，或因观念的嬗变跨越了各自的边界，或在彼此照应中趋向交流互动，已经不太能够予以明确的区分；但从佐藤忠男所提示的角度分析，与姜文多年的表演经历联系在一起，大体上仍然可以把姜文归类于与沟口健二一样的、以表演者为中心进行工作的导演；也正因为如此，姜文才能以不知疲倦而又运动着的升降摄影和广角镜头，通过密不透风而又风格化的人物台词和身体动作，构筑一种更加丰富复杂甚至不无矛盾冲突的俯仰美学，直抒属于创作主体的深邃而又微妙的性灵，使自己成就为中国乃至世界导演谱系里的"这一个"。

事实上，从《阳光灿烂的日子》到《太阳照常升起》，再从《让子弹飞》到《邪不压正》，姜文一直坚守这一份独具成色的自我，始终不为他者

[①] 佐藤忠男.沟口健二的世界 [M].陈笃忱译，北京：中国电影出版社，1993：210—236.

所动，并因激情而疯狂，为感性而迷恋；在镜头的深度与摄影机的升降之间，展现出一种脱逃尘世的意愿、无须迟疑的行动以及"飞"在空中的想象力。与过于芜杂的社会生活和不可逾越的现实世界相疏离，并为取代普遍意义的平面型横向观看所形成的左右习惯，姜文以特别创制的垂直型高低视角所形成的俯仰美学，颇为率性地表达了一种既超越日常时空又迥异于其他电影的银幕经验，并有效地呈现出一种仅属于个人内心的世之迷幻与生之魅惑。

（一）

拒绝被资本力量和叙事成规"格式化"的姜文，虽然总想抛却已有的经验而在每一部新的电影中"借题发挥"，或者"无中生有"，其实是无法规避自己的感觉和性灵，总也抹不掉从一开始就在银幕上留下的深重印迹。作为演员，姜文总会以其饰演的角色在自己导演的影片中承担举足轻重的引导性或定位性功能；而作为导演，姜文也会以其对表演风格和影片节奏的全面掌控而获得电影作者的盛名。这便使得以表演者为中心进行工作的姜文，能在充分重视"演员的表演"的基础上，既可以无所顾忌地"追"故事，并且一遍一遍地"打磨"剧本，又可以更多地关注摄影机的角度和方位，以及画面里的光影和声音。

这样，以演员的内心表演、风格化台词及其塑造的人物为支点，姜文电影通过大幅度运动的升降摄影和深焦镜头，改变了一般平面型横向电影叙事的述状情态，并大胆省略附着其上的历史背景和现实环境，直接切入人物的内心世界，集中展现创作主体脱逃尘世的意愿和无所羁绊的精神状态。早在影片《红高粱》里，饰演"我爷爷"的姜文便通过自由狂放的精神气质和义无反顾的角色把握，传达出影片极力张扬的蓬勃热情与生命活力，得到导演张艺谋的激赏[1]，特别是高粱地里的"野合"一段：逆光，低视角，疯狂舞动的红高粱；高亢激越的唢呐声起，镜头俯瞰，"我爷爷""我奶奶"仰躺在天地之中。如此俯仰组合，自然非同凡响，也确实震撼人心，势必会给姜文此后的创作带来不可多得的灵感和启发。不得不说，从

---

[1] 李尔葳.汉子姜文［M］.沈阳：春风文艺出版社，1998：30-36.

《阳光灿烂的日子》开始,尤其在《太阳照常升起》和《让子弹飞》中,升降摄影所造成的俯仰效果,以及"离地高飞"所表现的叛逆式创意,便已成为姜文电影具有标签性的美学特质之一[①]。

在《太阳照常升起》中担任摄影师的赵非,通过与姜文进行大量沟通,明白了姜文在影片里所需要的——"情绪非常饱满""主观色彩非常浓郁"的内心感觉,意识到该片的拍摄不能"四平八稳",而要敢于"反常规";为此,赵非依靠大量升降摄影、柔光镜以及富有畸变效果的广角镜头,为姜文创造出了一个梦境一般的电影世界[②]。正是因为倾向于将主人公高高地置于树木、火车和铁轨等景物之上,俯仰之间的个体生命呈现出前所未有的魅惑感。镜头所及,画面之内,既无日常的烟火气息,也少有普通的生活实感,人物以其特有的性灵和超拔的身姿跃然于银幕。而在《让子弹飞》中,充满想象力的马拉火车的开场,更具先声夺人的气势。短短的两分钟段落,机位变化非常丰富,既有在山顶使用长焦拍摄的大全景,也有以升降摄影拍摄的各种俯仰画面。表现县城环境时,也是大量使用仰角角度,并以广角镜头加以夸张呈现[③]。这都有助于打破固有的观影期待,强化特定的人物性格,形成独具魅力的视觉效果。

不过,与谢晋、谢飞和张艺谋、田壮壮等几代导演的历史反思、文化批判和现实指涉不同,姜文试图从国家、民族及其历史、文化的宏大命题中挣脱出来,聚焦于个体的成长及其生命的意义;甚至更进一步,姜文还希望从现实中疏离,从尘世中脱逃,让梦想的自由在电影中高飞,让深微的性灵在俯仰中飘荡。这种返归人本却又超越逻辑的自由狂放,虽然总是引发太多的误解和争议,但也在中国银幕上创造了一种电影与生命交相辉映的动人景观。

《让子弹飞》上映后,在一次对谈中,姜文曾经指出,谁都有想要"从物质生活解脱出来"的瞬间,谁都想通过谈恋爱、想入非非、酗酒、远足、登山、信仰宗教等方式达到一种"远离尘世"的感觉;但通过电影来实现一种"远离尘世"、充分极端地接近我们"精神本质"的这样一个作

[①][②]王一川.离地高飞的"红小兵"导演:姜文[J].文艺争鸣,2011(7):100—103.
[③]梁明.光影信徒的朝圣之路——赵非影像研究[J].当代电影,2012(1):103—108.

品,需要真正的"勇气"和真正的"舍弃"①。可以说,姜文导演的电影如《太阳照常升起》,以及"民国三部曲"——《让子弹飞》《一步之遥》和《邪不压正》,都在以其特有的"勇气"和"舍弃",努力实现这种"解脱"和"远离",并试图接近他所理解的电影的"精神本质"。

颇有意味的是,针对《邪不压正》的拍片动机,在回答记者提问时,主演彭于晏也曾表示,姜文认为拍电影可以"逃脱"现在的这个世界,因为电影的世界"更美"。确实,通过电影创造一个"更美"的世界,再通过这一虚构的"更美"的世界,体验正邪搏斗中充满魅惑的生命个体及其成长历程,正可作为阐释《邪不压正》"精神本质"的一条可能的路径。

(二)

在《邪不压正》这部"讲究才是根本""根本还真讲究"的电影里,姜文表面上"讲究"的是"表演",是"剧本",是"历史考究的科学性"和"镜头美学的艺术性",但从根本上分析,姜文"讲究"的还是高、低、升、降、俯、仰,以及如何更好地经由电影承纳生命。在这里,生命的意义跨越真实的时空,并系于李天然一身。彭于晏饰演的主人公李天然,从美国回到北平的时候,与其说是一位饱受身心创伤并总在伺机报仇的青年,诚如李小龙在电影《精武门》里饰演的陈真,不如说是一位身轻如燕、心如明镜、自由自在、了无挂碍的赤子,更像三十年后从美国回到香港拍片的Bruce Lee。实际上,无论《精武门》里的陈真,还是电影演员李小龙,都与1937年前后的北平没有任何关联,但《邪不压正》总是有意无意地暗示这种并不存在的对应关系。这也正是《邪不压正》以及姜文电影令人迷惑的超现实主义。

按照观众的预期,主人公原本需要牢记的,应该是与师门败类朱潜龙和日本特务根本一郎不共戴天的家仇国恨,但《邪不压正》花费大量篇幅展现的却是这位名曰李天然的天然如璞玉的主人公,以各种高超的技巧和美好的姿态,在民国北平一望无际的青瓦屋顶上飞奔;或者,在两个爸爸(美国医生亨得勒、侠义之士蓝青峰)和两位女性(北平交际花唐凤仪、

---

① 姜文.骑驴找马——让子弹飞[M].武汉:长江文艺出版社,2011:37.

华北第一裁缝关巧红）之间的情感漩涡和身份纠缠中，不断地"延宕"复仇的根本使命。诚然，手刃了邪恶势力并以仇敌的鲜血写完"李天然"三个字的主人公，最终完成了自己的复仇；但在"七七事变"爆发后的北平屋顶上，再也看不到李天然翩然高飞的身姿。跟潜隐于旧都的大侠关巧红一样，只有爱情而不是仇恨带来的责任，才会让生命成长为一个值得托付的人。

为了满足导演脱逃尘世的意愿，并表达对"美好"生命的尊重，据媒体报道，《邪不压正》剧组不仅严格按照民国地图及各种数据，几乎是以假乱真地搭建了四万平方米的民国北平青瓦屋顶，而且采用当前电影拍摄的主流机型和一流设备，包括常规脚架和十二米大摇臂，拍摄彭于晏飞檐走壁的画面；还在片场上空架设一套"蜘蛛眼"（Spidercam），搭配"大疆如影2"云台系统，通过遥控器和无线跟焦器，使主人公在屋顶奔跑的长镜头成为可能[①]，也在更加流畅自然的升降摄影和俯仰画面之间，创造出一个垂直于地面、令人叹为观止的电影世界，并将姜文电影的俯仰美学，从此前电影中对景观、环境和性灵的梦境呈现，提升到一个礼赞生命立于天地之间并无所羁绊的浪漫主义高度。

对于影片而言，极尽写实的民国北平，其在街道分布、建筑样式与店铺陈设等细节方面所达成的强烈真实感，与主人公在青瓦屋顶上下腾跃所呈现的缺乏逻辑的浪漫段落，无疑会在观众中产生一种不可思议的间离效果；但这正是姜文想要达到的目标：在这种写实与虚拟相互交织所显出的高度反差中，正可让主体的意愿脱逃于尘世，让人物的行动疏离于现实，最终呈现姜文电影惯常表达的一种感性的世界观和魅惑的生命体验。

真实的主观，或主观的真实，甚至于姜文所言的"看起来又真实又是主观的"，被拍摄起来确实既"费心"又"费力"的[②]；通过《邪不压正》，或者说，早在《太阳照常升起》和《让子弹飞》等影片中，姜文一直都在自己亲手打造的这个表演者中心的舞台上，以垂直于地面的升降摄影，创

---

① 《正邪之战稳如泰山，揭秘姜文〈邪不压正〉背后的硬科技》，凤凰网，http://news.ifeng.com/a/20180720/59305345_0.shtml.
② 姜文，吴冠平.不是编剧的演员不是好导演——姜文访谈［J］.电影艺术，2011（2）：79—87.

造一个与众不同的、自在俯仰的电影世界；而在这个世界里，真实的是电影，主观的是姜文，真实而又主观的是姜文电影。作为最新一部姜文电影，《邪不压正》仍因对俯仰美学的生发和深微性灵的展陈而被赋予特别的生命力。

然而，姜文电影这种特别的生命力，与其说源自必须践履的师徒如父子之伦理（师门复仇）、家国一体之大业（抗日战争）甚或人类善恶之大义（正邪搏斗），不如说源自一种更为本真的性驱力，亦即生命最基本的一种驱动能量。按弗洛伊德的观点，人类本能中的性驱力，是人格发展的主要动力；在人的一生中，性驱力的聚集区域，从身体的一个部位转向另一个部位，而每一次转变，都标志着人格发展又进入一个新的阶段。在《邪不压正》里，本应背负家国大恨的李天然，28岁时才从异域回到故乡，但面对少年时代即已是家的北平，荷尔蒙充盈的肉体，只有以高飞于青瓦屋顶的轻盈姿态，才能抵御青春期父权丧失（师傅被杀）和身份困惑（两个爸爸）带来的沉重空虚。当两位女人分别以肉体诱惑和精神指引的象征出现在面前的时候，主人公的身体开始进入生殖期。为所爱的女人烧了日本人的鸦片仓库，因所爱的女人与仇敌近身肉搏，血战到底，以及从蓝爸爸那里领受的"要成为一个父亲"的嘱托，使其人格在影片结束前发生了逆转。当宿仇已报，青春已逝，将为人父的李天然，含泪站在所爱的女人面前，此时的升降摄影，从北平青瓦屋顶绵延到更远的天地，那是大难当头的故国，也是父辈们早已失去的江湖。

作为对"隐"之"侠"的最后一次彰显，花费巨大心力搭建的四万平方米民国北平青瓦屋顶，原本也只是供给李天然一个人快意恩仇、表演浪漫并祭奠青春的舞台。作为一部姜文电影，《邪不压正》或许承载着一些观众所需的历史担当、文化坚守和社会责任，但从一开始，姜文就在利用极为主观的升降摄影及其俯仰美学，脱逃于历史、文化和社会之念，聚焦于个体的深微性灵与生命本身的魅惑。

选自《当代电影》2018年第9期

"世间再无金大侠"：
与武侠巨匠的集体告别

编者按：2018年10月30日，著名作家、社会活动家金庸在香港逝世，享年94岁。消息传出，中国内地和港澳台，乃至全世界的华语媒体及读者无不在第一时间通过各种方式，向这位凭一己之力构建起奇崛灿烂的武侠世界的小说家致以哀悼与敬意：世间再无金大侠。自1985年大陆引进金庸小说起，"飞雪连天射白鹿，笑书神侠倚碧鸳"的世界便陪伴着几代人的成长。毛尖在《就此别过》中，将郭襄对杨过的痴恋与同代人的青春悸动相勾联，王峰的《一个八十年代中学生的金庸阅读体验》讲述了一个痴迷金庸小说的青年读者的武侠梦，周志强在《侠客笑傲江湖远》中重温了重义轻利的"侠客乌托邦"，认为金庸武侠在"后崇高"的时代高扬着个体与精神的力量。

在为人熟知的小说生涯外，金庸更是《明报》的创办者和社会活动家。《人物》的专题文章《挥手自兹去》叙述了作为报人和武侠小说家的金庸波折而传奇的一生，办报与写作构成其生命的二重奏，透过时代风云我们能感受到移世易下金庸的信念、坚持与淡泊、达观。

金庸笔下的民族情怀和宏大历史叙事常为读者乐道与回味。冯庆的文章《金庸：一代人的"立法者"，写下20世纪华人文化思想史》认为金庸小说创作意图和内容安排，与其对中国历史和现实的思考、体悟是紧密结合在一起的，游牧与农耕民族的文化冲突是作者重释历史脉络的主线，而左翼思想、新自由主义思潮和"亚洲四小龙"的发展奇迹构成了有力的现实冲击，交织作用于金庸的武侠江湖。

侠客笑傲江湖远①

周志强

2018年10月30日，金庸离开了这个世界，去了清澈明静的天堂。烽烟弥漫的20世纪与激情洋溢的侠骨柔情，他留给了这个世界抗争黑暗的悲壮苍凉故事，在心灵间镂刻下"虽千万人吾往矣"的勇气。

金庸去了，武侠的时代也似乎随之结束！

马克思曾经说过，一个时代没有英雄，文学就会给你想象英雄。金庸生产了壮美的武侠气度和令人心折的崇高景象：郭靖的至刚至坚、胡斐的一往无前、陈近南的大义凛然、洪七公的磊落胸襟与黄老邪的洁身自好……

然而，金庸小说之境界并不仅仅在于这种"侠之大者"的痛快淋漓，更在于隐伏在侠骨豪气里面的一种"小人物的悲哀"。令狐冲在绿竹巷那哭不完的心事与琴曲中孤寂的凄美、陈家洛悲悼忧郁的面容间蕴藏的世间悲苦、张无忌栖栖惶惶渺无前路的彷徨、杨过黯然销魂掌隐喻的绝望、韦小宝无所用心狡诈卑鄙中透露的灰心，以及义无反顾的小昭、嗒然落地的程灵素、英姿飒爽的霍青桐、偏执无着的岳灵珊……金庸并没有假情假意地给我们描述"伟人的江湖"，而是铺开了"两间余一卒、荷戟独彷徨"的20

---

①原题为"金庸（1924-2018）：侠客笑傲江湖远"。

世纪心灵地图。

在《天龙八部》中，大侠萧峰两军阵前自尽，曾经让我唏嘘不已也心扉震撼。原来在昏聩疯狂的历史中，既有袁崇焕砥砺奋进的美，也有袁承志独身自好的情。金庸小说终究不是道德文章的说教和圣人精神的自恋，而是"千年暗室一灯即明"的勇气和"不动即不伤"的哀怨。阳光和黑暗总是界限分明线条简单，而"影子"的无处可去而必然要去的悲哀，才是20世纪——一个革命、激情和浪漫的时代里芸芸众生的素描。

不妨说，不是金庸去了，武侠的时代才结束了，而是金庸来时，就看到了一个武侠时代的结束。金庸小说的精神力量，不在于其揭示的英雄的豪气干云，而在于他写出来的我们每个人的无能为力。

细看其曾经叱咤风云的主人公，要么是萧峰一样的"真实死亡"，要么是以退隐的方式"象征死亡"，就连韦小宝也悄然离开，不知所终。金庸把苏东坡"江海寄余生"的闲情逸致，变成"小舟从此逝"的无语落幕。这不是"告别崇高"，也不是"独善其身"，而是对中国现代社会中知识分子境遇的深刻了知：一方面是救济天下的英雄错觉，另一方面则是无力作为的卑微困窘。金庸小说中主人公的"死"或者"喻死"，不是为了制造悲剧，而是悲剧现世本身；不是为了批判，而是看到了批判者的孱弱；不是写知识分子"世间不平事乃以剑消之"的狂想，而是写这种狂想本身已经丧失了想象的土壤。

不妨说，时代无金庸，金庸有时代。

金庸不应该属于我们的时代。所以，他在小说里写了逍遥自在的桃花岛、忘情俗世的忘情谷、无人能会的活死人墓、一骑绝尘的大雪塞北与杳无音讯的东南小岛。金庸用桃花源的美丽，衬托无处私奔的精神绝境；用一去无消息的浩渺，渲染狡诈市侩的平生。

然而，金庸却写出了我们时代的内在精神史诗。无论怎样万千阻障和山高水长，依旧有执着坚定的信诺、至死方休的爱情、纯洁无瑕的友谊和一笑放下的洒脱。金庸小说最终的魅力，不是其英雄感人和心灵创伤，而是其"明知不可为而为之"的痴绝、不肯"以一人之是非为是非"的独立、于威严肃穆的权威面前嬉笑怒骂的脊梁和"不恋投来食"的尊严。

在一个实用主义当先、利己主义称霸的时期，金庸小说把曾经主宰人类从洪荒蛮远走到高楼大厦的"人的力量",凸显在字里行间,刻写在我们眉宇之间。

金庸去了。生命是卑微脆弱的,也是辉煌和勇敢的。金庸小说把这种卑微底色的勇敢写了出来,在崇高里多了份苍凉,在苍凉里又平添几分刚毅!这是一个经历过战乱、动乱和爆炸式繁荣的人,写出来的那个世纪的逻辑,又是每一个平凡的生命所能想象的最伟大的自我。

在《鹿鼎记》后记里,金庸说,如果没有意外,就不再写武侠小说了,但是,生命中充满了意外。我一直期待这个"意外",不想却等来一个武侠时代结束的今天。狂来说剑,怨去吹箫,金庸去了,但总有清凉明净的眼眸,照彻昏暗世道的湖面……

选自"凤凰网评论"(2018年10月30日)

一个八十年代中学生的金庸阅读体验

王峰

一早起来，就在微信里看到新闻，金庸先生以94岁的高龄离世了，忍不住心潮波动，到微信圈里打开一看，发现大家都是在转发信息，几乎达到刷屏的地步。这也不奇怪，目前活跃在微信圈里的人，除了"90后""00后"们，1960、1970、1980年代生人少有不对金庸感兴趣的。

回想起金庸武侠传入内地，应该是在1980年代初期。随着电影《少林寺》的播映，打开了人们的武侠想象，很快，金庸小说也开始漫延，只是阵地似乎比较低端，是在普通的租书摊，这似乎也符合人们当时对武侠的定位，卑之无甚高论。但这并不影响小朋友们。我们的童年往往是背着书包上学，在学校里做好作业，然后背着书包，找到最近的租书摊位，一天一本书一毛钱，坐到天黑回家。那时家里孩子多，大人下班晚，管不过来，只要不丢就行，更不要说课后的兴趣班了。这也让我们可以很自由地到处活动，说实话，金庸就是我们的兴趣班，我们经常呼朋引伴地一块儿去看书。哪怕是冬天，租书摊里四面透着风，光线暗淡，那些武侠书的封皮泛着黄，而且还有一些特殊的气味，那时的我们以为，武侠小说就应该这样；现在知道，那都是盗版的书。但是，我们年龄小，完全不管这些，只是浑不懔地一口气读下去。沉浸在金庸塑造的武侠世界当中，偶尔站起来活动一下坐麻了、冻僵了的腿脚。有的时候和同学一块去看，可以两个人读一本书，只花一毛钱，这往往需要书摊老板格外开恩，但三个人是绝对不可以的。如果真的得到这样的恩准，我们就从心里边偷着乐，两个人一人一边捧着一本书，读到会心处还要嘻嘻笑一场，但很快就会被书摊老板呵斥，让我们不能影响其他人。抬头看看，周围坐着的基本都是像我们一样年龄的小朋友，偶尔会有大人，看不出年龄，我们也不理解，他们为什么也过来看小孩爱看的小说。

初中的时候跟着父母从辽宁迁到山东。临走前，同学们表达友谊的最高方式就是陪着我一块儿到租书摊儿去看武侠，其中还有我的班长，当时觉得这是很光荣的事情，班长陪着一块儿去看武侠，仿佛就让这个不太光彩的事情变得有一点儿光明正大起来。

到了山东，发现原来祖国大地处处皆同，辽宁发现的租书摊到了山东依然到处都是，但是没过半年，似乎对版权的要求高起来了，这样的租书摊渐渐变少，而且我也慢慢长大，有点不屑去这样的低端场所。山东也比辽宁富裕一些，学校和社区都有图书馆，书店也要多一些，只是到社区图书馆里借阅需要借书证，我似乎还没有资格，而学校的图书馆是不可能出现武侠这样的低端图书的，往往是各种光明高大的书籍，但似乎又没有武侠那么高的吸引力。书店里的书未免贵了一点，这要征得家长的同意，当然如果闹一闹还是有可能的。有些家里有些闲钱的小朋友能买上一两套金庸正版小说，让我们艳羡，也增加我们回家闹家长的勇气和胆量。在我们看来，图书馆和书店里的金庸武侠书格外漂亮，书摊上的武侠书就显得太俗气。一旦拥有这样的小说，在同学当中就是一种骄傲的资本，忍不住要炫耀的。书是要借出去的，对于有书的人来说，不把书借出去，怎样能够让别人知道自己有书呢？

但接下来的故事就不太美妙了。朋友借去了书，然后不是书皮破旧，就是丢了一套中的一本，引起朋友反目成仇，再也不理睬。而最坏的情况就是，借来的金庸小说，忍不住拿到课堂上去看，一看入迷，就容易被老师发现，然后被叫到办公室，痛心疾首地教训一番，没收，叫家长。无论如何，书是要不回来了，家长心疼钱，但也只能把自己的小孩子教训一番，向图书馆或朋友赔钱了事。这种事情经常出现，我也曾出现这样尴尬的情况。还好，我既不是一个很优秀的学生，会让老师痛心疾首地认为武侠小说把我彻底带坏，也不是一个很坏的学生，似乎学习成绩也没受到太大影响，因此老师只是严厉批评，没收，倒也没有痛心疾首到泪下的地步。但书是借来的，一定要有个说法的，只是我忘了当时是如何善后的了。

同学里出现一个神人，他经常向我们传授在课堂上看武侠小说的"秘籍"，比如用两本书重叠在一起，课本朝外，武侠小说放在里面，这样老师就不会发现了；还有更神奇的一个招式，就是包上课本的书皮，这就能够保证万无一失了。当然这是他的说法，结果也不完全像他许诺的那样万无一失，因为他成了老师重点关注的对象，总会不停地检查他的课本，以至于他最后被没收了不少武侠书。接下来的"恶果"就是他发誓自己写武侠小说，不再看了，因为被没收的书损失太大，他已经看不起了。高中三年时间里，他写了几本武侠小说，同学里有看过的，但是可惜我跟他不是一个班，关系平常，也没有借来看过，只是据看过的同学说，写得还不错，有点像金庸。只可惜后来他也没有成为作家，而是去干了体力活。

1985年在电视上播放的《射雕英雄传》，迅速扩大了金庸武侠的影响力，不仅我们这些少年，还有家长们也被吸引到电视机前，随着情节跌宕起伏，为其中的人物感慨落泪。连我大字不识一个的二姨也跟我念叨小蓉儿的命运。金庸武侠似乎不那么低端了，虽然依然还进不得大雅之堂，但是不管怎样，鼓励了我继续阅读金庸的乐趣。

高中的时候，金庸的十四部著名小说已经一看再看，而且同学们之间开始比赛背诵武侠中的故事情节和名句，甚至一见面要相互一抱拳，笑问一句，大侠，今日可好？我们享受着把自己当作一个大侠的乐趣，同时不免在课堂上驰骋想象，就当自己是一个为人世间铲除邪恶的不世大侠。偶尔走夜路的时候，似乎也不像以前那么害怕，反而盼望着出现几个流氓拦截路人，然后让我，不，主要是我们几个有着侠义肝胆的男生冲上前去，把这几个流氓教训一顿。但可惜一直也没有出现过这样的机会，可能是因为我的夜路走的也少，而且其实也并不太晚。

上大学的时候，我已经把这些金庸武侠看了个遍，而且，达到了二十遍的地步，每次看都有新的发现，甚至经常自号"金庸索引"。从功利的角度来说，我这完全是不务正业了，而且，一直到现在年龄大了，也没有看出做"金庸索引"给我带来任何经济收益，但是，恰好这样，反而做起来更是兴致盎然。也许，完全没有功利的事情更让人心醉神迷吧。

忽然想起说自己完全没有功利也不尽然，因为在我成为一个文学研究者之后，虽然没有把金庸当作自己的研究领域，但其实一直念念不忘的。比如在我的一篇论文当中，一开头就引用《神雕侠侣》的故事情节，并且对这一情节展开分析，自己觉得很得意，然后通过一个编辑朋友交给他们的主编审读，结果主编先生说，理论分析还不错，但是引用金庸未免有点不够高大上，还是引用经典的传统作品进行分析为好。主编先生是研究古代文学的，是好意，但我又对这段情节深为爱惜，难以割舍，以至最终只好舍了主编先生的美意，另寻他处发表。想想虽然有些遗憾，但是这似乎也表明了自己是真爱。

纪念金庸先生，为了我的少年梦想，为了我花费太多时间和精力，为了我少年和青年做过充满侠气的梦，无论在黑夜，还是在白天。为了现在拿起金庸小说，就能感到一种发自心灵深处的愉悦。感谢金庸先生。最后说句很俗套的话，其实我觉得他的离去，是为了成为永恒。

选自《探索与争鸣》微信公众号（2018年10月31日）

金庸挥手自兹去

张月

"他病了好多年"

金庸并不恐惧死亡。

2001年，77岁的他访问台湾时接受采访，有人问，"名利双收之后，你的内心是否还有恐惧？"他说："大恐惧没有，小恐惧就是怕读者不喜欢我吧。另外，也怕亲人的死亡，怕朋友的死亡，但对自己的死亡并不恐惧。"谈到这个沉重话题时，他甚至眯着眼笑了。

他年事已高，在之后的十多年里深居简出，时常传出身体不好的消息，被谣传了许多次去世。

唯有这次是真的。

好友倪匡此前多次帮他辟谣，证明自己的朋友尚在人世。他常在深更半夜被媒体的电话吵醒，问金庸是不是不在了，请他去问问怎么回事。他每次都被吓一跳，电话打过去，金庸健在，他才放下心来。两人聊起"去世"的乌龙，金庸从不生气，总是一笑而过，"他觉得人总是要死的。"倪匡告诉媒体。

2013年，金庸89岁。那是一个肉体濒临极限的年纪，倪匡对外界提到的信息却很乐观，他说自己半个月和金庸见一次面，"查先生健康没有问题，他胃口比我还要好。他就是听力不好，但又不戴助听器。"

昨天有香港媒体打电话给倪匡，他一开始不相信，不断反问："哪里来的消息？"他和金庸已经有半年没见面了，因为金庸一直在生病，"前阵子他话都说不出来，字又写不了，他病了好多年，人老一定病。"

这次，倪匡不需要再为老朋友辟谣了。10月30日晚上9点10分，香港《明报》网站发表《悼金庸先生》："《明报》创办人、著名武侠小说家查良镛先生（笔名金庸），今日于养和医院病逝，享年94岁，《明报》全体成员对此深感惋惜及难过，对查先生家人致以深切慰问。查良镛先生是明报报业集团主席张晓卿丹斯里拿督的好友，《明报》在新闻业打拼多年，迈向一甲子，如非当年查良镛先生不怕艰辛，殚精竭虑，以一支健笔打出名堂，无以臻此。今先生遽逝，对《明报》、对香港新闻事业，乃至对华文文学界，无疑都是一大损失。"

那是一种怎样的损失呢？作家陈冠中说："在金庸之前也有很多武侠小说家，但是金庸之于武侠小说的地位相当于鲍勃·迪伦之于民谣。"作家张佳玮说："中国失去了自己的大仲马与巴尔扎克，自己的莎士比亚与狄更斯，失去了有史以来可能影响中文读者最多的人。"

中文世界，金庸无可逃避。绝大部分人都知道那句著名的对联：飞雪连天射白鹿，笑书神侠倚碧鸳。那代表着他的十四部小说，还有一部没有收进去的《越女剑》。即使你不曾逐字看过他的书，也一定看过书改编的电影和电视剧。他的英雄和美人，他的江湖恩仇和刀光剑影，填满了无数人仓皇的少年时代。

那是一种深远漫长到甚至不知从何说起的影响，"一个人的离开结束了一个时代"这种说法已经让人厌倦，但当金庸的名字出现在灰暗的讣告上时，当倪匡在电话那头笑着说"就只剩我一个人了"时，人们才发现，即使结束了那么多个时代，我们依然没有做好准备，接受这个只能缅怀的时代。没有告别，没有遗言，这次，那个戴金丝眼镜的胖老头儿真的走了。

"拼了性命去办的"

有人曾这么形容金庸的外貌：个子中等，大约175厘米左右，年轻时很瘦，后来发胖。脸型相当罕见，是典型的四方国字脸，很能给人一种不苟言笑的威严感。

但在倪匡眼里,让人望而生畏的金庸是个本性极活泼的人,"是老幼咸宜的朋友,可以容忍朋友的胡闹,甚至委屈自己,纵容坏脾气的朋友。"

他遇到的金庸已经温和宽厚了很多,年少时的金庸性格张扬,从不容忍,上高中时,因为看不惯训导主任辱骂学生,他写了一篇《阿丽丝漫游记》,里面有个大反派,是一条色彩斑斓的眼镜蛇,到处乱窜叫嚣着,"我叫你永不得超生……"那是训导主任的口头禅,主任看到以后气得发抖,跑到校长那里告状,几天后金庸被勒令退学。

转学后金庸考上了重庆中央政治大学,校长是蒋介石,实行军事化管理,学生见到校长时需立即起立,两脚"咔"地一碰,立正。金庸记得在电影里看过,这好像是希特勒部队的动作,他心直口快说了出来,于是和同学发生了争执,闹到学校那边,学校认为他把校长比作希特勒是极大的不尊敬,他又被退学了。

1990年代,时任国家主席江泽民接见他,说:"查先生,你中学时给人家开除了。"金庸说:"是,你怎么知道?"江泽民哈哈大笑,"见你之前我查过你的资料。"

性格张扬的金庸从来不曾想过自己会靠武侠小说暴得大名,年轻时的他更在意自己的另一个身份:报人。那对他来说是拼了性命去做的一件事情,而"写小说是玩玩"。

金庸在北大演讲时曾说:"我一生主要从事新闻工作。"1948年,作为《大公报》记者,他从上海奔赴香港,当时的上海远比香港发达,但金庸欣然前往,他说:"我一生很喜欢冒险,过一点新奇的生活。"此后他在《大公报》下属的《新晚报》做副刊编辑,1959年创办《明报》。

在《新晚报》工作时,他和梁羽生是同事,两人座位面对面,经常一起下围棋。1955年,梁羽生处女作《龙虎斗京华》刚刚连载结束,实在写不动了,想让金庸顶上去,金庸没多想,抱着试试看的想法答应了。

他每天下班之后,睡觉之前,写一个小时,就能把第二天的版面填上。他先构思好了小说的主角,男主角是一个有着神秘身世的儒雅书生,女主角是一对回疆姐妹,在署名的时候想不出来好的笔名,就把镛字拆开,成了"金庸"。

他用排除法来写小说,通常会根据人物的发展写下十个不同的内容,这十个内容如果是读者或其他人能够想到的,他就会全部舍弃。等到写下常人想不到的第十一个故事,他才认可。

那本小说的名字叫《书剑恩仇录》。

小说刊登之后,《新晚报》一时洛阳纸贵。但金庸并未对这件事情投注特别大的热情,那只是他赚取稿费的手段。1997年,他和日本作家池田大作对谈时,回忆这段经历:"得到读者的盛大欢迎,就继续写下去,我以小说作为赚钱与谋生的工具,谈不上有什么崇高的社会目标,既未想到要教育青年,也没有怀抱兴邦报国之志,说来惭愧,一直没有鲁迅先生、巴金先生那样伟大的动机。不过我写得兴高采烈,颇有发挥想象、驱策群侠于笔底之乐。"

在评论性的文章中,金庸经常提到的理想、公道、正义、道德等,在小说里也得到了体现。"武侠小说一定讲正义、公正,一定要是非分明,要好人经常击败坏人;书中的正面人物一定不可说谎,不可忘恩负义,不可对不起朋友,必定要有情有义,不可凶暴残酷奸诈毒辣。"他告诉池田大作。

《书剑恩仇录》之后,他继续写了《碧血剑》,但武侠小说并不能给他带来更多的成就感,他的心思依然更多地放在报纸上。1959年,他创办了一份四开小报——《明报》。另起炉灶的原因是,他认为当时的报纸都在说假话、放卫星,连篇累牍地报道亩产四五万斤粮食,"经过这个'大跃进'之后,很多讲假话的事情都暴露出来了,我就觉得作为一个新闻工作者,你老欺骗没意思的。"他在《杨澜访谈录》里说。

《明报》的办报宗旨几乎就是他武侠观的体现:"侠气,干预社会,对好的人和事件进行赞扬和表彰,对坏的人和事情进行批评和反对。"

在《长风万里撼江湖》一文中,金庸曾说:"一个人一生所做的事业,不论大小,总应该能令自己回想起来感到欣慰。当然这是一个目标,做不做得到是另一回事,不过总得尽力去做就是了。所以,办报纸也应该办一份最好的报纸。当然这也是每个人的理想,如果你是开计程车,就希望自己能开得最好,朝向最好的目标走。"

初衷是好的,但是开局艰难。他投入了全部身家财产,销售量一开始不足一万份,他只好继续写武侠小说吸引读者,同年,《明报》开始连载《神雕侠侣》。

为了节约成本，他把《明报》副刊的专栏稿费开很低，倪匡和亦舒兄妹催他提高稿费，亦舒还为此写过专栏骂他小气，金庸咬着牙就是不提高稿费。他在接受《外滩画报》采访时说，"不可以加。如果加了，别人报告给他们的老板，我就会收到同行的20个电话，说破坏规矩、破坏办报传统，他们就会集体对付我。"

为了安抚倪匡和亦舒，他带着倪匡去旅行，买了几个相机送给他，又买了女孩子的礼物送给亦舒，对方才作罢。由于广东话不好，他和倪匡沟通主要靠写条子，"说话他会耍赖，写了条子，他就不会赖了。"

除了写小说，金庸还要写800字的社评，评论当天的时事。他写得慢，喜欢反复改，很多次整个报馆都在等他的文章，排字工人站他旁边，说："查先生，无须更改了，要拿去排字了。"他依然埋头修改。

倪匡写得快，他批评人家："你这样快的文章写不好。"

此后金庸硬是将《明报》办成了香港知识分子心中的第一大报，靠的就是独立的社评。"在别的方面我们也不见得就比其他报章好，不过，有一点我们却是做到了，那就是真正独立的。任何力量想影响我们的话，我们是绝对抗拒的。这种态度和立场，可能读者在短期内注意不到，但长期下来，读者就会了解，我们是真正客观、独立和公正的。"他在《长风万里撼江湖》里说。

对于时事，金庸有着敏锐的政治嗅觉，文章见解犀利，后来香港总督也要每天看他的社评。他曾得意地告诉香港媒体："恐怕报纸成功，跟我社论写得成功有关。买我的报纸，他就能看到我的一篇社评，其他的就不需要看了。"

动荡年代瞬息万变，他总是能预见潮水的方向。他重要的一个推测是1981年《明报》的社评，预测中国政府会收回香港，而且会在收回日期的前十五年宣布，同时宣布香港现状今后不变。中国政府后来的确于1982年宣布，于1997年7月1日收回香港。

他把这种敏锐归为大胆，"反正这报纸是我自己办的，我推测错了，也不会有人管我，也没有太大的责任。如果我拿大家的薪水，替人家做事，就不敢这样大胆，推测错了，老板要骂你了：你怎么这样乱写！"

因为坚定地反对"文革"，金庸的生命曾受到威胁。有人把炸弹送到

《明报》报社，秘书看到之后报了警，警察赶来处理，炸弹被放在马路上引爆了。香港政府派警察24小时贴身保护他，还准备了十个假车牌，每天换来换去，以防被人跟踪。"害怕，但没办法，已经骑虎难下了。太太和孩子顾不到了，自己生命都顾不到了。"他在《杨澜访谈录》里说。

他给自己鼓劲儿："即使危险迫在眼前，感到恐怖也不卑怯退却。因为我不想被我小说中的英雄们取笑啊！"

《明报月刊》四十周年时，金庸说："我当时是拼着性命来办的，准备给打死的，结果没有打死，还好。他们觉得我很勇敢，我说在香港做事情，勇敢一点也不奇怪。香港这个环境中，要勇敢很容易的。"

"我不相信有人能充分了解我"

1972年，《鹿鼎记》连载结束，金庸宣布封笔。

《明报》已经上了正轨，不再需要靠武侠小说拉动销量。在他看来，写武侠小说已经变成了相当辛苦并且痛苦的一件事情，每天都不能停，心理压力很大。另外一个原因是，他打算急流勇退了。"我写作有个原则，希望不要重复：我一共写了15部，很多事情都写过了，很多人物都写过了，再写下去就都重复了，读者就会觉得不好看，我自己也觉得不好看了。也可以这样说吧，已经是'江郎才尽'了，已经没有才能再创造新的故事、新的人物了。"接受一家香港媒体采访时他说。

金庸找好了自己的接班人。他写信向古龙约稿，请他为《明报》连载武侠小说。古龙接到金庸来信时，朋友于东楼正好在场。那时古龙风头正盛，来信很多，他漫不经心地让于东楼将信拆开，看看到底是哪个"家伙"从香港写信给他。结果是金庸的约稿信，古龙读罢这封信，难以置信，澡也不洗了，"光着身子躺在椅子上，半天不说一句话"。

金庸主动让出了那个带给他巨大声名的舆论场，此后古龙的《陆小凤》系列在《明报》连载，获得巨大成功。金庸继续回去写社论，在这份倾注了半生心血的事业上，他无坚不摧，即使是在他最脆弱的时刻。

1976年10月的一个晚上，52岁的金庸在办公室里赶社论，忽然接到了一个电话，很短，不到一分钟，挂了电话之后，他呆坐在椅子上，发愣了半个小时。之后提起笔，把剩下的文章写完，走出了办公室。

电话来自大洋彼岸，他的大儿子查传侠自缢身亡，原因是跟女朋友吵架。这件事成了他此生最大的遗憾，"他（查传侠）的性格很冲动。当他想找我谈心事时，我却说要写稿，你出去吧，拒绝了他，我为此后悔，没机会跟他多谈，他想谈论人生问题……"

金庸甚至想跟着自杀，去另一个世界问一问查传侠，"为什么要自杀？为什么忽然厌弃了生命？"他参不透这道生死的谜题，只能带着疑问和忏悔继续活下去。

后来，他在《倚天屠龙记》的后记里写道："事实上，这部书情感的重点不在男女之间的爱情，而是男子与男子间的情义，武当七侠兄弟般的感情，张三丰对张翠山、谢逊对张无忌父子般的挚爱。然而，张三丰见到张翠山自刎时的悲痛，谢逊听到张无忌死讯时的伤心，书中写得也太肤浅了，真实人生中不是这样的。因为那时候我还不明白。"

他开始信佛，花了三四年时间，才从佛经中得到解脱。"我一直研究佛教，研究佛教的书，从佛教里面得到智慧。其实每个人都有一样的痛苦，做人就是痛苦的，是避免不了的。"他告诉杨澜。

那是他一生中精神最痛苦的时期，他默默度过，从未和人诉苦。"我的痛苦快乐，我自己个人是很保守的，什么感情都放在自己心里，跟人家没关系的。"

得到了巨大的声名，也失去了至爱的家人，品尝过人生的欢喜痛苦、大起大落，之后有台湾媒体问金庸，今生是否还有所求，他说："别无所求，只希望学问好一点。"

金庸一生爱读书，在他看来，学问不好是自己最大的缺陷，"我以为我的武侠小说是第一流的，但说是伟大的文学作品，那就不够资格了。"看到其他学者，他有时会自卑，在接受《南方周末》采访时，他说："我花那么多时间写小说娱乐别人，自己却没什么好处的，办报纸给人家看，自己没什么好处的，而做学问是自己得益的，可以有快乐的。如果照我自己的意思，最好小说也不写，从大学开始就专门研究历史，研究外国文学，那么到现在大概跟其他大学教授的学问差不多了。我自己很惭愧。花这么多时间，去做一些现在没有用的事情，我现在真是希望自己有很好的学问。"

2005年，81岁的金庸赴剑桥求学，寻求更加舒展自由的人生。在剑桥的校园里，他总是回想起少年时骑着单车去上学的情景，跃跃欲试想骑单车去上课，妻子制止了他这个疯狂的想法。

2010年获得博士学位后，他想着，以后"平平淡淡过生活，过一点清闲的生活，能够游山玩水一下"。

白岩松曾问过他："在心里你是不是一个快乐的人呢？"

金庸回答说："是的，我基本很快乐的，很乐观的，觉得人生对我而言虽然有很多困难，很多挫折，但是大致上是快乐的。"

在《倚天屠龙记》里，困在光明顶地道里的小昭给张无忌唱歌："受用了一朝，一朝便宜。人生百年，七十者稀，急急流年，滔滔逝水。"金庸把那些流年逝水都埋在心里，很少倾吐。很多人写金庸的传记，都没有经过他授权。

几年前，金庸接受《南方周末》采访时说："我这一生经历极复杂，做过的活动很多，兴趣非常广泛，我不相信有人能充分了解我而写一部有趣而真实的传记。金庸为人所注意只是一个写武侠小说的人，并无多大价值，不值得为他浪费笔墨，写自传似乎没有资格。而且我这辈子和太多的人交往，有太多的秘密，也不方便公开。"

直到去世，他都没有写下自传。为一代人构建了一个瑰丽的江湖之后，他像自己笔下的侠客一样怀揣着秘密飘然远去，从此江湖永不再见。

选自"人物"微信公众号（2018年10月31日）

金庸：一代人的"立法者"，
写下20世纪华人文化思想史

冯庆

如果要问，在当代华人社会中，能引起最大范围共鸣的作家是谁，许多人都会首先想到金庸。作为通俗小说的一代宗师，金庸继承了古典武侠技击小说的写作传统，又在现代的阅读氛围中对这一传统进行了空前的技法与思想革命，开创了"新派武侠"的风格，基本上奠定了20世纪后半叶全球华人对中国的历史与社会在虚构维度的想象基调。金庸的创作早已不能仅仅在"武侠小说"的范畴内进行理解。尽管他所缔造的江湖天地建立在虚构和"戏说"之上，但这并不妨碍这种历史书写及其背后蕴含的历史观念深深地投映到那些沉醉于其美轮美奂江湖叙事的读者的心中，甚至从根本上影响到他们当中许多人的伦理道德观乃至于对人生目标的选择。

叙事动机：身世之谜与复仇复国

1990年代中期，厦门大学周宁教授曾在《从金庸作品看文化语境中的武侠小说》一文里指出，金庸小说中存在普遍的叙事动机，那就是还原主人公的"身世之谜"；这一主题必须在20世纪华人文化语境中才能得到解释：身世之谜实则是华人民族文化认同之谜，武侠小说则是实现这种认同的文学仪式。时至今日，我们还可以提出更多的思考：除了"身世之谜"外，是否还有别的叙事动机，能够更好地反映金庸小说自身的发展历程？

金庸的写作客观上是要实现何种具体的文化认同？要回答这些问题，就得首先了解金庸本人所处的创作语境、简单地梳理他在作品中呈现的基本思考路径。在完成这样的工作之后，我们才能追问，该如何给予"金庸小说"这一文化现象在伦理价值维度的恰如其分的评价？

出身海宁查氏的金庸，自幼便熟悉同为海宁大族的陈氏与乾隆帝的野史传奇，这构成了他撰写处女作《书剑恩仇录》（1955年）的基本契机。《书剑恩仇录》的核心叙事虽可以说是陈家洛与乾隆的身世之谜，但如果从整体观之，不难发现，这部书的真正主角并非陈家洛一人，而是所有红花会豪杰。《书剑恩仇录》试图描写的，是一众以"反清复明"为己任的江湖英雄的群像，这就与金庸的最后一部同样描写江湖群像的作品《鹿鼎记》（1969年）构成了呼应：金庸小说的有机序列以红花会故事始，天地会故事终，在十多年的写作生涯里，金庸不断追问"反清复明"叙事的正当性。如果看到"反清复明"是红花会、天地会等民间江湖组织朝向当政者的集体复仇，那么就不难发现"身世之谜"之外的另一条金庸小说的主线，那就是"复仇-复国"动机的不断重复、弥散甚至是瓦解。

叙事主题：文明冲突与民族独立

金庸讲述的大多数故事发生在北宋以后，也就是说，金庸试图展示的"江湖"与"恩仇"，并非要对整个中国历史进行总结，而是要应对唯有宋元明清朝的近古中国才会遭遇的根本问题——文明冲突。正如邱志杰在《金庸古龙笔记》中论及的，金庸受到汤因比历史观的影响，对骑马民族和农耕民族之间的千年冲突试图进行全面反思。《书剑恩仇录》中的反清复明、《射雕英雄传》（1957年）中的华夷之辨、《天龙八部》（1963年）中的胡汉分限……尽管都有着共同的民族主题，但金庸在每部小说中给出的应对却各有不同。《书剑恩仇录》试图用乾隆与陈家洛的血缘关系与贤君明臣的儒家框架来消解满汉冲突，与此相伴的，则是红花会江湖好汉彼此情义在漫长复仇过程中的逐渐瓦解。这种悲剧的处理方式也就奠定了金庸完全不同于传统"尊王、攘夷、大复仇"的春秋侠义叙事的现代新派武侠小说的基调。

在《碧血剑》（1956年）中，"复仇"的主线叙事再次被提出，但同时又显得并不那么"重要",袁承志的复仇显得格外华而不实:家国情义所推动的复仇生涯,轻而易举地在儿女情长中化为乌有;这也在隐性主角金蛇郎君因投身情爱而最终无法复仇的故事中得到了预示。"爱上仇人的女儿"的桥段,甚至构成了《雪山飞狐》(1959年)中"胡斐那一刀斩还是不斩?"这一著名开放式结局的导火索。金庸旨在向现代的读者传达的信息也就昭然若揭:在自然的男女爱欲和个人的快乐生活面前,苦大仇深的生存方式显得毫无魅力;反过来,如果"情"最终能够克服"仇","仇"也就毫无必要。传统武侠复仇故事的义理就此被所谓"开放式结局"解构殆尽。

《射雕英雄传》是金庸真正意义上的成名之作,其中对游牧文明的美德的称颂也是明显的,但同时也高标了以宋明理学为核心的民族独立精神。这与1950年代香港受到左翼思潮影响而盛行的反殖民化的民族独立倾向是一致的,继承岳武穆"靖康耻,犹未雪"的主调造就了金庸书中少见的正气凛然。但在不久后,由于和"左翼"之间关系的恶化,金庸在《神雕侠侣》(1959年)中,又安排反叛青年杨过来透视并颠覆郭靖、黄蓉的民族英雄形象。杨过与郭靖同样面对复仇的主题,但都最后走出了仇恨,只不过郭靖用平和的心态找到了更加远大的生存目标,愤激的杨过则经历了沉重的精神虚无和自我放逐的历程。最后,杨过找到的解救方案是"至情至性"与侠义正道的弥合。在这个意义上,"生死相许"的《神雕侠侣》的主题在于对"情"的抒发和本体化。通过让抒情的个人主义者来承担民族英雄的角色,金庸可以说凭一手之力将中国通俗小说自1930、1940年代继承下来的反殖民的集体的民族主义叙事彻底扭转为个人如何借助自我成长经验来面对文明冲突的"新叙事",这种叙事显然与1950、1960年代的东西方冷战局势更加契合。

叙事逻辑:个人主义与恩怨消解

《倚天屠龙记》(1961年)则用另一种更加虚无的佛道逻辑笼罩恩怨情仇。在张无忌的复仇历程中,郭靖式的福缘与正气和杨过式的坚忍和激昂都不再构成主题推进的线索,冥冥中的"命运"开始彻底构成新的主角。张无忌在源自波斯草原文明的明教教义面前产生了彷徨,又和蒙古人赵敏实现和亲，为郭靖开启的"靖康耻"的民族冲突叙事划下了句号。这一切都彰显了金庸一如既往地化解文明冲突与仇怨的愿景。"屠龙"和"倚天"的对立正是基于儒家治国平天下理想的"武林至尊"与基于佛道个体超脱理想的"江湖隐士"之间的对立：一旦前者失范，后者则会跳出逍遥状态，对前者提出规训与警戒。这也就是屠龙刀主复仇者谢逊最后为少林寺三僧的佛法救赎的情节的隐喻。金庸此举旨在克服由近古以来宋明儒学引发的民族主义情结，用"齐物平等"的佛道精神对其进行平衡。这与章太炎、周氏兄弟等浙江籍现代思想家解决民国建立以后如何促进共和民主的思路比较一致。只是，章太炎和鲁迅都有拳拳爱国之心，未尝放弃了"复仇"的"儒行"，金庸则与个人主义的周作人在气质上更加接近。

在《天龙八部》（1963年）里，这种消解民族复仇的诉求体现得更加明显。乔峰、段誉、虚竹、慕容复等人的"命运悲剧"之上，是所谓佛法无边对"贪嗔痴"的包容与化解。对应"阿修罗"的慕容复的"复国"同样是"复仇"，但却显得虚幻幼稚；对应"天人"的乔峰的"复仇"并不幼稚，但最终却因命运作弄变得"不可能"。金庸就此彻底用一套"佛法"为冷战时期朝向"亚洲四小龙"奋斗的香港市民提供了走出中华民族屈辱与复仇情结的道路，其中包含着一种新的世界秩序想象，在之后的数十年里，构成了一种可供选择的现代浪漫生活指南，其核心则是吸取了部分传统资源的新自由主义。

于是，在《天龙八部》之后，金庸小说迎来了著名的"历史终结"时期：无论《连城诀》（1963年）、《侠客行》（1965年）还是《笑傲江湖》（1967年），都不再有明显的历史现场，用金庸自己的解释，这些表现江湖中险恶、荒诞、丑陋、虚无一面的叙事，在任何时代都可能发生。唯一的自我救赎方案，则是像小说中的主人公那样追求属己的情爱与理趣维度的体验，最终走出任何世俗维度的"大义"和"恩仇"。懵懂无知的石破天对侠客岛秘密的洞悉暗示了"天真"的重要性，凭借侠义之心刺破权力黑暗雾霾的令狐冲则最终沉浸在《清心普善咒》中，这都向迈进高度发达资本主义社会的香港读者们提供了面对风险社会生活需仰赖的佛道庄禅的"心法"。

叙事转变：奇遇、情爱与反讽

明确了金庸小说中这一条与时势紧密结合的以"情"代"仇"、以佛道代宋明儒学的思想线索，就不难发现另外一个现象，那就是，从《书剑恩仇录》到《鹿鼎记》，小说中人物的传统亲缘裙带关系遭到了逐渐的淡化和剥离。从红花会十多人的结义联盟在金庸的叙事笔法中逐渐瓦解的故事伊始，"江湖"依靠复兴家国的理想和兄弟义气而实现的组织关系就遭到了质疑。从《碧血剑》里袁承志一度仰赖的情感质朴真挚的华山派师门，到《射雕》中的"七怪""七子""五绝"，长辈、宗派与传统在江湖故事中的重要性当然得到了显著的描摹，尤其是师承关系构成绝学传递序列的作用体现得尤为显著。可以说，金庸非常清楚这种江湖伦理及其背后的儒家精神的意义。然而，主人公如袁承志和郭靖跳出名门正派、因奇遇而习得非正统（"金蛇郎君""九阴真经"）绝学武功的桥段，则暗示了家法师承可能遭到的颠覆。

进入《神雕侠侣》的时代，金庸则将"奇遇"的逻辑发挥到极致，让杨过随时随地都能遇到欧阳锋和洪七公，随时随地都能学到上乘武功，同时又赋予这一人物激进的伦理诉求，让他通过迎娶小龙女破除辈分师承的光晕，同时颠覆对"名门正派"的美好幻想。在《倚天屠龙记》里，华夏"名门正派"再度遭遇辛辣的讽刺，来自异邦的"魔教"的边缘形象则得到美化，甚至承担了家国重建的历史任务。这显然与金庸本人的政治立场有关。由于明教的组织关系并非依赖师承和门派，而是依赖信仰，这等同于暗示了新旧政治制度之间的对比。与此同时，在整部小说中，"国破家亡"的历史现实隐而不发，郭靖黄蓉寄托儒家保家卫国伦理的屠龙刀异化为江湖争权夺利的工具；与此相应的则是辈分关系开始淡化，但情感的真诚则开始上升，张翠山和殷素素、张无忌与赵敏、张无忌和谢逊、杨逍与纪晓芙、殷梨亭与杨不悔等人超越正邪、敌我、辈分的亲情与爱情关系最终克服了传统伦理，构成了神魔立场分裂之后唯一的人际关系维护基础。

接下来，金庸小说进入到一个集中以中短篇幅从事浪漫主义抒情阶段，在这些浪漫主义浓厚的作品里，传统江湖故事的正邪善恶观都不再具有稳定的叙事意涵。《鸳鸯刀》（1961年）中的"夫妻刀法"和《白马啸西风》（1961年）中固执的少女痴情都着重凸显情感的真诚与个体自觉等现代市民气质。《连城诀》（1963年）则在浓黑的迫害和复仇故事中彻底破除了"师门"与结义关系的所有光彩，最后则以大雪山上虚无缥缈的情爱作为狄云存在于世的唯一寄托。

到了集大成之作《天龙八部》里，金庸则进一步将情爱也予以消解，以一种类史诗的笔法描写众生群像，通过乔峰、段誉、虚竹追究身世之谜的历程，悉数剥离一切对家国大义、亲情、爱情的美好幻想，凸显生命存在背后的苦与悲，只留下一种彻底的机缘主义来解释世间万事。无论是在"无明"遭遇"梦姑"的"摩呼罗迦"虚竹，还是《侠客行》里"纯天然"的石破天，都完全靠命运获得福报。被建立功业所束缚的慕容复和欲望过剩的石中玉，则最后都收获虚无。金庸旨在教育读者：在暗无天日的红尘俗世中，人类不妨顺其自然，让自己跟随机缘、任意东西，消解一切强烈的主体追求，享受自己既有的"小确幸"。

写于世界政治斗争日益激烈时期的《笑傲江湖》与《鹿鼎记》，则回过头来进一步描写政治生活的天然邪恶。在整个《笑傲江湖》的系统中，金庸除了影射现实，还通过"自宫"的隐喻点出了中国古代政治法理中对自然人性的扼杀。林平之的悲惨命运与无底线的复仇反过来则对"复仇"本身的意义造成了哲学高度的威胁：为了复仇，牺牲了自己的一切幸福，这样的存在方式是否值得？相应地，随性无欲的令狐冲在遭逢身体的严重创伤和爱情、友情、亲情等方面的连续绝望之后，唯一的选择就是保存自己仅有的一点温情，与任盈盈一起隐逸山林。

尽管如此，令狐冲还愿意以一种英雄姿态维护恒山派的弱小空间，让自己承担政治上的角色。但在《鹿鼎记》里，这种政治担当却全部成为利己考量下的伪装：因机缘巧合而成功的彻底的利己主义者韦小宝成为朝堂与江湖社会中最终的胜利者，这是对中国传统文化的全方位的反讽与颠覆，其所反映的除了是《水浒传》《金瓶梅》到清朝谴责小说的精神，还包括香港的新市民文化精神：一个低俗的欲望主体凭借机巧与冲劲的胜利故事，远远比古代大侠尊师重道、保家卫国的悲剧故事更有吸引力。与《倚天屠龙记》相呼应的一夫多妻情节，则直接揭示了传统文化背后的情欲基础。通过对金庸笔下这一欲望主体的体认，香港市民精神的根基最终得到了奠定。

但最后，金庸依然让《鹿鼎记》保留在武侠小说的序列当中，通过描述低劣主体韦小宝对陈近南和天地会众人的天然敬重，留下了一个传神的"义气"尾巴，作为全部江湖伦理的基本依靠。无论是与《书剑恩仇录》首尾呼应的天地会故事，还是嬉笑怒骂里掩藏不了的人性光辉，都并非简单的某种猎奇趣味的呈现，而是要重新讲述一条历史的脉络，重新解释中国传统中的核心精神。在江湖的语境中，这样的叙事除了迎合，更多的还是劝诫，是对未来生活方式的一种设想与规划：虽然伟大和高尚的生活态度并非每个俗世个体所能承担的，但我们未尝不可保持对他们的敬重，认同他们担当的"大义"和表现出的"凛然"。金庸笔下的豪杰英雄，虽然遭遇了命运的摆布和存在的虚无，但都曾经彰显出精彩亮丽的灵魂品质。这种"高"与"低"的呼应，"情"和"义"的变奏，在金庸这位不世出的江湖知识人的笔下，化为了精彩的篇章，激励着香港乃至于全球华人读者在发达资本主义时代勇敢创造新的传奇。金庸在这个意义上，的确构成了一代人的立法者。如今我们则期待在通俗叙事文化领域，能有新的立法者涌现，为风起云涌的当代江湖重新把脉，为龙腾虎跃的未来天下重新撰史。

选自"凤凰网文化"微信公众号（2018年10月31日）

就此别过

毛尖

2018年10月30日下午,金庸离世。当天晚上,重看郭襄告别杨过和小龙女章节,重看《天龙八部》中,萧峰、段誉、虚竹三人,在天下英雄面前义结金兰共赴生死章节,看到半夜,返回去再看一遍《神雕侠侣》结尾,一夜无眠。

从来没有成为金庸小说主人公的郭襄很有风骨,甚至可以说,郭襄这个角色拯救了整部《神雕侠侣》,杨过和小龙女的故事,在郭襄面前,几乎降维。《神雕》最后——

> 郭襄回头过来,见张君宝头上伤口兀自汩汩流血,于是从怀中取出手帕,替他包扎。张君宝好生感激,欲待出言道谢,却见郭襄眼中泪光莹莹,心下大是奇怪,不知她为甚么伤心,道谢的言辞竟此便说不出口。却听得杨过朗声说道:"今番良晤,豪兴不浅,他日江湖相逢,再当杯酒言欢。咱们就此别过。"说着袍袖一拂,携着小龙女之手,与神雕并肩下山。其时明月在天,清风吹叶,树巅乌鸦啊啊而鸣,郭襄再也忍耐不住,泪珠夺眶而出。

十六岁郭襄,风陵渡口遇杨过,从此心里没有过别人。杨过给她三枚金针可以救她危厄，她三枚都用在了杨过身上。第一枚请他摘下面具让她看看真面貌；第二枚求杨过在她十六岁生日时候去看她；第三次杨过试图殉情小龙女请他不要寻短见。杨过遵守然诺，"力之所及，无不从命"，郭襄生日，他为她打扫乱世战场送出三战功，天下英雄面前，夜空烟花放出"恭祝郭二姑娘多福多寿"，刹那用光她一生欢愉，当代文学史里最浪漫的生日成为最荒凉的起点，从此她天涯漂泊无终点，虽然最后成为一代峨眉宗师，给嫡传弟子取的名字还是"风陵"。

十六岁的我们看着十六岁的郭襄，没有经历过爱情的少年其实不能完全体会杨过小龙女携手离开后的秋风秋月秋鸦，不过，在那个年纪读到这样的片段，却莫名其妙让我们理解了一个物理定律，所谓能量守恒，我们无师自通地明白，在故事中提前幸福了的人，最后都会被命运惩罚。襄阳城烟花有多灿烂，郭襄的一生就有多寂寥，但是，多么好的郭襄啊，就算一生没法幸福，还是要祝福神雕侠找到小龙女。这样的姑娘，今天没有了，但是在1980年代，我们相信郭襄，我们不仅相信她，而且相信自己也会这么做。

基本上，金庸一边在我们身上植入浪漫主义一边开出青少年修养课，而回头想想，我们这一代可以算是新中国最精神分裂又最有包容力的一代。《神雕侠侣》中，坏了小龙女清白的人叫尹志平，班上姓尹的男生一整年都抬不起头，下了课，姓杨的男生们就压着姓尹的，一边乱喊"淫贼"，而杨过风流，引得程英、陆无双、公孙绿萼和郭襄寂灭一生，却没人会像今天的很多精明人一样骂他"渣男"。杨过离开，程英安慰无双，"三妹，你瞧这些白云聚了又散，散了又聚，人生离合，亦复如斯"，这段话，也被用来安慰我们自己。英雄就可以为所欲为，英雄就可以离开我们，告别1960、1970年代无懈可击的人头马后，金庸的大侠填补进来，用似乎更加人性的方式把我们弄得经脉乱转。

我们自己的青春期遇到新中国的青春期，那确乎是一个神采飞扬又兵荒马乱的时辰。我们跋扈又颠沛，有时候帝王般出发一人拿一把扫帚准备跟隔壁弄堂的小帮派火拼，结果被人家的神仙姐姐两句话就拿下，然后商量一起上少林寺寻扫地僧，筹备了一个星期，也就我表弟从外婆那里偷了点全国粮票，不过走不成也不算打击，反正心在江湖人在江湖，我们用各种方式和金庸发生关系,我抄过白皮书版的《射雕英雄传》,我表弟抄过缺页的《笑傲江湖》,而为了配得上内容的豪阔,我们剪了白床单用糨糊和封面贴在一起,深深觉得最高等级的《葵花宝典》也不过如此。

人类历史长河里,没有一个作家像金庸那样,天南地北在我们的肉身上盖下印记,我们这一代的近视,集体可以怪到金庸头上,我们在课桌下看被窝里看披星戴月看呕心沥血看,我们不是用眼睛看,我们用身体填入萧峰阿朱令狐冲任盈盈郭靖黄蓉,所以影像史上最难满足的观众就是金庸迷,因为我们曾经把自己的脸庞给他们,我们曾经把恋人的眼神给他们。

终于读书热来了,一夜之间看金庸莫名地显得版本有点低。我们把《鹿鼎记》推入书架深处,买来很多一辈子没有打开过的海德格尔尼采和弗洛伊德,学习高冷技术,乱动感情的少年时代突然被收纳起来,我们学习不煽情不失控不哭不闹不出走,但事实上,我们只不过好奇尼采疯狂的人生着迷海德格尔的情人,这是一个狼奔豕突各种碎片来不及整理的时代,但所有的碎片都在我们的磁盘里。如此走到20世纪90年代。

说不清是装×还是已经过尽千帆,我们遇到小津安二郎的时候,确实在他的不动声色前缴械,《东京物语》后半程,相伴一辈子的老伴去世,笠智众走到户外,一天地的白日太阳,一世界的生生不息,老头站在一块可以俯瞰大海和市区的平地上,用家常的语调说了句,"多么美丽的早晨啊",然后一个空镜,艳阳、河流、船只、灯笼。然后我们立马被小津打得肾虚,如此进入中年。

如此,我们进入自以为版本升级了的中年,中产阶级冷淡美学把我们训练得人模狗样。好像相思已经成灰,好像已经铁心石肠。然后,他们说,这一次,金庸,你,真的死了。

你死了。

久未检视的生活排山倒海回到眼前,此起彼伏的金庸迷在网上应声而起,这是1980年代的最后一次集结号,我们把你灌溉在我们身上的泪水还给你。千里茫茫若梦,双眸粲粲如星。塞上牛羊空许约,烛畔鬓云有旧盟。他强任他强,清风拂山岗。他横任他横,明月照大江。情不知所起,一往而深。大家在网上接龙金庸,我们拾起少年时代没有被弯曲过的动词,没有被折扣过的形容词,我们拿掉这些年的面具,最后一次,我们暴雨般把自己甩出去，我们向你奔腾而去，每个词都不愿落后，我们曾经慌张退场的抒情能力在这一刻，突围而出挣脱自己的墓志铭。在这一刻，我们重新回到童年身体，世界白云苍狗，但是我们的初歌还能继续弹唱，甚至可以更放肆地弹唱。去你的声色不动，去你的温润如玉，这一刻，我们重新成为1980年代之子。

江山笑烟雨遥，让世界嘲讽我们只剩一襟晚照的豪情吧，说到底，不是金庸写得有多好，是我们在最好的年纪撞上他，就算我们郭襄一样集体出了家，四十年后练的也是黑沼灵狐，一招关乎杨过的武功。这是我们这一代和金庸的相遇，因为对方的存在，"一棵树已经生长得超出他自己"。本质上，我们是新中国最后一代民间抒情强人，我们借着少年时代的这口气，穿山越岭，三十年后还有眼泪夺眶而出，这个，可能是这个干燥时代的最后的风陵渡。

就此别过。

选自"澎湃新闻·上海书评"（2018年11月5日）

声 明

本套"北岳·中国文学年选系列丛书"收录了2018年度众多优秀文学作品及文化时评类文章。在编选过程中,我们及各选本主编已尽力与大多数作者取得了联系,但仍有部分作者因故未能取得联系。见此声明,烦请来电,以便奉送薄酬及样书。

联系人:庞咏平

电　话:0351—5628691